KB125261

글로벌 거버넌스에서
중국의 리더십

글로벌 거버넌스에서
중국의 리더십

초판 1쇄 인쇄 2019년 7월 10일
초판 1쇄 발행 2019년 7월 15일

지 은 이   진눠(靳諾) 외
옮 긴 이   김승일(金勝一)

발 행 인   김승일(金勝一)
펴 낸 곳   경지출판사
출판등록   제2015-000026호

판매 및 공급처   도서출판 징검다리
주소 경기도 파주시 산남로 85-8
Tel : 031-957-3890~1 Fax : 031-957-3889 e-mail : zinggumdari@hanmail.net

ISBN 979 - 11 - 90159- 12 - 8   03320

글로벌 거버넌스에서
중국의 리더십

진뉘(靳諾) 외 지음 · 김승일(金勝一) 옮김

GLOBAL
GOVERNANCE

경지출판사

CONTENTS

제1편 이론편

제2편: 실천편

서 론

글로벌 거버넌스에서 중국의 자신감과 자각성

진눠(靳诺)

"중국은 마땅히 인류에 큰 공헌을 해야 한다." 이런 공헌은 글로벌 거버넌스 [01]방면에서 잘 나타나고 있다.

시진핑(习近平) 총서기는 2016년 신년사에서 이렇게 말했다. "세계는 넓고 문제는 더없이 많다. 국제사회는 중국의 목소리와 중국의 방안을 기대하고 있기에 중국이 빠질 수가 없다."

중국이 빠질 수 없다는 말은 글로벌 거버넌스에서 중국의 자신감을 높여 주었다. 이런 자신감은 개혁개방을 통해 창조한 기적 같은 발전과 중국 국내 거버넌스의 성과에서 오는 것이며, 중국이 세계 빈곤 퇴치와 부유함을 실현하고 경제성장 및 인류평화와 발전에 큰 공헌을 하는 과정에서 오는 것이다.

글로벌 거버넌스에 대한 중국의 자신감은 중국의 발전방향, 이론, 제도, 문화의 자긍심에서 오는 것이다. 중국이 자신의 국정에 맞는 중국특색이 있고 세계적인 보편적 의미가 있는 공업화 · 도시화 및 시장경제의 표준적 발전방향을 모색함으로써 여러 나라들이 자국의 실정에 부합되는 발전방향을

---

01) 글로벌 거버넌스 : 지구적 차원의 문제를 해결하기 위하여 국가 이외의 여러 행위자들이 서로 협동하거나 공동으로 통치하는 일

정할 수 있도록 격려하고 있다. 중국은 중화민족의 위대한 부흥을 실현하려는 중국의 꿈을 제기했다. 이는 여러 나라 인민들이 그들의 아름다운 생활과 인류문명의 부흥을 공동으로 실현하도록 격려해 주고 있다.

1

글로벌 거버넌스는 멀고도 험난한 과정이다. 그렇다면 왜 중국의 참여가 있어야만 하는가?

우선 중국과 세계는 하나가 망하면 모두가 망하고, 한쪽이 발전하면 모두가 발전하는 운명공동체이기 때문이다. 지난날 우리는 중국이 자신의 일을 제대로 완성한다면 세계에 큰 공헌을 할 것이라고 강조했다. 오늘날 우리는 중국과 세계가 높은 의존도를 가지고 있는 세상에서 생활하고 있다. 세계적 차원에서 문제를 해결하지 않으면 문제를 확실하게 해결하기가 어렵다. 글로벌 거버넌스의 패턴은 국제 역량에 의해 결정된다. 글로벌 거버넌스 시스템은 국제 역량의 변화에 따라 변화한다. 국내 거버넌스 시스템과 거버넌스 능력의 현대화를 실현하고 중화민족의 부흥을 실현하여 개발도상국의 권익을 제고시키려면 글로벌 거버넌스 시스템 개혁이 필요하다. 중국이 세계에서 지도적 위치에 있는 나라로 발돋움하려면 응당 적극적으로 글로벌 거버넌스에 참여하여 국제시스템 변혁을 이끌어야 하며 제도적인 차원에서 발언권을 강화해야 한다.

다음은 세계적인 부름이다. "세상만사를 도모하지 않는 자는 어떤 일도 잘해낼 수 없고, 전반적인 것을 도모하지 않는 자는 어떤 순간에도 일을 잘 해

나갈 수 없다."[02]는 옛말이 있다. 글로벌 거버넌스의 게임에서 첫 발걸음을 잘 이끌어 내려면 세계적 추세에 따라 미래 패턴의 변화를 이끌어내야 한다. 시진핑 총서기는 시대의 발전과 더불어 지금의 글로벌 거버넌스 시스템이 적합하지 않은 부분이 점차 많아지고 있는 국제사회에서 글로벌 거버넌스 시스템의 변혁을 요구하는 목소리는 날로 높아지고 있다고 말했다. 글로벌 거버넌스 시스템 변혁은 국제사회라는 대 가정의 문제이며 공동으로 상의하여 공동으로 건립하고 공유하는 원칙을 견지하여 글로벌 거버넌스 시스템 변혁을 위한 각 측의 의견을 통일하여 통일적으로 행동해야 한다. 개발도상국의 입장으로부터 의견을 제기하여 개발도상국의 단결과 협력을 도모해야 한다. 시진핑 총서기가 말한 것처럼 "국제환경에 대한 우리나라 발전의 요구만 고려할 것이 아니라 국제사회가 우리나라에 대한 요구와 기대도 중시해야 한다."[03] 그렇기 때문에 중국이 전면적이고 깊이 있게 글로벌 거버넌스에 참여하는 것은 세계의 부름이며 중국의 리더십이다.

중국이 글로벌 거버넌스에 참여하는 것은 자신의 권익과 중국의 제도적 국제 발언권을 위해서만이 아니라 "통치만 있고 실행이 없거나" "실행만 있고 통치가 없는" 상황의 거버넌스 현황을 개변시키기 위해서다. "통치만 있고 실행이 없다"는 것은 현재 글로벌 거버넌스에서 선진국이 발언권을 가지고 있고 개발도상국이 배제된 상황을 말하는 것이며, "실행만 있고 통치가 없다"는 것은 글로벌 거버넌스의 이념만 있을 뿐 영향력이 부족한 상황을 이르는 말이다. 중국은 글로벌 거버넌스에 참여하여 "통치와 실행"이 모

---

02) 陈澹然: 『寤言·迁都建藩议』
03) "中国与世界的紧密联系展现中国外交的广阔前景: 三论贯彻落实中央外事工作会议精神." 『人民日報』, 2014. 12. 03 (01)

두 가능한 바를 실현하려고 한다. 중국은 제일 큰 개발도상국이며, 제일 큰 신흥 대국이고, 제일 큰 사회주의 국가이며, 세계 제2 경제 실체인 동방의 문명 고국이다. 여러 가지 신분을 가지고 있는 중국의 장점은 중국이 글로벌 거버넌스에서 선도자·조정자·추진자의 작용을 제대로 할 수 있게 한다.

2

중국공산당 제18차 대표대회 이후 중국의 활발한 외교는 국제공공재 공급에 중점을 두고 있다. 글로벌 거버넌스에서 참여자이고 개설자였던 중국은 오늘날 개혁자의 모습으로 변화하고 있다. 아래와 같은 세 가지 방면에서 이런 변화를 알 수가 있다.

기물(器物) 방면: 물질의 공공재. 글로벌 금융위기가 일어난 후 중국은 세계 경제성장을 이끄는 주요 역량이 되었다. 중국은 세계 경제성장에서 두 번째 기여도를 보여주고 있는데, 미국의 두 배인 30%나 기여하고 있다. 국제사회가 유엔을 2030년까지 지속적으로 발전시키자는 목표를 실현하기 위해 시진핑 주석은 유엔 창립 60주년 정상회담에서, 중국은 "남남협력 지원 기금"을 설립하여 처음에는 20억 달러를 개발도상국의 2015년 이후의 발전에 사용하고, 제일 후진국과 내륙 개발도상국, 작은 섬나라 개발도상국의 2015년에 만기되는 정부 간 무이자 대출을 면제해 주며, '국제발전지식센터'를 설립하여 여러 나라와 함께 각 나라의 국정에 적합한 발전이론과 발전 실천을 연구하고 교류하며, 친환경적인 그린 방식으로 글로벌 전력 수요를 만족시킬 수 있는 글로벌 에너지 인터넷을 구축하는…… 등의 방안을 제기했다. 이런 조치는 "내가 서고자 하면 남을 세워주고, 내가 도달하고자 하면 남을 도달시켜 준다"는 중국의 마음과 리더십을 보여주었다.

제도 방면: 제도의 공공재. 중국의 제의 하에 성립한 아시아인프라투자은행 등 신형의 다자간금융기구는 국제통화기금(IMF)의 지분 점유율과 거버넌스 시스템 개혁을 촉진시키고 있다. 아시아인프라투자은행과 브릭스 국가에서 새로 개발한 은행, '일대일로"의 구상은 "중국에서 시작했지만 세계의 것이다"라는 제도를 형성시키는데 큰 기여를 했다. 아시아인프라투자은행은 국제금융시스템의 변혁을 촉진시켰을 뿐만 아니라, 21세기 글로벌 거버넌스의 새로운 방향인 "Lean, Clean, Green"을 제시했고, '일대일로'는 정책 간의 교류를 제창하고, 시설이 서로 연결되고, 무역이 원활하며, 자금이 유통하고, 민심이 서로 이어진 "다섯 가지가 서로 통하는" 서로에게 이익이 되는 새로운 협력방식과 다자간 협력 플랫폼시스템을 구축했다. 이는 서로에게 유익한 네트워크를 구축하고 새로운 협력방식과 다자간 협력 플랫폼을 통해 함께 친환경적이고 건강하며 지성적이고 평화적인 그린실크로드를 형성할 수 있는 글로벌 거버넌스를 위한 중국의 방안이다.

정신 방면: 관념의 공공재. 중국공산당 제18기 5차 전체회의에서는 혁신, 조화, 녹색, 개방, 공유(Innovation, Coordination, Green, Openness and Sharing)의 5대 발전 이념을 제기하였다. 이 이념은 국제사회에서 날로 많은 인정을 받고 있다. 공동의, 종합적인, 합작의, 지속발전 가능한 아시아 안전 개념도 부단히 제기되고, 시험과 대비를 통해 아시아뿐만 아니라 세계적 범위에서 냉전사상과 제로섬 대결이라는 사상을 없애는 작용도 하고 있다.

중국은 "천하위공(天下为公)"의 이념으로 해양, 극지, 인터넷, 우주, 핵안전, 반부패, 기후변화 등 새로운 영역에 관련된 거버넌스 규칙 제정에 적극 참여하여 글로벌 거버넌스 시스템의 불공정하고 불합리한 부분에 대한 개혁을 촉진시키고 있다. 중국은 협력하여 윈-윈하는 신흥 국제관계와 글로벌 파트너 관계의 형성을 제창하며, 국제 합작의 새로운 모델을 만들어가고 있다. '일대일로'는 "평화합작, 개방포용, 호학호감(互学互鉴), 호리공영(互利共贏)"의 실크로드 정신을 활성화 시키고, 21세기 인류 공동가치시스템을 모색하고, 인류의 운명공동체를 건설하는 과정에서 글로벌 거버넌스의 동방적 지혜를 보여주고 있다.

3

중국의 글로벌 거버넌스 참여는 글로벌 경제 거버넌스에서 시작되었지만 경제의 범위를 초월하고 있다. "2016 중국공산당과 세계의 대화"가 2016년 10월 13일부터 15일까지 총칭(重庆)에서 열렸다. 회의에서는 "글로벌 경제 거버넌스의 혁신: 정당의 주장과 작위(作为)"에 대한 문제를 중심으로 중국공산당과 중국정부의 글로벌 거버넌스 이념과 실천을 깊이 있게 토론했다. 회의에서는 중국공산당과 중앙정부의 글로벌 거버넌스의 "개방 포용, 협력 공영, 순차적 발전, 표본 겸치, 실속 효력"의 핵심 이념을 체계적으로 종합하고 개괄하여 회의에 참석한 50여 개 국가와 70여 개 주요 정당과 조직 지도자들의 높은 평가를 받았다.

개방 포용: 편 가르기와 배타주의를 하지 않으며, 의식형태와 가치관으로 선을 긋지 않으며, 글로벌 시스템의 폐쇄화와 규칙의 세분화를 방지한다는 것이다.

협력 공영: 인류운명공동체 의식을 형성하여 협력 공영을 제창하고, 새로운 글로벌 거버넌스 이념을 핵심으로, 협력을 동력으로, 윈-윈을 목표로, 함

께 규칙을 상의하여 시스템을 구축하며, 도전을 이겨내 결과를 함께 공유한다는 것이다.

순차적 발전: 현재의 글로벌 경제 거버넌스 시스템 상의 일부 불공정하고 불합리한 부분을 순차적으로 개혁하여 부단히 제도를 개선하자는 것이지, 아예 이를 뒤엎어 버리고 새로운 것을 만들자는 것이 아니다. 중국이 제창하는 새로운 시스템에 대한 제의는 분리를 의미하는 것이 아닌 현재의 국제 시스템을 보완하는 것을 의미하며, 시대의 요구에 알맞은 혁신을 의미한다.

표본 겸치: 글로벌 경제 거버넌스 과정에서 위기의 단기적 효과와 장기적 구조 개혁을 모두 중시해야 한다. 즉 긴박한 안전문제 해결과 거버넌스 효율 제고와 공평성을 함께 추구해야 한다는 것이다.

실속 효력: 필요한 사안부터 실행하고 이미 합의한 사항을 실행해야 한다. 실제와 효과를 중시하여 글로벌 금융 거버넌스, 무역과 투자 거버넌스, 에너지 거버넌스 등 부분에서 빠른 시일에 성과를 거두어 거버넌스의 성과를 세계 각국에서 공유하고 각국 민중들이 더욱 많은 성과들을 향유할 수 있게 해야 한다는 것이다.[04]

4

이런 이념을 바탕으로 중국의 자신감은 글로벌 거버넌스 과정의 자각적 행동에서 표현된다. 즉 자각적으로 중국 국내의 개혁개방과 글로벌 거버넌스를 밀접히 연계시키고 있다.

---

04) "2016 中国共产党与世界对话会在重庆开幕." 『人民日報』, 2016-10-15, 3면.

시진핑 총서기는 중국공산당 제18차 당 대표대회 이후 우리는 정확한 공리관(公利觀) 실천을 제기하고, 협력과 윈-윈을 핵심으로 하는 신형의 국제관계 형성을 추진하며, 인류운명공동체를 형성하여 세계적인 파트너십을 구축하고 공동의 종합적인 협력과 지속가능한 안전관을 제창해야 한다고 말했다. 이와 같은 중국의 이념은 국제사회에서 적극적인 환영을 받았다. 따라서 국제사회에 지속적으로 중국의 글로벌 거버넌스 시스템의 변혁 이념을 설명하고, 협력을 견지하고, 대항을 반대하며, 윈-윈을 지향하며, 어느 한 쪽의 이익만을 위하지 말아야 하며, 각 측의 최대공약수를 모색해야 하며, 협력을 확대하고, 인식을 일치시켜 조화로운 협력을 강화하여 공동으로 글로벌 거버넌스 시스템 변혁을 추진해야 한다는 입장도 적극 설명해야 할 것이다.

최근 몇 년래 글로벌 경제 거버넌스에 참여하기 위해 중국은 국제 경제조직과의 협력을 추진해왔으며, 글로벌 경제조직과의 협력에 적극적이었고, 글로벌 경제 거버넌스 시스템의 변혁을 추진했다. 2016년 7월 22일 중국정부는 베이징에서 세계은행, 국제통화기금, 세계무역기구, 국제노동기구, 경제협력개발기구와 금융안정위원회 등 6개 국제 경제기구와 함께 역사상 처음으로 '1+6원탁회의'를 진행하여 아래와 같은 내용의 브리핑을 발표했다. "세계 경제발전 상황이 날로 개선되고, 국제 경제 거버넌스 시스템이 개혁되는 지금, 신흥공업국과 개발도상국의 발언권과 대표성을 높일 필요가 있다. 이 과정에서 개발도상국과 회의에 참가한 조직은 중국이 계속하여 건설적인 작용을 하기를 환영한다. 세계적인 도전, 글로벌 공공재와 세계적인 협력행동은 글로벌 거버넌스와 그에 알맞고 효과가 있는 글로벌 기구를 요구한다."[05] 중국과 6대 국제경제기구 간의 대화시스템은 중국이 글로벌 거버넌스 시스템 변혁의 주요 참여자이며 추동자와 개설자임을 다시 한 번 증명해 주었다.

2016년 중국은 G20 의장국의 신분으로 항저우(杭州)에서 성공적으로 20개국 정상들이 참석한 정상회담을 개최했다. 이번 정상회담에서 시진핑 주석은 처음으로 중국의 글로벌 경제 거버넌스 이념을 자세히 설명했으며, 처음으로 혁신을 핵심 성과로, 발전을 글로벌 거시적 정책 협조의 주요 의제로, 글로벌 다자간 투자 규칙 프레임 형성과 기후변화 문제 관련 주석 성명을 발표했으며, 처음으로 그린 금융을 G20 정상회담 의사일정에 포함시켰다. G20 항저우 정상회담은 글로벌 거버넌스 혁신 과정의 주요한 전환점이었다. G20 항저우 정상회담에서 중국은 글로벌 거버넌스를 더욱 중요시할 것이며, 더욱 큰 자신심으로 대국간 협력을 추진하고 글로벌적인 조화로움을 실현하여 세계평화를 수호하며, 세계질서가 더욱 공정하고 합리적인 방향으로 발전하도록 할 것이라고 표명했다.

특히 지적해야 할 점은 중국이 제기하고 추진하고 있는 글로벌 경제와 세계평화에 중대한 의미가 있는 '일대일로'는 상술한 주요 국제 경제기구의 관심을 받았다. 이 제의가 제기된 첫 3년간은 약 100여 개 나라와 국제기구가 참여했으며, 중국은 30여 개 주위 국가와 '일대일로' 협력 협의를 체결하고, 20여 개 나라와 국제 생산력 협력을 추진하고 있으며, 유엔 등 국제 조직도 적극적인 태도를 보이고 있다. 아시아인프라투자은행, 실크로드 기금을 대표로 한 금융합작이 날로 많아지고 있으며, 영향력 있고 상징적인 프로젝

---

05) "1+6圆桌对话会联合新闻稿." 신화넷, 2016-07-22.

트들이 하나둘씩 진행되고 있다. '일대일로' 건설은 무에서 유를 창조하는 것이고 하나의 점이 넓은 면으로 변화되는 과정이다. '일대일로'는 예상보다 빠른 진행속도와 큰 성과를 보여주고 있다.

이는 '일대일로'가 빈곤탈출과 문명 부흥이라는 여러 나라들의 공동적인 꿈을 지원하고, 유엔의 「2030년까지 지속 발전 가능」이라는 목표 실현에 적극적인 영향을 미치기 때문이다. '일대일로'는 중국이 글로벌 경제 거버넌스의 방향을 모색하고 있다. 우연의 일치인지는 몰라도 100여 년 전에 '일대일로'에 관련된 이런 말이 있다. "과장이 아니라 이 교통 노선(실크로드)은 낡은 세계를 통과하는 제일 긴 도로이다. 문화역사적인 면에서 이는 지구에 존재하는 각 민족과 각 대륙을 이어 놓는 작용을 하고 있다. …… 만약 중국정부가 실크로드를 현대의 교통수단을 이용할 수 있게 부흥 시킨다면 인류에 큰 공헌이 될 것이며 중국의 위대한 업적이 될 것이다."[06]

이와 같은 여러 가지 상황은 중국의 글로벌 거버넌스 참여가 시대의 요구이며 국제적 뜻임을 말해준다. 2016년 5월 17일 시진핑 총서기는 전국 철학 사회과학사업 좌담회에서 중국은 "세계적인 문제를 해결할 능력이 있다", "세계적인 문제 해결을 위한 사고 방향과 방법을 제공할 수 있는 강한 능력이 있다"고 말했다.[07] 2016년 7월 1일 시진핑 총서기는 중국공산당 성립 95주년 경축대회에서 이렇게 말했다. "중국공산당인과 중국 인민은 더욱 선진적인 사회제도의 실현을 위해 중국방안을 제시할 수 있을 것이라 굳게 믿고 있다."[08] 향후 글로벌 거버넌스에는 중국 방안, 중국 주장, 중국 제안, 중국 흔

06) 斯文·赫定. 『丝绸之路』. 江红, 李佩娟, 역. 우루무치: 新疆人民出版社, 2013: 206, 210쪽.

07) 习近平. "在哲学社会科学工作座谈会上的讲话", 인민넷, 2016-05-18.

08) 习近平. "在庆祝中国共产党成立95周年大会上的讲话", 신화넷, 2016-07-01.

적들이 점차 많아 질 것이다.

5

2015년 10월 12일 오후 중국공산당 중앙정치국은 글로벌 거버넌스 패턴과 글로벌 거버넌스 시스템에 관하여 27번째 집체학습을 진행했다. 시진핑 총서기는 이번 학습회의에서 이렇게 지적했다. "글로벌 거버넌스 시스템 변혁은 역사적 전환점에 놓여 있다." "글로벌 거버넌스를 강화하고 글로벌 거버넌스 시스템 변혁을 추진하는 것은 이미 시대적인 추세가 되었다." "우리가 제기한 '일대일로'는 협력을 기초로 하여 윈-윈을 목표로 하는 신형의 국제관계이며, 정확한 이익관을 견지하고 인류운명공동체 등 이념과 취지로 시대의 흐름에 따르는 것이다." "글로벌 거버넌스 시스템 변혁에는 이념의 인도가 필요하다." "능력을 강화하고 전략적으로 시작하려면 글로벌 거버넌스 이념 연구를 깊이 있게 진행하여야 하며, 글로벌 거버넌스 관련 분야 인재양성을 중시해야 한다."[09]

2016년 9월 27일 중국공산당중앙정치국은 20개국 정상들이 참가한 정상회담과 글로벌 거버넌스 시스템 변혁에 관한 제35차 집체학습을 진행했다. 중국공산당 역사상 이처럼 글로벌 거버넌스 문제를 중요시한 적이 없었다. 시진핑 총서기는 이번 집체학습회의에서 국제 역량 변화와 글로벌적인 도전이 날로 늘어나고 있는 지금 글로벌 거버넌스를 강화하고 글로벌 거버넌스 시스템 개혁을 추진하는 것은 시대적 추세라고 말했다. 우리는 이 기회

---

09) 习近平. "推动全球治理体系更加公正更加合理", 신화넷, 2015-10-13.

에 국제질서가 더욱 공정하고 합리적인 방향으로 발전할 수 있도록 노력해야 하며, 우리나라와 광대한 개발도상국의 공동이익을 위해야 하고, "두개의 10년 목표" 실현을 위해 분투해야 하며, 중화민족의 위대한 부흥이라는 중국의 꿈을 위해 유리한 외부조건을 창조하고 인류평화와 발전의 숭고한 사업을 위해 더 큰 공헌을 해야 한다.[10]

최근 2년 사이 중국공산당중앙정치국은 글로벌 거버넌스 패턴과 글로벌 거버넌스 시스템 변혁에 관한 집체학습을 연속해서 두 차례나 진행했다. 이는 글로벌 거버넌스에 대한 "중국의 자신감"이 "중국의 자각성"으로 변화되고 있음을 의미한다. 이는 글로벌 거버넌스가 중국과 세계와의 관계에 있어서 주요 내용이라는 것을 의미하며, 중국의 흥기와 중국의 국제적인 시대의 리더십을 말해주며, 고등교육기관에 글로벌 거버넌스에 대한 연구방향을 제시해주고 있는 것이다.

개혁개방 이후 중국인민대학 각 사회과학학과는 글로벌화의 인식과 글로벌 문제 해결방안을 깊이 있게 탐색했다. 이 과정에서 일부 중요한 연구 성과를 얻어냄으로써 국내에서 제일 먼저 글로벌화, 글로벌 문제, 글로벌 거버넌스를 연구하는 고등교육기관으로 성장했다. 우리 학교의 적지 않은 학자들이 글로벌 거버넌스 관련 주요 논문과 저작을 발표했다. 2007년 중국인민대학은 국내에서 처음으로 "글로벌 거버넌스 연구"의 중심이 되었으며, 2015년에는 정식으로 국가발전과 전략연구원의 주요 부분이 되어, 새로운 시기에 국가전략에 필요한 글로벌 거버넌스 연구를 시작했다. 중국인민대학은 교학방면에서 처음으로 대학과 대학원 과정에 "글로벌 거버넌스 개

---

10) 习近平. "加强合作推动全球治理体系变革共同促进人类和平与发展崇高事业." 신화넷, 2016-09-28.

념", "글로벌 문제와 글로벌 거버넌스", "중국과 글로벌 거버넌스", "글로벌 거버넌스와 외교" 등 과목을 개설한 대학이다. 최근 몇 년간 관련 학원과 지도교사들은 여러 명의 박사연구생을 받았다.

전략적, 항구적, 다과학적으로 글로벌 거버넌스 과정에서 보여주고 있는 중국의 중대한 작용 이론과 정책 의미를 인식하고, 글로벌 거버넌스를 깊이 있게 연구하기 위해, 우리는 중국인민대학 등 학술기구와 부분 학자들을 조직하여 이 책을 편찬하기로 했다. 우리는 글로벌 거버넌스에 대한 "중국의 자신감"과 "중국의 자각성"은 시대의 부름이라고 여기고 있다. 진정한 글로벌 거버넌스는 "미국 통치 하의 세계" 혹은 "서방 통치 하의 세계"가 아닌 세계 각국 특히 대다수 인류를 대표할 수 있는 개발도상국에서 『유엔 헌장』과 기타 모두가 인정하는 국제 관계 규칙에 따라 글로벌 문제를 해결할 수 있도록 집단행동을 해야 한다. 글로벌 거버넌스는 반드시 진정한 글로벌을 실현해야만 하는 것이다.

이 책은 두 개의 부분으로 구성되었다. 처음에는 이론에 관한 내용인데 팡종잉(庞中英)은 "글로벌 거버넌스 이론의 기원"을 주제로 서구화부터 글로벌화까지의 내용을 토론했으며, 진찬룽(金灿荣)은 "글로벌 거버넌스에 대한 중국의 기대"를 주제로 중국이 빠질 수 없는 원인을 분석했고, 양광빈(杨光斌)은 "글로벌 거버넌스의 중국적 기초"라는 주제로 중국 제도의 비교적 잠정적인 부분을 분석했고, 천웨(陈岳)는 "글로벌 거버넌스에서 중국의 역할"이라는 주제로 참여자 · 개설자 · 인솔자를 토론했다. 후반부에는 집중적으로 글로벌 거버넌스에 대한 중국에서의 탐구를 분석했다. 친솬(秦宣)은 "글로벌 거버넌스에서의 중국 정서"라는 주제로 인류가치관의 최대공약수에 대한 탐구를 토론했고, 팡창핑(方长平)은 "글로벌 거버넌스의 중국 이념"이라는 주제로 신형의 국제관계와 신형의 안보개념에 대한 제창을 담론했으며, 리타오(李韜)는 "글로벌 거버넌스의 중국적 주장"이라는 주제로 사이버 공간에서의 운명공동체 형성에 대해 토론했고, 왕이웨이(王义桅)는 "글로벌 거버넌스에 대한 중국의 제안"이라는 주제로 '일대일로'에 대한 중국의 지혜를 토론했으며, 자오용(赵勇)은 "글로벌 거버넌스에 대한 중국 방안"이라는 주제로 아시아인프라투자은행과 글로벌 금융시스템 변혁을 논술했고, 왕원(王文)과 구진징(贾晋京)은 "글로벌 거버넌스에 있어서 중국의 작용:이라는 주제로 G20과 국제질서를 토론했으며, 펑위쥔(冯玉军)은 "글로벌 거버넌스에 대한 중국의 시도"라는 주제로 국제관계의 법치화를 토론했다.

시진핑 총서기는 우리나라의 글로벌 거버넌스 참여 능력, 규제 제정 능력, 회의일정 제정 능력, 언론 홍보능력, 총괄적 검토 등을 강화하며, 총괄적 협조능력의 향상에 힘써야 한다고 지적했다. 글로벌 거버넌스에 참여하려면, 당과 국가의 방침에 익숙해야 하고, 우리나라 국정을 잘 이해하며, 글로벌적인 시야를 갖기 위해 외국어에 능숙해야 하고, 국제규칙을 잘 알고 있어야 하며, 국제적 담판에서 우위를 점할 수 있는 전문 인재를 대량 요구한다. 글로벌 거버넌스의 인재 대오를 건설하고, 인재의 슬럼프를 이겨내려면, 인재 육성을 중시하고, 우리나라의 글로벌 거버넌스 참여를 위해 인재를 적극 배양해야 한다. 인터넷, 극지(極地), 심해(深海), 우주 등 신흥분야에 대한 규칙을 제정하는데 적극 참여하고, 교육 교류, 문명적인 대화, 생태 건설 등 분야에서의 합작시스템과 프로젝트를 전폭적으로 지지해야 한다.

시 총서기의 주요 논술은 대학의 학과 제정과 두뇌집단의 건설에 대해 새로운 요구를 제기했다. 2017년 중국이 제9기 브릭스국가[11] 정상회담과 '일대일로' 국제협력 정상회담이 열리는 시점에 중국인민대학도 개교 80주년을 맞이하게 된다. 말 그대로 세월은 우리를 기다리지 않는다. 중국이 글로벌 거버넌스에서 좋은 작용을 발휘하려면 사회과학 이론연구와 인재 양성이 뒤받침 해주어야 한다. 이 과정에서 중국공산당이 창설한 새 중국의 첫 대학교인 중국인민대학은 응당 그 책임을 다 해야만 할 것이다. 시대의 요구에 따라 출판된 이 책이 중국 특색이 있는 글로벌 거버넌스에 대한 연구와 교학 육성에 도움이 되기를 바란다.

---

11) 브릭스(BRICS) : 2000년대를 전후해 빠른 경제성장을 거듭하고 있는 브라질·러시아·인도·중국·남아프리카공화국의 신흥경제 5국을 일컫는 경제용어이다. 2001년 미국의 증권회사인 골드먼삭스그룹 보고서에서 처음 등장한 용어로, 당시 브릭스는 브라질(Brazil)·러시아(Russia)·인도(India)·중국(China) 등 4국의 영문 머리글자를 딴 것이다. 국가에 따라 차이가 있기는 하지만, 이들 4개국은 1990년대 말부터 빠른 성장을 거듭하면서 신흥경제국으로 주목받기 시작하였다. 경제 전문가들은 2030년 무렵이면 이들이 세계 최대의 경제권으로 도약할 것으로 보고 있다. 브릭스는 현재의 경제성장 속도와 앞으로의 발전 가능성은 미루어 볼 때, 4개국의 성장 가능성이 가장 ㅋㅏ는 ㄸ에서 하나의 경제권으로 묶은 개념이다. 브릭스 4개국은 공통적으로 거대한 영토와 인구, 풍부한 지하자원 등 경제대국으로 성장할 수 있는 요인을 갖추고 있다. 4개국을 합치면 세계 인구의 40%가 훨씬 넘는 27억 명(중국 13억, 인도 11억, 브라질 1억 7000만, 러시아 1억 5000만)이나 된다. 따라서 막대한 내수시장이 형성될 수 있고, 노동력 역시 막강하다. 실제로도 브릭스 4개국은 2000년 이후 수요와 구매력이 빠른 속도로 증가하고, 외국인 투자와 수출 호조로 인해 높은 경제성장을 거듭하고 있다. 특히 중국은 1990년대 이래 해마다 7~10%에 달하는 초고속 성장을 계속해 왔다. 인도 역시 정보기술(IT) 강국으로 떠오른 지 이미 오래다. 때문에 선진국을 비롯한 세계 각국에서는 브릭스 4개국의 막대한 시장을 선점하기 위해 치열한 경쟁을 벌이고 있다. 2003년을 전후해서는 브릭스 국가의 주식이나 채권에 집중적으로 투자하는 '브릭스 펀드'도 등장하였는데, 한국에서도 2004년 초부터 판매되기 시작하였다. 2010년 12월에는 남아공이 공식 회원국으로 가입하면서, 브릭스는 기존 'BRICs'에서 'BRICS'로 의미가 확대되었다. 남아공은 세계은행의 2009년 자료를 기준으로 세계 31위 규모 경제국이다. 기존 브릭스 4개국은, 남아공의 가입과 함께 브릭스의 지정학적 대표성 확보를 꾀하고 있다.

제1편: 이론편

제1장
글로벌 거버넌스의 이론적 기원:
서구화부터 글로벌화까지

1. 국제사회가 직면한 엄준한 도전: 세계적인 규모와 세계적 차원에서의 거버넌스 적자(赤字)¹²

글로벌 거버넌스는 세계적 규모와 글로벌 수준에서 문제를 해결하는 것을 말한다. 세계적 문제가 발생하는 범위(장소)와 문제의 영향력은 "세계적"(on a global scale)이어야 하고, "글로벌 수준"(on the global level)의 문제여야 한다. 즉 이런 문제는 어느 한 국가의 문제가 아니라 국가·지역·국가 외의 지역에서도 존재해야 하는 전 세계적인 문제여야 한다. 따라서 이러한 문제는 세계적 규모와 글로벌 수준에서 나타난 것이기 때문에 글로벌 수준에서 해결 방법(방안)을 찾아야 한다.

글로벌화는 여러 가지 성과(특히 경제면에서 보편적인 성장을 가져왔으며, 서로 의존하는 평화를 가져왔다)를 가져왔지만, 이와 동시에 일부 문제도 나타났다. 글로벌화가 지속적으로 발전함에 따라 세계적인 문제와 위협·도전은

---

12) 적자(赤字): 지출이 소비를 초과하여 결손이 나는 일.

축적되었다. 따라서 세계적인 규모와 글로벌 수준에서 이 문제를 해결할 필요가 있는 것이다. 그렇다면 글로벌 거버넌스의 진행상황은 어떠한가? 한마디로 말해서 그 대답은 실망적이라 할 수 있다. 희망적이고, 예상적이며, 계획적이고, 결정적인 글로벌 거버넌스는 존재하지 않았고, 거대한 "글로벌 거버넌스 적자"만 남겨져 있기 때문이다.

글로벌 거버넌스 적자가 언제부터 전문용어(말)가 되었는지는 고증할 수 없지만, 이 용어는 글로벌 거버넌스의 심각한 현재의 상황을 잘 보여주고 있다. 냉전이 끝난 후인 1990년대 초에 국제상에서는 글로벌 거버넌스를 강화해야 한다는 강력한 주장이 나타나기 시작했다. 예를 들면, 1992년에 세계적으로 대표적인 "글로벌 거버넌스 위원회"(이미 서거하신 첸자동[钱嘉栋] 대사가 중국 대표였음)가 성립되었으며, 이 위원회는 1995년에 영향력이 비교적 큰 『멀리 떨어져 있어도 가까운 이웃: 글로벌 거버넌스 위원회 보고』(중국 대외번역출판사, 1995년)를 발표하였다.[13]

21세기에 들어서면서 글로벌 거버넌스 적자에 관한 연구도 많아 졌고, 이 분야 전문가들과 유명 인사들은 자신의 견해를 적극적으로 발표하기 시작했다. 예를 들면 프랑스의 학자이며 정치가인 파스칼 라미(Pascal LAMY)는 WTO 사무총장을 담임했던 자신의 경험을 바탕으로 글로벌화가 가속화 되고 있는 상황에 상응하는 글로벌 거버넌스 적자의 원인에 대해 시스템적으로 상세하게 논술했다.[14] 이 외에도 유럽과 미국의 학자들도 글로벌 거버넌

---

13) 이 책의 영문 원판은 영국 옥스퍼드대학 출판사에서 출판했다.

14) LAMY P. The Raymond Aron lecture: is globalization in need of global governance. Washington: Brookings Institution. (2013- 10-28). http://www.brookings.edu/~/media/events/2013/10/28-global-governance/20131028_aron_lecture_lamy_remarks.pdf.

스 적자를 주의해야 한다고 호소했다. 장기간 글로벌 거버넌스를 연구한 영국의 학자들은 『그리드락¹⁵: 우리가 가장 필요 할 때 글로벌 거버넌스는 왜 실패로 향하고 있는가』라는 제목의 책을 공동 집필하여 출간하였다.¹⁶ 일부 서방국가의 학자들은 글로벌 거버넌스 적자라는 제목으로 저술을 발표하기도 했다. 미국 매사추세츠대학(University of massachusetts)의 정치학 교수인 피터 하스(Peter M. Haas)는 글로벌 환경에서의 거버넌스 적자 상황을 토론했다.¹⁷ 글로벌 거버넌스 적자 현상에 주의하여 학술 토론을 진행한 학자들도 적지 않았다. 친야칭(秦亚青)은 국제권력의 이동과 세계질서를 연구 할 때 "(글로벌) 거버넌스 적자문제"를 강조하며 지적하였다.¹⁸ 중국사회과학원

---

15) 그리드락(gridlock) : 교차점에서 발생하는 교통 정체, 즉 오도 가도 못하는 상황을 말한다. 누가 만든 말인지는 알 수 없지만, 이를 처음으로 유행시킨 주인공은 1980년 미국 뉴욕시에서 교통 파업이 일어났을 때 그로 인한 그리드락을 언론에 설명한 뉴욕시 교통국의 수석 엔지니어인 샘 슈워츠(Sam Schwartz)다. '그리드락 샘(Gridlock Sam)'이라는 별명까지 얻은 그는 그리드락은 자신이 만든 말은 아니고, 전부터 교통국 직원들 사이에서 쓰이던 말이라고 했다. 이어 곧 『뉴욕타임스매거진(New York Times Magazine)』이 그리드락을 심층적으로 다루어 널리 쓰이는 말이 되면서 적용 범위도 넓어졌다. 전화와 인터넷에 적용되더니, 방송토론에서 출연자들이 말다툼을 벌이다 동시에 발언해 알아들을 수 없게 된 것마저 "vocal gridlock(음성 그리드락)"이라고 했다. '반(反)공유지의 비극'이라는 용어를 작명한 미국 컬럼비아대학 법대 교수 마이클 헬러(Michael Heller)는 2008년에 출간한 『소유의 역습 그리드락(The Gridlock Economy: How Too Much Ownership Wrecks Markets, Stops Innovation, and Costs Lives)』에서 지나치게 많은 소유권이 경제활동을 오히려 방해하고 새로운 부의 창출을 가로막는 현상을 그리드락이라 부르면서, 이런 '자유시장의 역설'을 해결하는 것이 우리 시대의 핵심 과제라고 주장했다.

16) HALE T, HELD D, YOUNGK. Gridlock: Why global cooperation is failing When We need it most. Cambridge: Polity, 2013.

17) HAAS P M. Addressing the global governance deficit. Global Environmental Politics, 2004-04 (2): 1-15.

18) QIN Y. Power shift, Governance deficit and a sustainable global order. Economic and Political Studies, 2013, 1 (1).

세계경제정치연구소와 미국 인디애나대학 중국정치무역연구중심에서 『중미 양국과 글로벌 거버넌스: 새로운 시대의 새로운 의제』라는 글을 연합 발표했다. 이 글에서 글로벌 거버넌스 적자는 중요한 도전이며, 중·미 양국의 협력이 있어야만 글로벌 거버넌스 적자문제를 해결할 수 있다고 했다. 특히 주의해야 할 점은 "글로벌 거버넌스는 이미 상대적으로 완전하다"는 보고의 관점이 틀렸다는 것이었다. 그 원인은 "이익 분쟁을 해결할 수 있는 기존의 명확한 규칙이 거의 없기" 때문이며, "모든 글로벌 거버넌스 규칙이 개방하는 것을 독려하고 국민에 대한 대우와 호혜를 지지하는 것"이 아니기 때문이라는 것이었다.[19]

'적자'라는 것은 '공백(gap)'을 의미하는 것이며, 저효율적(deficiencies)이고, 작용을 발휘하지 못하거나(failed to Work) 혹은 실패(failures)의 결과를 의미하는 것이다. 하지만 학자들은 '적자'에 대해 서로 다른 견해를 가지고 있다. 일부 학자들은 명확하게 이런 적자는 "민주 적자가 아닌"(not democratic deficit) 행정관리 의미에서의 "현행 협정의 실제적인 효과와 잠재적인 효과 사이의 차이(betWeen actual and potential effectiveness of current arrangements)"를 말한다고 했다. 이 말은 곧 현존하는 국제기구(국제조직)의 업적 혹은 성과는 희망과 거리가 있다는 것을 의미한다고 했다.[20] 하지만 글로벌 거버넌스 적자는 현존의 국제제도나 국제협의(G20 등) 등 기구에서 기대한 성과를 가져 오지 못했기 때문에 나타나는 것이라고 간단하게 설명할

19) KENNEDY S, HE F. US, China and global governance: a new agenda for a new era.(2013). https://www.indiana.edu/~rccpb/wordpress/wp-content/uploads/2015/11/A_New_Agenda_fo_a_New_Era.pdf.

20) HAAS P M. Addressing the global governance deficit. Global Environmental politics, 2004, 4 (2): 1-15.

수 있는 것만은 아니다. 글로벌 거버넌스 적자는 주로 정치적 적자이며, 특히 "민주 적자"를 말한다. 목전의 글로벌 거버넌스 기구(국제금융조직 등)에서 비 서방국가는 대표성도 부족하고 발언권도 부족하다. 이는 이런 국제기구의 저효율성이 원인이며, 글로벌 거버넌스 실패의 원인이 된다. 영국의 저명한 국제정치경제학 학자인 토니 페인(Tony Payne)은 국제 상에는 대국의 조정 실패 등 비교적 심각한 문제가 존재하고 있다고 하면서, 이는 지금의 (글로벌 거버넌스를 위한)국제기구를 파괴하고 심각한 "글로벌 거버넌스 적자"를 초래한다고 했다. 즉 글로벌 거버넌스 기구(그가 말하는 기구는 국제통화기금 등 세계적인 국제기구를 말함)가 자신의 작용을 제대로 발휘하지 못하고 있다는 것이었다.[21]

연구의 각도에서 '적자'는 사회과학을 기초로 하여 효과적으로 정책을 분석하는 도구(방법)인데, 이는 재정분석 방법 혹은 '적자'가 가지는 은유적인 의미로 어느 한 의제의 심각함을 강조하는 말이다. 이 방법은 문제에 대한 이해와 해결에 유리하다. 즉 적자가 발생한 원인, '적자'를 개선 혹은 해결할 방법과 적자가 없는 양호한 상태로 될 수 있는 방법을 모색하는데 유리한 것이다.

이 책의 제1장에서는 글로벌 거버넌스 적자의 의미, 글로벌 거버넌스 적자가 존재하게 된 원인, 글로벌 거버넌스 적자를 해결할 수 있는 방법, 중국과 글로벌 거버넌스 적자 해결 간의 문제 등을 논의하고자 한다.

---

21) PAYNE T. The coming crisis: why global governance doesn't really Work. (2016). http://speri.dept.shef.ac.uk/2016/06/15/the-coming-crisis-why-global-governance-doesnt-really-work/.

2. 글로벌 거버넌스 적자란?

글로벌 거버넌스 적자에 대한 이해는 거의 비슷하다. 이 책에서 말하는 글로벌 거버넌스 적자는 아래와 같다.

글로벌 거버넌스 적자는 새로 나타난 현상이 아니다. 냉전시기 미국과 소련은 양극으로 분화되어 동서대항의 상황으로 나타났고, 제3세계가 발전하기 시작했다. 유엔(UN)은 원래 집체안전시스템을 통해 전 세계의 안전을 도모하는 기구이지만 거의 마비상태에 이르렀고, 유엔안보리는 글로벌 안전에 도전하는 행위를 대처하기 어렵게 되어있다. 이런 상황이 바로 변형된 글로벌 거버넌스 적자이며, 글로벌 안전 거버넌스 적자이다.

이런 상황은 1940년대 말부터 1980년대 말까지 지속되었다. 그 후 냉전은 끝났고, 유엔은 세계평화를 보호하는 작용을 하기 시작했다. 유엔의 평화유지 행동은 냉전 후에 크게 강화되었다. 중국 등 국가에서는 태도와 정책을 변화하여 유엔의 평화유지 행동에 적극 참여하였다. 냉전이 끝난 후 유엔도 깊이 있는 개혁을 진행하고자 했다. 그러나 유엔의 열렬한 토론 등의 노력에도 불구하고, 1990년대 초 부터 20년이 지난 지금까지도 유엔은 실질적인 개혁을 가져오지 못했다. 따라서 글로벌 안전 거버넌스 적자도 유엔의 개혁을 통해 근본적인 보완을 가져오지 못했다. 효과적인 글로벌 안전 거버넌스가 부족한 상황에서 미국과 그 동맹(북대서양조약기구)은 유엔을 거치지 않고 아프가니스탄과 이라크에서 두 차례의 대규모의 국부전쟁을 일으켰고, 중동과 북아프리카에서 내정에 간섭했다.

또한 아시아와 태평양지역에서 유엔의 작용은 거의 없었고, 반대로 미국을 위주로 하는 동맹국은 이 지역 안전 거버넌스에서 중요한 역할을 하고 있다. 북한핵무기 등 문제를 해결하는 과정에서 유엔이 아닌 대국조정("6자회담")이 특정 위기를 관리하고 있다. 따라서 동북아지역에는 포용성 있는 다국적 안전 거버넌스가 심각하게 부족한 상황이다.

2차 세계대전의 전승국인 미국과 영국은 자신들의 항구적인 이익을 위해 세계를 통치하려고 1944년~1945년 사이에 국제제도를 설계하였다. 이 제도에서 글로벌 경제 거버넌스는 유엔이 아니라 유엔 외의 국제경제조직인 국제통화관계를 관리하는 브레튼우즈체제(Bretton Woods System)와 국제무역을 관리하는 관세 및 무역에 관한 일반 협정(GATT)이 만들어졌다.

1970년대와 90년대 이후, 이는 국제금융기구(IFIs)와 세계무역기구(WTO)로 되었다. 유엔이나 국제경제기구의 성립과정에서 2차 세계대전 후 서방(유럽, 미국)은 글로벌 거버넌스에서 주도적인 작용을 했다는 것을 알 수 있다. 다시 말하면 유럽, 미국은 국제규칙인 글로벌 거버넌스를 설계 혹은 제정하는 위치에 있었을 뿐만 아니라, 국제기구를 통제 혹은 주도하고 있다는 것이다. 중국 등과 같은 세계대국을 포함한 기타 대부분의 국가도 국제규칙의 제정자가 아니다. 이는 현존하는 국제기구의 합법성(legitimacy) 문제인 비서방국가의 대표성·발언권·결정권 등이 없다는 문제들이 더욱 뚜렷하게 나타나고 있음을 알려주고 있는 것이다.

1944년부터 미국과 유럽이 세계은행(WB)과 국제통화기금을(IMF) 확실하게 통제하고 있었기 때문에, 기타 국가의 인사들이 세계은행과 국제통화기금의 총재를 맡은 경우는 없었다.

1960년대에 탄생한 경제협력개발기구(OECD)와 1970년대에 탄생한 선진 7개국(G7) 등은 모두 서방국가들이 주도하는 국제조직이며, 국제회의를 통해 세계경제를 관리·조절·통제하는 작용을 하고 있다. 하지만 2008년에 발생한 금융위기는 이런 기구 혹은 조직은 국제적인 위기를 해결하는데 한계에 부딪쳤다는 것을 설명해주고 있다. 이런 정황은 시스템적이고, 구조적인 글로벌 거버넌스 적자를 말해준다. 사실상 1997년 아시아 금융위기가 폭발한 후, 일부 서방국가의 지도자들은(제일 먼저 G20을 설립할 것을 건의한 캐나다 재정부장 폴 마틴-Paul Edgar Philippe Martin 등) 당시 존재하는 국제금융 거버넌스 방식은 이후 발생하게 될 금융위기를 예측하기 어려울 것이라고 했다. 그리하여 G7 등 선진국의 제의 하에 중국 등 "신흥국"을 포함한 20개국 모임(이하 G20이라고 한다)이 1999년에 성립되었던 것이다.

최초 G20에는 19개 국가와 유럽연합 의장국의 재정부장과 중앙은행 행장이 포함되었었다. 2008년에 이르러 부장급 회의는 국가지도자들이 참가하는 정상급 회의로 격상되었다. 하지만 2008~2010년 사이의 G20 정상회담은 일종의 임시적인 위기관리 기구였을 뿐, 장기적이고 깊이 있는 글로벌 금융 거버넌스 적자 문제를 해결하기 위한 기구는 아니었다. 글로벌 경제 거버넌스 적자를 해결하기 위해 2011년 이후, G20은 점차 글로벌 경제 거버넌스 역할을 할 수 있는 "장기적이고 효과적으로 해결 할 수 있는 기구"가 되기 위한 노력을 했다. 이 책의 후반부에서는 G20이 글로벌 거버넌스 적자를 줄일 수 있는 효과적인 방법인 이유를 분석 설명하고자 한다.

1945년 이전에는 세계적인 도전이 존재하지 않았거나 존재했어도 그리 심각하지는 않았다. 20세기 후기에 이르러 기후변화와 테러리즘 등의 문제는 더욱 뚜렷해지고 심각해졌다. 국제 공동자산인 글로벌 커먼즈(global commons) 특히 공해(high seas), 대기층(atmosphere), 대기권 외의 우주공간(outer space), 극지(Antarctic)와 사이버 공간(cyberspace) 등은 국가와 사회의 생존과 발전에서 중요한 역할을 하고 있다. 하지만 이상의 사항에 관한 권위적이고 효력 있는 글로벌 거버넌스는 매우 부족한 상황이다. 관련된 국제 규칙과 국제 체제가 다양하여 서로 내용면에서 충돌이 있어서 혼란하거나 미성숙·미완성 상황이기 때문에, 각 나라 특히 실력이 있는 대국은 더욱 격렬하게 글로벌 커먼즈를 쟁탈하고 있다.

총체적으로 국제적으로 공인하고 있는 글로벌 거버넌스 적자는 우리의 글로벌화의 세계에서 필요한 글로벌 거버넌스가 심각하게 부족하다는 것을 말해주고 있으며, 지금의 국제기구는 이에 상응하는 글로벌 거버넌스 작용을 발휘하지 못하고 있다는 것을 의미한다.

3. 무엇 때문에 글로벌 거버넌스 적자가 존재하는가?

글로벌 거버넌스는 상술한 전 세계적인 문제와 도전을 해결하기 위한 "국제집단행동"이다. 글로벌 거버넌스를 담론하거나 글로벌 거버넌스를 언급한 사람들은 글로벌 거버넌스의 "국제집단행동"이라는 성질을 별로 주의하지 않았거나 이에 관한 강조가 적었다. 슈퍼대국(미국) 혹은 일체화 지역조직(EC[유럽공동체])의 정치가·학자들과 비정부조직에서도 미국 혹은 기타 국가를 포함한 어떠한 단일국가나 국가집단(EC)에서 독단적으로 행동할 수 없다는 점에는 동의하고 있다. 즉 어떠한 단일국가 혹은 국가집단은 단독적으로 세계적 차원의 심각한 문제를 성공적으로 해결할 수는 없으며, 국제적인 합작이 아니면 문제를 해결할 가능성이 없다는 것이다.

글로벌 거버넌스 적자를 토론하려면 글로벌화를 깊이 있게 이해할 필요가 있다. 1970년대 말부터 중국·인도 등 국제상의 인구 대국은 점차 글로벌화에 전면적으로 참여하기 시작했으며, 글로벌화(과정)에서 제일 중요한 국가 활동세력으로 부상하였다. 1990년대와 21세기 첫 10년 사이에 글로벌화는 쾌속적인 발전을 가져왔다. 각국의 내부적인 문제와 여러 가지 국제적인 문제 때문에 지금 글로벌화의 발전 속도는 늦어지고 있고, 글로벌화의 영향은 감소되고 있으며, 심지어 글로벌화는 정체되고 있는 실정이다. 하지만 글로벌화가 늦어진다고 해서 글로벌화의 영향을 무시하지는 말아야 한다. 우리가 생활하는 세상은 이미 글로벌화 된 세상이다. 이는 의심할 여지가 없는 사실이다. 글로벌 거버넌스는 글로벌화의 도전과 글로벌화로 인해 발생한 문제에 관한 관리를 의미한다.[22]

글로벌화는 특히 경제적 의미에서의 글로벌화 시장, 자본 시장, 자본의 기술 혁명을 촉진시켰다. 하지만 시장 · 자본 · 기술변혁은 새로 나타난 현상이 아니다. 공업혁명 이후의 시대에 여러 차례 발생한 적이 있다. 글로벌화는 세계경제를 번영시켰고, 기술의 진보를 촉진시켰으며, 인민들의 생활방식을 개선시키고 변화시켰다. 글로벌화는 사회적 발전뿐만 아니라 그에 상응하는 필연적인 문제도 초래했다. 지금 글로벌화로 인해 나타난 문제는 예전과 형식적으로 다르지만 본질은 같다. 전 세계무역기구 사무총장이며 세계은행 부행장이었던 이안 골딘(Ian Goldin)은 유엔에서 발표한 글에서 "(세계)미래는 더욱 불확실해지고 더 큰 위험에 노출되어 있다"고 했다. 세계의 불확실성과 위험은 세계적으로 "수입이 부단히 상승하고, 인구가 증가하며,

---

22) 2000년, 저명한 자유제도주의 국제관계이론대가인 로버트 O 코헨(Robert O. Keohane)이 미국 정치학회 (American Political Science Association)회장 취임식에서 『부분 글로벌화에서의 세계 거버넌스』의 제목으로 진행한 취직연설, 2001년, 로버트 O. 코헨과의 오래된 연구 파트너이며 저명한 국제관계이론대가인 조시프 · 나이(Joseph Nye)가 편집한 논문집 『글로벌화 세계의 거버넌스』 (중문판본 2003년 세계지식출판사 출판)에서는 글로벌 거버넌스는 글로벌화의 관리라고 했다.

인류와 각 사회 사이에서 상호 의존하고 기술이 발전하는 등 여러 분야"에서 성공을 가져오면서 나타난 것이다. 환경의 악화, 기후의 변화와 같은 일부 문제는 "지구의 자연자원이 급격히 감소되고, 부단히 증가하는 사회의 불평등과 새로운 기술 남용" 등의 원인으로 나타난 것이다. 그는 이러한 도전이 세계적인 재난과 궤멸을 가져올 수 있다는 우려를 지적했던 것이다.[23] 글로벌화로 인해 나타난 문제와 관련해서 거버넌스는 어떻게 진행되어야 하는가? 이러한 과제는 냉전이 끝난 후 국제사회가 해결해야 할 제일 큰 과제이다. 글로벌 거버넌스 적자가 나타난 원인은 바로 글로벌화가 가져온 문제를 확실하게 해결할 방법을 찾지 못한 데에 있다. 하지만 사람들은 글로벌 거버넌스 적자를 점차 인식하게 되었고, 글로벌 거버넌스 적자의 위험을 의식하게 되었다. 따라서 사람들은 글로벌 거버넌스 적자를 해결할 새로운 방법을 모색하고 있기에 이런 상황은 개선될 수 있는 것이다.

　지난 세월 민주국가 내부의 고전적인 정치시스템 범위 내에서 문제를 해결했다면, 지금의 글로벌화 시대에서는 대부분의 중요한 문제가 전 세계적인 문제로 전환되었기에 일정한 범위 내에서는 문제를 해결할 수 없게 되었다. 문제를 해결한다고 해도 같은 문제가 다시 나타나지 않는다는 보장도 없는 것이다. 또한 이런 문제를 해결 할 수 있는 키포인트는 국제적인 협력이다. 이런 문제는 어느 한 나라에 국한된 문제가 아니라 모든 국가가 세계라는 '바다'에서 공동으로 직면한 문제이기 때문이다. 기후변화, 전염성 등의 질병, 금융안정, 네트워크 보안 등의 문제는 세계적인 집단행동으로만 통제

23) LAMY P, GOLOIN I. Rethinking international institutions. (2013). https://www.project-syndicate.org/commentary/pascal-lamy-and-ian-goldinpropose-mechanisms-for-improving-global-g overnance-and-cooperation.

할 수 있고 해결할 수 있는 것이다.[24]

　냉전이 끝난 후의 20년간 글로벌화와 글로벌 거버넌스에 대한 토론을 통하여 민족국가에 존재하는 각종 문제를 해결할 때, 민족국가시스템의 범위를 초월한 방법이 필요하다는 결론을 얻어냈다. 민족주의(국가주의)가 다시 세계적 범위에서 나타나기 시작했다. 민족주의가 다시 나타나게 된 것은 글로벌화가 이미 되돌릴 수 없을 정도로 크게 전환되었기 때문이며, 1970년대부터 나타난 상호의존(interdependency)의 현실을 변화시킬 수 없기 때문이다. 지금 글로벌화 문제의 상대적 혹은 절대적 피해자·실패자들은 그들이 소속되어 있는 국내정치의 발전과정에서 현재의 구역 거버넌스 기구(유럽연맹 등)와 글로벌 거버넌스 기구(국제통화기금과 국제무역기구 등)를 반대하며 글로벌화를 반대하고("반글로벌화") 있다.

　이는 지역 조직과 국제경제기구가 추진하는 글로벌 거버넌스의 진행을 가로막고 있다. 2016년 EC에서 탈퇴하라고 요구하는 영국의 유권자들과 미국 대선에서 미국은 응당 '고립주의' 노선으로 돌아와 배외정책을 실시해야 한다고 주장하는 자들은 글로벌 거버넌스를 개선하는 것보다 민족국가(영국 혹은 미국)의 보호와 구제를 필요로 하고 갈망하고 있기 때문이다. 글로벌 거버넌스는 그들과 먼 거리에 있어 그들 수중의 투표권으로 결정한 글로벌 거버넌스 기구의 결책(決策, 일을 처리하는 방법을 결정하는 것 - 역자 주)이 그들의 생활을 개선하기가 어렵다고 여기고 있다. 이런 상황은 글로벌 거버넌스를 심각한 곤경에 처하게 하고 있다.

---

24) LAMY P, GOLDIN I. Rethinking international institutions. (2013). https://www.project-syndicate.org/commentary/pascal-lamy-and-ian-goldinpropose-mechanisms-for improving-global-governance-and-cooperation.

엄격하게 말하면 국가와 국가로 조성된 국제시스템(국제사회)이 여전히 존재하고 있는 상황에서 진정한 글로벌 거버넌스는 실제로 존재하지 않고 국제 거버넌스만 존재하고 있을 뿐이다. 지금 사람들은 글로벌 거버넌스와 국제 거버넌스를 같은 의미로 말하고 있다. 이는 글로벌 거버넌스에 대한 절박한 수요와 국제 거버넌스가 글로벌 거버넌스로의 발전을 촉진시키고 있다. 그러나 국제 거버넌스가 글로벌 거버넌스로의 전환은 쉽지 않다. 지금의 국제 거버넌스(국제 즉 국가 간 시스템)는 세계적인 시스템이 아니기 때문에 "글로벌 거버넌스 적자" 발생의 근원이 되고 있다. 파스칼 라미와 이안 골딘은 국제시스템은 국제합작에 의거하며, 국제합작의 형식은 조약·준칙·교역·제도 등의 항목이 있는데, 이는 국제시스템을 구성하는 기둥이고 벽돌이라고 했다.[25]

이런 협력은 민족국가 주권의 '가입' 혹은 '퇴출' 의사에 달려있다. 물론 국제조직(EC, 세계무역기구 등)에서 '퇴출'하기는 어렵다. 심지어 이런 기구에서 퇴출하는 시스템은 아직 없었다. 세계대전과 세계 대 도살을 거친 유럽은 1945년 이후 점차 17세기 후기에 형성된 베스트팔렌시스템(Westphalia system)에서 이탈했다. 하지만 세계적인 기구인 유엔시스템은 여전히 베스트팔렌시스템에서 탄생한 주권국가를 기초로 건립된 것이다. 비록 EC는 후(后)베스트팔렌 체계(Post-Westphalia system)에서 탄생한 것이지만, 영국은 EC에서 탈퇴하기로 했다. 하지만 EC에서 탈퇴한 영국의 미래는 여전히 확실하지 않다. 세계대전의 발생을 방지하고 평화를 위한다는 EC의 최초 신

25) LAMYP, GOLDIN I. Rethinking international institutions. (2013). https://www.project-syndicate.org/commentary/pascal-lamy-and-ian-goldinpropose-mechanisms-for-improving-global-governance-and-cooperation.

념을 사람들은 점차 잊어가고 평화는 당연한 것으로 여기고 있어, EC는 민족주의 · 포퓰리즘의 비판 대상이 되었다.

글로벌화는 새로운 이해당사자(stakeholder)들을 탄생시켰다. 특히 신흥경제국(중국, 인도, 브라질, 터키 등)들은 글로벌 거버넌스를 필요로 하고 있다. 이는 글로벌 거버넌스 적자의 다른 원인이기도 하다. 이런 국가들의 국제무역과 국제이민관리 및 거시적 경제정책은 국제 협조에 대한 의존도가 높아지고 있기에 기존의 국제조직에 적극적으로 참여하고 있다. 신흥경제국들의 국제조직에 가입하면서 기존의 국제조직 구조(권력 구조를 포함)에 큰 충격과 변화를 가져다주고 있다. 국제시스템 내부의 신흥경제국은 국제시스템 개혁을 요구하고 있다. 인도 · 브라질 등 나라에서는 유엔안전보장이사회의 개혁을 강력히 요구하고 있고, 중국 등의 나라는 국제금융조직의 개혁을 요구하고 있다. 서방국가의 각도에서 볼 때 현존하는 국제 거버넌스 체제에서 개혁을 요구하는 신흥경제국은 일종의 도전이며, 지금의 국제시스템의 불안정을 초래하는 원인이다. 국제시스템의 전환(권력구조의 전환을 포함)시기에 신흥대국은 국제 거버넌스보다는 국제 거버넌스 기구의 권력에만 몰두하고 있다. 반면에 글로벌 거버넌스를 주도하고 있는 서방국가들은 신흥국가가 그들이 세계를 통치하는 도구인 국제제도에 타격을 줄까 걱정하고 있다. 총체적으로 지금의 국제시스템에서 전통 대국이나 신흥 대국 모두의 목적은 권력과 이익에만 있을 뿐 글로벌 거버넌스를 실현하기 위한 것은 아니다. 이것이 바로 신흥 대국이 지금의 국제시스템 하에서는 흥기하고는 있지만, 새로운 국제질서를 형성하지 못한 원인이며, 글로벌 거버넌스 적자가 존재하게 된 근본 원인이라고 할 수 있다.

4. 어떻게 글로벌 거버넌스 적자를 해결해야 하는가?

글로벌 거버넌스는 본질적으로 실현하기가 어렵다. 그러나 글로벌화의 세계는 종합적인 해결방안(글로벌정책)을 요구하고 있다. 하지만 각 국가들은 서로 분립되어 있기에 거시적 정책의 협조와 합작은 어려운 과제이며, 특히 글로벌 거버넌스에 대해 대국들은 의견을 통일하기가 어렵다. 파스칼 라미는 지금의 글로벌 거버넌스 적자는 장기적으로 존재할 가능성이 있다고 했다.[26] 영국의 셰필드대학 정치경제학연구소(SPERI) 소장인 토니 페인(Tony Payne)은 평소에 주의하지 않았던 "제일 중요한 문제"를 지적했다. 그는 서방국가의 지도자들은 "효과적인 글로벌 거버넌스를 진행하려 하지 않는다!"는 것이다. 이는 놀라운 지적이 아닐 수 없다. 왜 그런가? 토니 페인은 이는 글로벌 거버넌스의 성격에 의해 결정된 것이라고 여겼다. 즉 글로벌 거버넌스는 공공(대중)적인 거버넌스를 의미하는데, 글로벌 거버넌스는 지도와 조정을 의미하는 것이며, 과도한 금융과 자본주의에 대한 규제를 의미하는 것이며, 글로벌 경제에 대한 전 세계적인 인도를 의미하기 때문이라는 것이다.

종합적으로 그는 글로벌 거버넌스의 본질은 사회 민주의 개념일 뿐 다른 의미는 없지만, 지금 국제시스템의 국가 지도자들은 이런 글로벌 거버넌스를 진행하려 하지 않는다고 했다. 이런 국가 지도자들은 글로벌 금융 · 투자 · 무역은 일정한 규칙 하에서 진행되어야 한다고 생각하고 있다

---

26) LAMY P. the Raymond Aron Lecture: is globalization in need of global governance. Washington: Brookings Institution.(2013-10-28). http://www.brookings.edu/~/media/events/2013/10/28-global-governance/20131028_aron_lecture_lamy_remarks.pdf.

는 것이다. 즉 그들은 지금 진행되고 있는 범대서양 무역투자동반자협정
(Transatlantic Trade and Investment Partnership, TTIP) 등과 같은 개인 혹은 회
사 형식의 글로벌 거버넌스를 더욱 원하고 있다는 말이다. 한마디로 말해서
글로벌 거버넌스는 여전히 세계에서 제일 강대한 국가들의 태도에 따라 결
정될 가능성이 있다는 말이다.[27]

그렇지만 글로벌 거버넌스를 실행하기 어렵다고 실현이 불가능한 것은
아니다. 글로벌 거버넌스 적자는 줄일 수 있다. 글로벌 거버넌스 적자 상황
을 개선하고 적자를 줄이려면 총체적으로 세 가지 기본적인 방법이 있다.

첫째는 지금의 글로벌 거버넌스와 글로벌 거버넌스 시스템(국제기구 혹은
제도)을 개혁하는 것이다. 개혁의 목적은 국제기구 혹은 제도의 민주화와 정
당화(합법화)를 실현하는 것이다. 여기서의 '민주화'는 두 가지 의미가 있다.

하나는 『유엔 헌장』의 원칙에 따라 중국·인도 EC 등이 1990년대 말에 제
기한 "국제관계의 민주화" 혹은 "민주화 글로벌 거버넌스"를 실현하는 것이
고, 다른 하나는 "국제관계 민주화" 혹은 "민주화 글로벌 거버넌스"의 기초
위에서 비정부, 사회(대중) 역량의 글로벌 거버넌스 참여도를 높이는 "민주
화 글로벌 거버넌스"를 실현하는 것이다. '정당화'는 지금의 국제시스템(국
제조직)에서 대국이 주도하는 현상 혹은 슈퍼대국(패권)과 약소국가의 대표
성이 불평등한 국면이 변화되어야 한다는 것을 의미한다. 지금 유엔과 유
엔 안보리 특히 안보리의 개혁은 대치상태에 있다. 바로 유엔과 유엔 안보
리에 대한 개혁은 유엔과 유엔 안보리가 자신의 정당성을 찾는 과정에서 효

---

27) PAYNE T. The coming crisis: Why global governance doesn't Really Work. (2016). http://
speri.dept.shef.ac.uk/2016/06/15/the-coming-crisis-Why-global-governance-doesnt
really-Work/.

37

능과 효율을 높여 유엔의 책임을 이행하도록 독촉하고 있다는 것이다. 특히 이는 글로벌 거버넌스의 변형을 촉진시켜 글로벌 거버넌스 적자 개선에 중요한 작용을 하게 하는 것이다. 유엔과 유엔 안보리 개혁은 전체적으로 발전 추세에 있으며, 이는 불가피한 것이다. 지금의 문제는 개혁의 여부가 아니라 개혁의 방법에 있다. 일부 유엔 회원국들은 이런 저런 이유로 개혁을 미루려하고 있고, 일부 유엔 회원국들은 글로벌 거버넌스를 위한 것이 아닌 그들의 협소한 "국가 이익"을 위해 안보리에서 더욱 큰 작용을 하려하고 있다. 하지만 어떠한 이유에서든 개혁이 진행된다면 이는 글로벌 거버넌스 적자를 해결하는 과정에서 유엔의 역할을 확대시키는 것이다.

국제 금융조직의 개혁은 2008년 금융위기 이후에 일정한 진척을 보여주었다. 하지만 이런 발전은 낡고 오래된 국제기구를 '현대화'로 탈바꿈시키기에는 부족하다. 세계무역기구의 개혁도 여전히 진행 중이다. 하지만 현재의 지역적 혹은 범지구적(범태평양과 범대서양) 무역과 투자계획 및 최대 경제시스템 사이의 양자 경제계획 등은 WTO 역할에 대한 도전이다. 그렇지만 동시에 이런 경제방식은 차세대 글로벌 거버넌스 형식의 기초가 되기도 할 것이다.

지금의 글로벌 거버넌스 기구는 방법 면에서 새로운 시도를 해야 한다. 영국 옥스퍼드 마틴 스쿨의 "미래세대 위원회"(Oxford Martin Commission for Future Generations)에서는 새로운 글로벌 거버넌스 개혁방법에 대해 많은 토론과 노력을 하였다. 그들은 집단형식으로 초현실적인 기회를 이용하여 예전에 없던 글로벌화 세계에 나타난 불확실성과 위험을 해결할 수 있는 창의적인 방안을 제기하였다. 이 위원회에서는 글로벌 거버넌스는 짧은 시기에 급격한 변화를 가져올 가능성이 적기에 반드시 필요한 변화를 먼저 하는 것이 현실적이라고 했다. 아무리 필요한 변화라고 해도 하루아침에 완성되는 것은 아니다. 세계적 범위에서 각국의 정부·상업계·공민사회는 반드시 지속적인 평화와 지속적인 번영, 포용, 공평의 미래를 완성하기 위해서 한다는 이념을 최대한으로 통일시켜 집단적으로 행동하는 것이 제일 큰 키포인트인 것이다.[28]

둘째, 유엔 및 유엔 회원국은 주도적인 역할을 충분히 발휘해야 한다. 유엔은 여러 가지 난관 속에서도 기후변화와 지속적인 발전을 이룩하는 데에서 일정한 진척을 가져왔다. 장기간의 우여곡절 끝에 기후변화 거버넌스에서 단계적으로 중대한 발전인 『파리협정』을 맺었다. 『파리협정』의 체결은 글로벌 거버넌스의 중대한 전환점이며, 글로벌 거버넌스에 새로운 방향을 제시했다. 이처럼 중대한 세계적인 협정도 실행이 낙관적이지는 않다. 세계적으로 유명한 기후변화정책의 전문가이며 세계자원연구소 기후 프로젝트 책임자인 제니퍼 모건(Jennifer Morgan)은 『파리협정』은 다자간주의와 기후행동의 시작을 의미한다고 했다.

우선 이 협정은 기후 거버넌스를 포함한 글로벌 거버넌스 진행과정이 경제적인 면에서 국가와 국가 내부의 각종 경제 세력들에게 글로벌 거버넌스는 충분한 매력으로 다가가야 하며, 시장규율에 부합되어 경제적으로 진행하는 것이 가능해야 한다. 이것이 바로 글로벌 거버넌스에게 "경제력을 부여"한다는 것이다. 기후변화 문제에서 구체적인 목표는 "경제력을 가진 무탄소경제"를 이룩하는 것이다. "실체 경제에서 저탄소 경제로의 변형은 경

---

28) Oxford Martin Commission for Future Generations. NoW for the long term. (2014). http://www.oxfordmartin.ox.ac.uk/doWnloads/commission/oxford_martin_noW_for_the_long_term.pdf.

제적인 방식으로 진행되고 있다. 독일과 중국 등에서의 재생에너지 가격은 국가 정책의 지지 하에서 크게 하락했다. 동시에 중국을 포함한 여러 나라에서도 석탄 소비를 줄이고 있다. 2009년의 코펜하겐 세계기후대회부터 2015년의 파리 세계기후대회까지 상술한 여러 원인 때문에 전혀 다른 결과를 가져왔다. 예전에 경제의 발전을 위협하는 여러 문제들은 오늘날 새로운 경제발전의 핵심적인 원동력이 되고 있다. 이 외에도 기후변화는 기초시설과 농업에 큰 영향을 미치고 있으며, 현 시대 사람들은 이런 영향의 심각성을 잘 알고 있다.

사람들 인식의 변화는 실체 경제를 저탄소경제로 발전하도록 촉진시키고 있다. 모건은 2009년부터 현재까지 미국은 기후변화 정책이 거의 없던 국가로부터 전국 범위에서 효력을 가지고 있는 『기후행동계획』을 발표한 나라로 되었다고 했다. 이런 현상들은 정책의 변화를 의미한다. 물론 미국은 더욱 큰 노력을 해야 한다. 하지만 미국의 행동은 다른 나라에서 미국의 '부작위'를 방패로 할 기회를 주지 않는다. 마지막으로 국가 사이의 협력은 특히 중국과 미국의 상호작용은 파리기후협정이 성공할 수 있는 요인의 하나이다. 숫자적으로 보아도 중·미 양국의 이산화탄소 배출량이 제일 많은 국가이기에 응당 이런 행동을 보여야 할 뿐만 아니라, 정치적으로도 대국으로서의 역할을 해야 한다. 모건은 중미 양국 기후입장의 변화와 합작이 있게 된 원인은 기타 국가가 그들에게 큰 영향을 미치고 있기 때문이라고 했다.

사실상 중·미 양국 모두 이런 동력이 필요했다. 바로 섬나라를 대표로 조직된 "기후 취약국 포럼"(Climate Vulnerable Forum)의 노력으로 중·미 등 대국은 그들의 계획보다 강력한 약속을 하게 되었다.

셋째, 대국의 협조, 대국의 합작, 대국의 리더 역할이다. 앞에서 언급했듯이 대국의 합작은 유엔이 주도한 기후 거버넌스에서 중요한 역할을 하였다. 글로벌 금융의 거버넌스 과정에서도 대국의 합작은 매우 중요한 요인이었다. G20은 상대적으로 한계가 있지만 여전히 성공적인 대국 협조시스템이다.[29] 세계상 제일 큰 19개 경제실체와 EC의 재정부장과 중앙은행의 행장들이 참가한 G20은 1999년에 성립되고부터 2008년까지 신흥 국제금융포럼이었다. 중국, 한국, 인도, 인도네시아, 사우디아라비아, 브라질, 남아프리카, 멕시코, 아르헨티나 등 "신흥 경제실체"가 참가한 '신흥'의 글로벌 금융 거버넌스 시스템이다. 세계적으로 일어난 심각한 금융위기에 대응하기 위해 2008년에 이르러 G20은 미국 · 영국 · EC의 건의 하에 G20은 국가정상회담(정치정상회담)으로 격상되었다.

미국 워싱턴과 영국의 런던에서 처음 두 차례의 정상회담을 가졌다. 오바마 정부가 출범한 후인 2009년, 미국 피츠버그에서 세 번째 G20 정상회담을 열었다. 금융위기가 폭발하고부터 피츠버그 정상회담까지 1년도 안 되는 사이에 3차례의 G20 정상회담이 열린 것이다. 이렇게 G20정상회담은 금융위기에 대처하는 "대국 합작 위기관리 체제"로 불리게 되었다. 하지만 G20은 여전히 G7을 대표로 하는 선진국가가 주도하고 있다. G20 중 신흥 경제실체는 2009년 이후에 "브릭스 국가합작조직"(BRICS)을 만들었다. BRICS 회원국의 국가 정상들은 G20정상회담 기간에 협조회의를 가진다. 하지만 G20내부에서 G7국가와 BRICS 국가는 세력적인 면에서 균형을 이루기가 어렵다. '위기관리'시기가 끝난 후인 2010년부터 G20의 협조와 합작의 작용

---

29) FUES T, MESSNER D. g20: concert of great poWers or guardian of global Well-being?(2016-09).http://www.die-gdi.de/briefing-paper/article/g20-concert-of-great-poWers-or-guaRdi-an-of-global-Well-being/

은 크지 않았고, 의제도 다루기 쉬운 경제성장의 새로운 동력과 기초시설 투자·취업 등에 한하여 그쳤기에, 글로벌 거시경제정책 협조에서 별다른 성과를 거두지 못했다. G20은 피츠버그 정상회담에서 표명한 것처럼 "국제 경제합작 주요 포럼" 혹은 "글로벌 경제 지도위원회"의 역할을 하지 못했다. 동시에 G7은 여전히 세계 경제 거버넌스 과정에서 호령을 내리고 있다. 특히 2016년 일본이 주최한 G7 회의는 일본의 주도하에 같은 해에 중국 항저우에서 열리게 될 G20 정상회의와 우열을 가리려고 했다.[30]

넷째는 새로운 국제조직(국제제도)을 건립하는 것이다. 지금 있는 국제제도에 대한 개혁이 이상적으로 실현된다고 해도 글로벌 거버넌스 적자를 해결하기는 어렵다. 따라서 글로벌 거버넌스 적자를 개선할 수 있는 중요한 방법은 바로 새로운 국제기구(국제조직)를 성립하는 것이다. 사실상 지금 세계적인 정부 간의 국제조직(G7과 G20을 포함한 여러 국제조직)의 대부분은 1944~1945년 기간에 나타난 것이 아니라, "2차 세계대전" 후에 나타난 국제적 구도이며 "신흥 국제조직"과 상대적인 것이다.

문제는 이런 신흥 국제조직의 대다수가 여전히 유럽과 미국 등 선진국가가 창설한 것이거나 주도하는 조직이라는 점이다. 예를 들면 경제협력개발기구(OECD), 국제에너지기구(IEA), 국제원자력기구(IAEA), 국제이주기구(IOM) 등이 바로 이런 조직들이다. "금융안정위원회(FSB)"는 G20 체제 하에 새로 탄생한 조직이다. 여기서 우리는 서방국가가 아닌 다른 나라에서 새로운 국제조직을 창설하고 건립하고 주도하는 능력이 상당히 부족하다는 것을 알 수 있다. 능력이 부족한 원인은 이런 나라들은 서방국가가 주도하

---

30) 팡중잉(팡중잉), 류징원(刘敬文). 「G20과 글로벌 경제 거버넌스의 변형」, 『当代世界』, 2016(8): 9-11.

는 국제조직에 가입하는 것을 주요 목표로 할 뿐 새로운 국제기구를 조직할 능력이 없기 때문이다.(소프트파워와 하드파워를 포함한 모든 면에서 능력이 부족하다.) 하지만 이보다 더욱 중요한 원인은 서방국가들은 비 서방국가에서 새로운 국제조직의 설립을 제안하는 것을 희망하지 않는다는 점이다. 예를 들면 중국의 주도하에 설립된 아시아인프라투자은행은 많은 국제적 논쟁을 불러왔고, 미국과 일본이 이를 반대하고 나선 상황이 모든 것을 설명해 주고 있다.

사실상 세계적으로는 많은 국제조직을 필요로 하고 있다. 중국의 주도하에 설립된 아시아인프라투자은행은 유럽 주요 국가들의 지지를 얻었다. 긴박한 글로벌 문제(기후변화 등)를 해결하고 지속적인 발전을 보장하며 글로벌 커먼즈를 보호하려면 당연히 더욱 많은 국제조직이 있어야 한다.

다섯째, 글로벌 거버넌스 적자를 줄이는 과정에서 비 국가 행위자와 각종 네트워크의 영향을 주의해야 한다. 20세기 말의 '고속 발전'을 거쳐 세계 범위에서 세계적인 새로운 정치행위자들이 많이 나타났다.(이는 소위 말하는 "[국제]세력의 확산"이다.) 이는 글로벌 거버넌스의 정치권위 구조에 중대한 변화를 가져다주었다. 1945년 이후 특히 1970년대 말부터 여러 신흥의 국제조직이 나타났다. 이런 국제조직들이 바로 중요한 국제행위자이다. 하지만 이런 국제조직은 자금이 부족하고, 기구의 중복성이 크며, 사람은 많고, 일은 적은 상황이 나타났고, 관료주의가 유행했고, 부담이 가중되고, 구조는 시대에 뒤떨어졌거나 지리적으로 활동이 어려운 위치에 있다.

이런 요소는 이런 조직의 글로벌 거버넌스의 작용을 심각하게 제약하고 있다. 복합적이고 비집권적인 국제 거버넌스 형식이 나타나고 있으며, 여러 가지 행위자는 서로 다른 차원에서 거버넌스에 참여한다. 그럼에도 불구하고 비 국가 행위자의 불확실성이 크기 때문에 국가행위자와의 충돌이 있고, 비 국가 행위자의 합법성과 지속성에도 문제가 있다. 따라서 이런 조직은 중앙집권이 아닌 네트워크방식이여야만 글로벌 거버넌스는 발전할 수 있다고 보는 것이다.

5. 중국과 글로벌 거버넌스 적자의 해결

1980년대부터 중국은 경제적인 면에서 더 많은 글로벌 거버넌스를 필요로 하고 있다. 최근 몇 년간 중국과 세계는 세계경제사에서 최대 규모의 상호의존(대다수 국가는 중국을 주요한 무역 파트너로 여기고 있으며, 심지어 중국은 이런 국가들의 최대 무역 파트너이기도하다.)관계를 형성하였다. 2008년부터 세계경제는 곤경에서 벗 어나지 못했다. 중국경제는 기타 신흥경제와 더불어 변형과 업그레이드 등 요소를 탐색하는 과정에서 글로벌 거버넌스에 대한 필요성도 늘어나고 있다.

하지만 중국이 글로벌 거버넌스를 제일 필요로 하는 지금 글로벌 거버넌스 적자 상황은 여전히 개선되지 않고 있다. 비록 글로벌 거버넌스에서 G20은 여전히 진행형이고 세계금융체계개혁도 진행되고 있고, 기후변화 거버넌스도 진척을 가져오고 있다. 하지만 전반적으로 볼 때 글로벌화는 큰 타격을 받고 있으며, 이는 글로벌 거버넌스 적자를 악화시키고 있다. 특히 유럽과 미국에서는 "지방적 · 국제적인 인식이 다시 강화되고 있고, 더욱 큰 민주 통제와 책임을 요구하고 있으며, 중립주의 정당은 냉대를 받고 있고 걸

출한 사람들과 전문가들을 보편적으로 믿지 않고 있다."[31] 이런 상황은 글로벌 거버넌스 적자를 악화시키게 될 것이다.

중국이 글로벌 거버넌스에 참여할 때는 글로벌 거버넌스 적자를 정확하게 이해하여야 하며 글로벌 거버넌스 적자에 대해 객관적이고 과학적으로 평가해야 한다. 글로벌 거버넌스 적자는 국제 정치시스템에서의 신흥대국이며, 세계 경제실체 중 신흥경제 실체인 중국에게 미래 글로벌 거버넌스에서 중국의 역할을 명확하게 말해준다. 지금의 세계질서에서 중국은 국내 관리에만 집중할 것이 아니라, 글로벌 거버넌스 적자를 줄이기 위한 사업에도 적극적으로 참여해야 한다.

첫째, 중국 외교정책의 원칙은 글로벌 거버넌스를 강화하는 것이다. 구체적으로 글로벌 거버넌스(참가자)에 적극적으로 참여함과 동시에 기성의 글로벌 거버넌스(개혁자)를 개혁하고 적자를 줄이고 발전시켜 글로벌 거버넌스를 완성시켜야 한다. 지금 중국은 자신이 주도하는 국제경제 질서를 창설할 시기가 아니다. 때문에 개혁자의 자세로 중국은 국제기구의 개혁을 계속 추진하여야 하며, 특히 국제금융조직과 다자간 무역시스템(세계무역기구)의 개혁을 추진해야 한다. 이 과정에서 중국은 글로벌 거버넌스의 개혁은 단순히 국제조직의 효율을 제고시켜 행정관리를 개혁하는 것이 아니라, 국제조직의 민주화와 정당화를 촉진시키는 정치적 개혁도 필요하다는 것을 강조해야 한다. 국제경제조직은 중국 등 신흥대국에서 공헌만 하라고 할 것이 아

31) RODRIK D. the surprising thing about the backlash against globalization. World Economic Forum.(2016-07-15).https://www.Weforum.org/agenda/2016/07/the-surprising-thing-about-the-backlash-against-globalization?utm_source=feedburner&utm_medium=feed&utm_campaign=Feed%3A+inside-the-World-economic-forum+(Inside+The+World+Economic+Forum).

니라, 국제경제조직에서의 지위도 높여주어야 한다.

둘째, 중국은 계속 새로운 국제기구 성립을 제안해야 하며, 새로운 국제구조의 개설자 역할을 해야 한다. 아시아인프라투자은행의 건립과 시행은 성공적인 사례이다. 이 과정에서 중국은 많은 경험을 쌓았다. 하지만 아시아인프라투자은행으로만 해결되는 것이 아니다. 그것은 글로벌 거버넌스가 적자를 나타낸 원인이 유럽과 미국에서 주도하에 건립된 글로벌 거버넌스 기구가 점점 줄어들기 때문이다. 중국 등의 나라는 이제 막 글로벌 거버넌스 기구를 건립하기 시작했다. 지금까지 중국에는 유엔 대학이 하나도 없으며, 중국에 본부를 두고 있는 유엔시스템의 기구도 없다. 중국에서 제안한 국제기구의 개설에 대해 일부 국가에서는 중국이 이미 있는 질서에 방해하는 행위라는 이유로 지지를 하지 않을 뿐만 아니라 중국을 질책하고 있다. 이는 글로벌 거버넌스 적자를 해결하는데 매우 불리하다. 미국 · 일본과 달리 대다수의 EC 국가들과 영국은 아시아인프라투자은행 등 중국이 제안한 국제조직에 참가하였다. 이는 적극적인 발전이며, 중국이 제안해서 성립한 국제기구와 국제 구조의 국제적 정당성을 확보하는데 유리하다.

셋째, 글로벌 거버넌스 적자를 줄임에 있어서 대국 간 협력이 제일 중요하다. 대국으로서 중국은 응당 적극적으로 대국의 협조(조정자)를 추진해야 한다. 글로벌 거버넌스의 핵심 영역에서 기타 대국과 적극적으로 협력해야 한다. 중국과 미국, 중국과 EC, 중국과 인도, 중국과 브라질, 중국과 아프리카연맹, 중국과 남미공동시장 등 중국과 기타 국가 혹은 지역 간의 협력과 협력관계는 모두 중요한 전략적인 협력관계이다. 중국은 응당 글로벌 거버넌스 과정에서 책임을 지고 더욱 큰 작용을 하려는 국가들인 유럽의 독일, 남미의 브라질 등 나라들과 글로벌 거버넌스 협력관계를 맺어야 한다. 비록

G20은 제일 좋은 방법은 아니지만 그나마 괜찮은 선택이다. 2016년에는 중국이 G20의 주최국이었다. G20의 성공여부는 글로벌 금융과 경제 영역에 대한 깊이 있는 개혁이 아니라, 글로벌 금융 거버넌스를 주요 임무로 세계 경제의 지속적인 발전을 촉진하는 것이다.

6. 결론

적자 현상은 글로벌 거버넌스의 진척이 어렵다는 것을 설명해 준다. 중국은 글로벌 거버넌스에서 중요한 작용을 하겠다고 선포했다. 이는 글로벌 거버넌스에 있어서 좋은 소식임에 틀림없다. 중국은 글로벌 거버넌스에서 참가자 · 개혁자 · 개설자 · 조정자 등 네 가지 역할을 하고 있다. 만약 이 네 가지 역할을 제대로 한다면 글로벌 거버넌스 적자는 줄어들 것이다. 하지만 중국은 응당 글로벌 거버넌스 적자가 나타난 원인을 명확히 이해해야 하며, 글로벌 거버넌스 적자를 너무 쉽게 생각하지 말아야 할 것이다. 국제적인 협력은 어려운 일이지만 "섭공호룡(叶公好龙)"[32]의 상황이 나타나지 않도록 글로벌 거버넌스를 너무 간단하게 생각하지도 말아야 한다. 글로벌 거버넌스에 투자가 많아도 중국은 글로벌 거버넌스 적자 상황을 변화시키기 어려울 뿐만 아니라, 글로벌 거버넌스의 적자 상황을 악화시켜 글로벌 거버넌스는 더욱 열악한 다원화로 변하게 될 것이다.

---

32) 섭공호룡(葉公好龍) : 섭공이 용을 좋아하듯 겉으로는 좋아하는 것 같지만 사실은 그렇지 않다는 뜻.

제2장
글로벌 거버넌스의 중국에 대한 기대:
중국의 참여가 없어서는 안 된다.

　2015년 12월 18일 국제연합 안전보장이사회에서는 시리아 평화를 위한 결의안을 통과시켰다. 혼란한 세계의 형세 하에서 이러한 결정은 무엇보다도 소중했다. 미국이 진행한 두 차례의 반테러 전쟁으로 파괴된 중동지역은 아직도 제대로 복구되지 못했다. 이런 상황에서 일어난 시리아 내전에 중동은 더욱 엄중하게 파괴되었다. 이 외에도 "이슬람국가"의 테러행위는 인도주의 재난을 일으켰을 뿐만 아니라, 세계 주요 국가들을 중동의 동란에 끌어 들였다.

　아시아지역에서 일본은 해외에 군대를 파견하기 위해 집체자위권을 해제시키는 것으로 법률적 가능성을 마련했다. 또한 미국은 요란스레 중국과 필리핀, 베트남의 남해 해양권익 분쟁에 개입하면서 남해의 형세를 더욱 복잡하게 만들었다. 유럽의 북대서양조약기구가 부단히 동쪽으로 확장하면서 러시아의 전략지역을 위협하고 있다. 러시아와 그루지야의 전쟁, 우크라이나의 위기는 러시아와 유럽의 관계를 더욱 긴장시켰다. 유럽 내부에서도 테러습격, 난민문제는 유럽의 거버넌스와 EC 내부의 안정을 위협하고 있다. 글로벌 범위에서의 극단주의와 테러 위험이 부단히 확산되고 있으며, 유엔

안보리의 5개 상임이사국 모두 테러조직의 위협을 받고 있다. 이슬람국가가 나타나면서 테러활동은 새로운 절정을 이루었다. 경제적인 방면에서 유럽 경제는 아직 유럽의 재정위기를 완전히 극복하지 못했다. 비록 미국의 경제가 회복 추세를 보이고 있기는 하지만 세계은행의 통계 수치에 따르면 2007년 이후 세계 전체 GDP의 평균 성장률은 겨우 2.18%를 기록했다.

이는 전반적으로 세계의 경제발전이 낙관적이지 않다는 것을 말해준다. 특히 세계경제의 성장을 이끌고 있는 중국경제의 성장속도도 늦어지고 있다.[33] 목전의 전반적인 세계 형세는 세 가지 특점을 보여주고 있다. 첫째, 세계경제는 여전히 불경기 상황이다. 둘째, 대국 간 지연되고 있는 정치 싸움이 날로 엄중해 지고 있다. 셋째, 테러 위협이 날로 상승하고 있다. 형세가 날로 복잡해지고 무질서해지는 국제상황에서 키징거 선생은 "지금 시대에 세계질서의 형성이 가능할까?"하는 문제를 제기했다.[34] 상대적으로 비관적 견해를 키징거 선생과는 달리 우리는 2차 세계대전 이후에 형성된 세계질서의 작용은 여전히 효력이 있다고 보고 있다. 세계적으로 여러 가지 어지러운 상황들이 일어나고 있는데, 이는 세계질서가 약화되고 있음을 말하는 것이며, 세계질서의 약화는 글로벌 거버넌스 적자 때문이라고 여기고 있다.

1. 글로벌 거버넌스 적자의 의미와 형성원인

일종의 실천 형식으로 존재하는 거버넌스는 국가와 지역, 그리고 글로벌

---

33) World Bank. GDP growth(annual%). [20151222]. http://data.Worldbank.org.cn/indicator/NY.GDP.MKTP.KD.ZD/countries/1WA5?display=graph.

34) 基辛格. 『世界秩序』. 胡利平, 등 역. 북경, 中信出版社, 2015년, 473쪽.

적인 단계에만 존재한다. 국제사회의 무정부상태는 실천 형식인 거버넌스가 실행 가능한 조건이다. 특히 무역 분야의 거버넌스는 글로벌 거버넌스 이론에 중요한 계시를 준다.[35] 미국 노던일리노이 대학교 교수인 Lawrence S. Finkelstein는 비교적 일찍 "글로벌 거버넌스"에 대한 정의를 이렇게 내렸다. 그는 "거버넌스"는 실천의 일종으로 정부 주체로 실행되는 실천이 아니며, 제도(institution)가 거버넌스의 주요 방식의 하나라고 했다. "글로벌 거버넌스"는 최고 권위 하에 국가라는 범위를 넘어서 진행되는 거버넌스가 아니다. 일정한 정도에서 글로벌 거버넌스는 각국 정부 내 행위가 국제화로 표현되기 때문이다.[36]

정치(Government)부터 거버넌스(Governance)의 변화는 위커핑(俞可平) 교수와 일부 학자들이 주장하는 "인류의 정치생활은 중대한 변화를 가져오고 있다"는 이론이 포함되며, 이런 변화는 국제관계에서는 "민족국가의 정치적 통치가 글로벌 거버넌스" 형태로 나타나고 있다.[37] 위커핑 교수는 "소위 '글로벌 거버넌스'란 구체적인 구속력을 가진 국제규제(regimes)를 통해 글로벌적인 충돌·생태·인권·이민·마약·밀수·전염병 등의 문제를 해결하여 정상적인 국제 정치경제 질서를 유지하는 것을 의미한다"고 말했다.[38] 실천 규정을 강조한 이론과는 달리 글로벌 거버넌스를 "글로벌 생활의 높이

35) RUGGIE J G. Global governance and "New Governance Theory": lessons from business and human rights. Global Governance, 2014, 20: 5-17.

36) FINKELSTEIN L S. What is global governance? Global Governance, 1995, 9-12 (3): 368-369 쪽.

37) 俞可平. 「全球治理引论. 马克思主义与现实(双月刊), 2002 (1): 20쪽.

38) 俞可平. 위의 책, 25쪽. "全球规制(GLoBaLreGimes)就是维护国际社会正常的秩序, 实现人类普世价值的规则体系."

와 복잡성과 다양성의 이해를 위해 설계된 것"이라고 해석하는 경우도 있다.[39] 이론이나 실천의 "글로벌 거버넌스"의 정확한 정의를 내리는 것 모두가 도전과제이다. 화동정법대학(华东政法大学)에서 발표한 『글로벌 거버넌스 수치보고 2015』은 국가를 기본 단위로 세 가지 수치를 가지고 한 나라의 글로벌 거버넌스 참여 정도를 구체적으로 측정했다.[40] 글로벌 거버넌스에서 나타난 전통 국제관계 이론은 국가적 시각으로 인류사회의 공동이익이라는 점에서 착안했다. 각종 이론으로부터 구체적인 수치에 이르기까지 우리는 글로벌 거버넌스의 핵심내용이 인류사회의 공동이익을 보호하고, 인류 공동의 수요에 따라 발전하는 것임을 알 수 있다. 그렇기 때문에 글로벌 거버넌스의 실질은 글로벌적 공공재의 공급에 있다고 할 수 있다. 여러 가지 현상들을 통해 실질적으로 글로벌 거버넌스 적자의 의미를 알 수 있다. 따라서 글로벌 거버넌스 적자는 "글로벌 거버넌스 실천 과정에서 공공재의 공급 부족"을 의미한다고 할 수 있다.

2차 세계대전 이후 형성된 세계 질서는 여전히 그 작용을 발휘하고 있다. 때문에 지금 여러 가지 혼란스러운 상황이 나타난다고 해서 2차 세계대전 이후에 형성된 질서를 모두 부정하지는 말아야 한다. 글로벌 거버넌스 적자의 기본 원인은 글로벌 공공재의 공급 능력의 하락에 있는 것이 아니라, 여러 방면의 객관적 요소의 종합적 작용 하에서 나타난 것이다. 즉 아래와 같은 3가지 중요한 요소가 있다. 첫째, 전통적 글로벌 공공재 공급자의 공급능력의 하강, 둘째, 글로벌 경제 전체가 하강하는 주기에 있어 안정적인 공급

---

39) 马丁·休伊森, 蒂莫西·辛克莱. 「全球治理理论的兴起」. 张胜军, 편역. 『马克思主义与现实』(双月刊), 2002 (1): 45쪽.

40) 高奇琦. 「国家参与全球治理的理论与指数化」. 『社会科学』, 2015 (1): 3-12쪽.

능력의 경제적 지지가 부족, 셋째, 현재 있는 거버넌스 구조가 새로 나타난 인터넷 문제 · 테러 문제 등을 제때에 대처할 수 없는 문제 등이 그것이다.

글로벌 공공재의 전통적인 양대 공급지역인 미국과 유럽의 공급 능력이 하락하고 있다. 미국과 유럽의 공급 능력 하강은 각자의 특징을 가지고 있다. 구체적으로 말하면 미국은 "능력은 있으나 마음이 없는 상황"이고, 유럽은 "마음은 있으나 능력이 없는 상황"이다. 두 차례의 반테러 전쟁으로 미국은 대량의 전략 자원을 소모했다. 통계에 따르면 2014년 재정년도에 미국이 반테러 전쟁에 사용한 금액은 1.6억 달러에 이르렀고, "6,000여 명의 미군과 2,300여 명의 미국 청부업자들이 목숨을 잃었다."[41] 이와 같은 직접적인 손실 외에도 예를 들면 병사들의 전쟁 후 심리에 미친 상해 등과 같은 잠재적인 영향은 통계를 내기가 어렵다. 하지만 미국은 높은 대가를 치렀지만 반테러 전쟁에서 이상적인 결과를 얻지 못했다.

반테러 전쟁 10년간 중국경제는 급속한 발전을 가져왔고, 방대한 경제규모를 바탕으로 중국경제는 미국의 패권에 도전장을 내민 전략적 적수로 급부상했다. 때문에 미국은 "아시아 태평양 재 균형" 전략을 통해 전체의 전략 중심을 전통국가 간 경쟁으로 옮겨 중국의 흥기에 대응하는 것을 주요 전략으로 했으며, 따라서 장차 중국에 대한 억제 전략을 실시할 가능성이 크다. 따라서 글로벌 공공재 업무에 미국은 "능력은 있으나 마음이 없는 상황"인 것이다. 프랑스 · 독일을 주요 국가로 하는 유럽도 중대한 변화를 가져왔다. 2014년부터 러시아는 북대서양조약기구를 최대 군사 적수로 간주했기에 러시아는 군사 압박을 크게 받아 왔다. 이 외에도 연달아 일어난 유럽재

---

41) 沃森国际问题研究所.「十年反恐战争的代价」. 周诗文, 역.『国际资料信息』, 2011년 (9): 17쪽.

정위기 및 난민위기로 인해 지금 EC거버넌스는 내부적으로 큰 도전을 맞이하게 되었다. 특히 이민문제에서 프랑스·독일·영국은 견해 차이로 균열을 보이고 있다. "프랑스 총리 올랑드와 독일 총리 메르켈은 영국은 반드시 EC가 허용하는 자유이동을 허용해야 하며, 차별을 없애는 원칙을 존중해야 한다고 영국에 경고했다."[42]

프랑스와 독일은 EC의 핵심 지도세력이다. 하지만 수백 명의 사망자가 발생한 파리 테러사건과 민족주의 정서로 인해 프랑스는 큰 타격을 받았고, 우익 정당인 '민족전선'은 프랑스 대선 첫 투표에서 승리를 거두었다. 장기적인 측면에서 볼 때 테러 습격으로 프랑스 내부가 분열될 수도 있다. 독일은 인구 노령화 문제가 날로 심각해져 반드시 해결해야 할 전략적인 문제로 부상했다. 독일은 일본의 뒤를 이어 세계에서 두 번째로 노령화가 심각한 국가이다. 이는 국가재정의 지출이 날로 늘어나게 됨을 의미하며 외부로부터 노동력을 들여와야 함을 의미한다. 때문에 노동력 수요를 만족시키는 측면에서 난민을 유치하는 것은 독일에 유리하다. 하지만 독일의 난민문제에 대해 메르켈 정부 내부에서는 비교적 큰 분쟁이 일어났다.[43]

이는 독일경제의 지속적인 불경기 상태와 다시 나타나고 있는 네오나치즘과 관련이 있다. 식민역사의 주요 계승자이며 유럽의 전통 국가인 독일은 공공재 공급에서 우세에 처해있다. 하지만 유럽지역 내부의 거버넌스 도전 및 핵심 국가의 내부 문제가 날로 악화되고 있는 상황에서 유럽 글로벌 거버넌스는 "마음은 있으나 능력이 없는 상황"인 것이다. 글로벌 공공재를 지속적이고 효율적으로 공급하려면, 경제의 번영에서 나오는 물질적 지지가 필

---

42) "欧盟年终会关注难民危机 推动成立边境卫队", 봉황넷, 2015-12-19.

43) "难民潮撕裂德国社会", 『光明日報』, 2015-10-24, 05면.

요하다. 지금 글로벌 경제는 저성장을 보여 주고 있는데, 특히 글로벌 공공재의 전통 공급자인 유럽 · 미국 등 대국의 경제성장이 늦어지고 있다. 2012년부터 2014년까지 연속 3년간 중앙경제사업회의에서는 "경제 하행 압력"이라는 내용을 제기했다. 비록 2015년 중앙경제사업회의에서 이 말이 사라지기는 했지만, 시장이 이런 변화를 동의하는가에 대해서는 시간을 두고 관찰할 필요가 있다.

경제성장이 하락되면서 공공재 공급 주체국의 공공재 공급 의사와 능력이 모두 하락되었다. 그렇기 때문에 공공재 공급의 적자현상이 나타나게 되었다. 이런 공급 적자는 점차 누적되면서 세계적으로 여러 가지 주요 문제가 나타나게 된다. Nikolai Dmitrievich Kondratie의 장기파동론과 관련한 통계와 연구가 증명하다시피 경제가 장기파동의 성장단계일 때 전쟁 · 혁명 등 사회의 불안전 요소들이 많이 나타난다.(그림 1)

세계경제가 경제 장기파동의 후반 단계인 하락주기에 처했을 때는 새로운 상승 주기를 위한 과도기이기 때문에 주기의 상승운동은 당연히 여러 가지 충돌을 피할 수 없게 된다. 장기파동론은 불안정적인 현상이 증가하는 것이 경제적으로 심각한 원인이 있기 때문이지 문명의 충돌로 인해 나타난 것이 아니라는 견해이다.

표1 전쟁, 혁명 동란과 Nikolai Dmitrievich Kondratie주기 관계 표

		전쟁 횟수	혁명동란 횟수	합계
첫 번째 대주기	상승단계	11	7	18
	하락단계	1	4	5
두 번째 대주기	상승단계	7	11	18
	하락단계	2	2	4
세 번째 대주기		11	11	22

자료출처: YAKOVETS Y V. The Kondratieff`s Wave and cyclic dynamics of the economy and wars: theory//DEVEZAS T Kondratieff waves, Warfare and world security. Washington DC: IOS Press, 2006: 3-9.

이 외에도 지금 나타나고 있는 인터넷문제, 환경문제, 테러리즘 의식형태 문제를 대표로 한 일련의 문제들은 글로벌 거버넌스 구조에 큰 위협으로 다가오고 있다. 지금의 글로벌 거버넌스 구조는 "국가를 중심으로 한 거버넌스와 국가의 범위를 초과하여 형성된 구조가 존재하는 복잡한 구조이다. 이러한 구조는 대칭적인 구조가 아니라 국가 중심의 거버넌스가 주도적 지위를 차지하고 있는 구조이다."[44] 또한 새로운 문제는 단일 주권 국가 거버넌스의 공간 범위를 초과해 존재하고 있기에 거버넌스 실천과정에서의 "구조곤경"이 나타나게 된다.

서로 다른 지역을 이어 놓는 글로벌 기초시설인 인터넷은 인류생활의 여러 방면에서 기초 작용을 하고 있다. 인터넷의 특성인 자유 · 평등 · 개방은 인류사회에 여러 가지 편리를 가져왔다. 하지만 인터넷은 불법자들이 범죄활동을 진행하는 플랫폼으로도 되고 있다. "인터넷의 개방성은 인터넷 범죄

---

44) 星野昭吉, 「全球治理的结构与向度」, 『南开学报』(哲学社会科学版), 2011 (3): 4면.

가 다국적, 그리고 유동의 특징을 가지게 한다."[45] 영국 국제전략연구소에서 최근 발표한『인터넷 영역의 변천: 국가와 글로벌 안전에 대한 영향』보고서는 인터넷 영역이 글로벌적인 안전 환경과 국가 간의 권력 동향에 미쳤던 작용과 지금 미치고 있는 영향을 분석했으며 이를 그들의 주요 연구과제로 삼았다.[46] 보고서에는 인터넷의 변화에 영향을 미치는 10대 요소를 나열했는데 첫 번째부터 세 번째까지는 거버넌스의 곤경이다. 인터넷에 대한 의존도가 날로 높아지고 있는 상황에서 불법자들은 취약한 인터넷시스템을 쉽게 이용할 수가 있다. 또한 미국은 인터넷 방면에서 강한 실력을 가지고 있어 이는 미국과 그들 동맹국의 불공정한 전략적 장점이 되었다. 적지 않은 나라들은 미국이 제창하는 인터넷 자유와 개방은 그들을 "암암리에 파괴하고 있다"고 여기고 있다.[47] 이와 같은 새로운 문제들을 효과적으로 거버넌스하려면 반드시 권력을 분산시켜 "국가 중심의 거버넌스"와 "국가 중심을 초월한 거버넌스" 간의 형평을 유지시켜야 한다. 이런 권력 분산과 평형은 객관적으로 패권과 국가권력의 반대를 받게 된다. 이것이 바로 글로벌 거버넌스 적자가 효과적으로 호전될 수 없는 원인이다.

2. 글로벌 거버넌스 적자의 위해(危害)

글로벌 거버넌스 적자의 제일 중요한 위해는 인권에 대한 위해이다. 예를

45) 郭启全, "网络犯罪呈现出跨国性, 流动性特点", 광밍넷, 2015-09-29.

46) INKSTER N. Evolution of cyber domain: implication for national and global security. (2015-12-01).http://www.iiss.org/en/about%20us/press%20room/press%20releases/ press%20releases/archive/2015-4fe9/december-20ab/cyber-dossier-dd72.

47) 41)과 동일.

들면 질병의 전파와 환경오염, 전쟁과 난민문제 등 글로벌 거버넌스 적자가 초래한 여러 가지 직접적인 위해는 쉽게 알 수가 있다. 특히 질병 전파와 전쟁을 효과적으로 통제하지 못해 이와 관련된 거버넌스 적자가 축적되면 대규모적인 인도주의의 위기로 화할 수가 있다. 유엔난민기구의 보고에 따르면 2014년 시리아·아프가니스탄·소말리아 등 세계의 앞자리를 차지하고 있는 난민국가의 난민 총 인구는 750만 명을 초과했다.[48] 유엔에이즈 전담기구의 2015년 보고에 따르면 2014년 세계에는 약 3,690만 명의 에이즈 병균 보유자가 있으며, 약 200만 명의 감염자가 새로 나타났으며, 그중 120만여 명이 에이즈 관련 질병으로 사망했다.[49] 더욱 놀라운 것은 지금 세계의 약 7.95억에 달하는 인구가 여전히 기아에 허덕이고 있고, 그중 3분의 2는 아시아에 있으며, 동남아시아 지역 2.81억 정도가 영양실조에 걸려 있다는 사실이다.[50] 기아의 근본 원인은 빈곤에 있다. "매일 2달러의 표준으로 계산하면 중국에는 여전히 1.7억여 명의 빈곤 인구가 있는데, 그중 1.3억 명은 농촌인구이고, 4,500만 명은 도시인구이다."[51] 신변안전·생존권·발전권은 제일 기본적인 인권이다. 글로벌 거버넌스 적자의 축적을 방치하는 것은 인권에 대한 제일 엄중한 침범이다.

글로벌 거버넌스 적자의 두 번째 위해는 제2차 세계대전 이후에 형성된

48) "联合国难民署警示: 全球近6000万人被迫离开家园", 인민넷, 2015-06-08.

49) UNAIDS. Countries adopt UNAIDS fast-track strategy to double number of peopLe on life-saving HIV treatment by 2020. (2015-11-24). http://www.unaids.org/en/resources/presscentre/pressreleaseandstatementarchive/2015/november/20151124_Location-population.

50) 联合国. "可持续发展目标: 17个目标改变我们的世界", 2015-12-28. http://www.un.org/sustainabledevelopment/zh/hunger/.

51) 王萍萍, 徐鑫, 郝彦宏.「中国农村贫困标准问题研究」.『调研世界』, 2015 (8): 6~7쪽.

국제질서에 대한 위협이다. 이런 위협은 세계 각국의 이익 평형 기초를 위협하고 있다. 제2차 세계대전 이후에 형성된 국제질서는 세계가 장기적인 평화를 유지할 수 있는 중요한 기초이다. 글로벌 거버넌스 적자의 제2차 세계대전 이후의 국제질서 파괴는 주로 세 가지 면으로 표현된다. (1) 거버넌스 분야에서 2차 세계대전 이후의 국제질서를 침식하고 있다. (2) 안전 분야에서는 핵보유국을 폭력의 최전방으로 내몰았다. (3) 의식형태 면에서는 극단주의 열조(熱潮)를 일으켰다. 공공재의 공급은 각각의 구체적인 행위체가 조직 합법성과 관련된 인식과 연계되어 있다. "규범으로 기구의 합법 여부를 결정하는데, 이는 해당기구가 통치권을 가지고 있음을 의미하는 것이다."[52] 공급부족은 조직 행위체의 합법성에 의문을 가지게 한다. 심지어 조직기구의 존재를 부정하는 상황까지 나타날 수 있다.

글로벌 거버넌스 적자와 현재 국제사회의 권력이 분산되는 현상이 중첩되면, 국제질서에 이중효과를 가져다준다. 유엔 · 국제화폐기금 등 일부 중요한 국제기구의 개혁을 요구한다는 것은 이런 위험에 대한 대응 표현이다. 대국 특히 핵보유 대국은 제2차 세계대전 이후의 장기간의 평화시기에 중요한 작용을 했다. 이 시기 즉 대국 간의 겨룸은 대리인 방식으로 진행되어 대국 간에 직접적인 대항은 피할 수 있었다. 하지만 우크라이나의 위기, 시리아의 위기에서 푸틴이 영도하는 러시아는 충돌무대 앞으로 나와 빈번히 대외적으로 자신의 핵무기 역량을 과시했다. 시리아에서 미국과 러시아가 직접 무력을 사용할 수 있는 가능성이 존재했던 상황에서 만약 터키가 러시아 전투기를 추락시키는 사건이 다시 한 번 나타난다면 예측하기 어려운 위험

---

52) 艾伦·布坎南, Robert O. Keohane. 「全球治理机制的合法性」, 『南京大学学报』(哲学·人文科学·社会科学版), 2011, (2): 29쪽.

이 나타나게 될 것이다. 이 외에도 글로벌화 과정에서 글로벌 거버넌스 적자가 날로 축적되고 있는데, 이는 남북 국가 간의 재부 불균형을 악화시키고 있다. 또한 배분의 불균형은 소극적인 영향을 확대시키고 있다. 빈곤과 원한의 공진(共振)은 극단주의 열조가 다시 나타날 수 있는 사회적 기초가 되었으며, 인터넷 기술은 원래 사방에 분산되어 있던 다른 지역의 극단주의 열조를 사이버 세상에서 하나로 모이게 했다. 특히 종교의 허울을 쓴 극단주의 사상 열조는 인터넷을 통해 세계적인 범위에서 빠른 속도로 더 널리 전파되고 있다. '이슬람국'의 출현으로부터 이런 종교적 극단주의 사상은 단순히 의식형태로 존재하는 것이 아니라, 정치적으로 강력한 힘을 가진 실제정권을 건립하기에까지 이르렀다. 다시 말하면 이런 극단주의적 종교사상은 종교 극단주의자들이 추앙하는 민주와 비슷한 "보편적 가치"가 되었다. 이런 인터넷을 기반으로 한 극단주의 사상열조는 전 세계적 범위에서 전파되고 있어 글로벌 공해가 되었다. 하지만 각국 간의 인터넷 거버넌스 문제는 여전히 진흙탕 속에서 엉기적거리고 있는 상황이다.

글로벌 거버넌스 적자의 세 번째 중요한 위해는 중국의 국가이익에 대한 직접적인 위해이다. 2000년 이후 '해외진출(走出去)' 전략은 중국의 국가 발전전략의 하나가 되었다. '해외진출' 전략의 심화과정에서 중국과 전체 국제사회 간의 이익도 날로 밀접한 관계를 형성하고 있다. 해외 진출 시 대량의 우리나라의 인원·자본·물자들이 해외에 있기에 국제 혹은 지역의 형세가 불안정하면 중국도 손해를 입게 된다. 예를 들면 리비아전쟁이 일어난 후 중국은 리비아에 있는 교민 35,800여 명을 대피시켰는데, 이로 인해 리비아에서 진행되고 있던 프로젝트에서 중국은 약 180억 달러의 손해를 보았다.[53] 비록 중국의 '해외진출' 규모가 날로 늘어나고는 있지만 '해외진출'의 전략인 "혈혈단신으로 돌파"하려는 상황과 외부 위험에 대한 경계심은 근본적으로 개선되지 못했다.[54] 외교적으로 볼 때, 중국이 새로 제기한 '일대일로' 제안은 중국의 '해외진출' 전략의 최적화라고 할 수 있다. 이는 거대한 해외이익의 불리한 환경을 개선할 수 있는 계기가 될 것이다.

국제관계에서 보면 현존하고 있는 제2차 세계대전 이후의 국제질서는 중국의 이익과 밀접한 관련이 있다. 우선 중국이 실행하는 개혁개방 전략의 주요 경로는 바로 미국이 주도하고 있는 국제질서를 적극 유입하는 것이기에 불합리한 부분에 대한 개선을 질서 전체에 대한 부정이라고 생각하지 말아야 한다. 이는 중국이 지금 국제질서의 주요 수혜국의 하나이기 때문이다. 다음으로 중국의 대국으로서의 지위는 제2차 세계대전 이후의 국제질서에서 얻은 것이기 때문에, 제2차 세계대전 이후의 국제질서는 중국 자신의 이익과 긴밀히 연계되어 있다.

국제연합 안전보장이사회 상임이사국인 중국은 유엔을 통해 글로벌 사무에서의 최고의 합법성을 띤 방법으로 세계의 전반적인 이익을 수호함과 동시에 중국 자신의 이익을 도모하고 있다. 물론 유럽과 미국은 글로벌 거버넌스 적자문제에서 "마음만 있고 실력이 없거나" "실력은 있으나 마음이 없는 상황"은 해외에서의 중국 이익의 안전에 직접적인 영향을 미치고 있다. 하지만 중국의 해외 이익에 대한 영향보다 더욱 위태로운 것은 제 2차 세계대전 이후에 형성된 국제실서의 합법성에 대한 글로벌 거버넌스 적자의 축적이다.

---

53) "中国企业利比亚账单", 봉황넷, 2015-12-30.
54) 金灿荣. 「"走出去"战略十年回顾: 成就与挑战」, 『现代国际关系』, 2011 (8): 3~4쪽.

이 외에도 국가전략 중심을 중국의 평화적 흥기를 억제하기로 결정한 미국은 중국에 강한 외부 압력세력이 되었다. 하지만 중국의 발전을 저하시키기로 한 미국의 결정은 21세기 미국의 최대의 잘못된 결정이 될 것이다. 그 주요 원인은 지금 세계의 주요 대국은 제2차 세계대전 이후에 형성된 국제질서 속에서 광범위한 이익 분포를 가지고 있으며, 어느 대국도 제2차 세계대전 이후에 형성된 미국을 위주로 한 서방국가 주도 하의 국제질서를 부정하지 않고 있다는 점이다.

3. 거버넌스 리더십 - 중국의 새로운 역할

지금의 글로벌시스템에서 유럽과 미국은 주요 영도자이고 중국은 중요한 참여자이다. 세계가 하나로 이어지고 있는 상황에서 테러 습격, 난민 증가, 기후 변화 등 문제와 금융시장의 불안정은 전체 인류가 직면한 공동의 문제이다. 일련의 문제를 해결하기 위한 광범위하고 깊이 있는 글로벌 거버넌스의 필요성은 날로 커지고 있다.

미국과 유럽의 "온 세상 가치 우선"을 지향하는 글로벌 거버넌스 철학과 거버넌스 정책은 실천에서 위협을 받고 있다. "온 세상 가치 우선"의 도덕이라는 이름하에 정치의 잔혹함은 가려졌다. 3살 어린이 Aylan Kurdi의 시신이[55] 바닷가에 누워 있는 사진이 매스컴을 통해 세상에 알려진 후에야 중동지역의 대규모 인도주의 위기가 세계 여론의 관심을 받기 시작했다. 근래에 중국은 외교에서 글로벌 거버넌스를 특별히 중시하고 있다. 중국공산당 중

---

55) Aylan Kurdi: 시리아의 아동 난민. 가족과 함께 정원을 초과하게 실은 작은 배에 앉아 밀입국하던 과정에 조난을 당했다. Aylan Kurdi 외에도 4명의 아동이 함께 조난당했다.

앙정치국은 글로벌 거버넌스 패턴과 글로벌 거버넌스 시스템에 관한 제27차 집체학습을 진행했다. 이는 글로벌 거버넌스 문제가 중국의 대외전략에서 중요한 자리를 차지한다는 의미이다. 구체적으로 말하면 중국의 글로벌 거버넌스 실천은 대국, 주변국, 전 세계 등 세 가지로 분류되고 있으며 구체적으로 기존의 거버넌스 체제를 다시 활성화시키는 것과 새로운 거버넌스 체제 창건(그림 1) 등 두 가지 구체적인 방법이 있다.

그림 1. 중국 글로벌 거버넌스 경로

우선 신형 대국관계를 중심으로 글로벌 거버넌스의 기초를 안정시키는 것이다. 중·미 양국은 지금 세계에서 제일 큰 영향력을 가지고 있다. 그렇기 때문에 중·미 양국관계의 안정은 글로벌 거버넌스의 진행을 보장하는 기본 조건이다. 새로운 지도집단이 당선된 후, 즉시 미국과 신형의 대국관계를 수립했으며, 이런 중·미 신형 대국관계는 기타 대국과의 관계에도 실천되었다. 그 중 '일대일로' 경제벨트는 남북국가들을 이어놓겠다는 큰 그림을 그리고 있다. 유라시아대륙 판도의 유럽 쪽 특히 서유럽의 일부 국가는 선진적인 북방국가이며, 아시아 남부의 국가들은 비교적 낙후한 남방국가이기에 경제적으로 상호 보완을 실현할 수 있다. 유라시아대륙 내부의 연결을 실현하면 거래비용을 줄여 거대한 경제 잠재력을 발휘할 수 있게 되며, 친밀·성실·특혜·포용의 주변 외교에 물질적 기초를 제공해주게 된다. 또한 중국은 적극적으로 기존의 글로벌 거버넌스의 재활성화를 위해 행동하고 있다. 예를 들면 중국은 인민폐를 국제통화기금에서 발행하는 특별 인출권을 가진 화폐로 만들려고 노력하여, 달러의 패권에 대한 기타 국가의 리스크를 삭감해주며, 국제통화기금의 합법성을 강화시켜 국제화폐 금융시스템을 안정시키는 작용을 하려고 한다.

이 외에도 중국은 G20 정상회담에서 "중국 방안"을 제기하였고, 파리기후대회에서 남남프레임의 중국과 아프리카 간의 협력도 중국 글로벌 거버넌스 실천의 일부분이라고 위엄 있게 선포했다. 하지만 매스컴을 통한 발언권이 부족하고 서방 매스컴의 기존의 편견과 일부 현실주의를 굳게 믿고 있는 학자들의 선동 때문에 글로벌 거버넌스에 참여하는 중국의 행동은 미국 패권에 대한 도전으로 왜곡되고 있다.

글로벌 거버넌스 참여 과정에서 중국은 반드시 참여자 역할에서 리더의 역할로 점차 변화해야 한다. 이런 변화는 손해 받는 중국의 해외이익에 유리할 뿐만 아니라 복잡한 현시대의 객관적인 요구이기도 하다. 통계에 따르면 2014년 중국 국내 국민의 출국 연인원은 1억 명을 넘어섰으며, 해외 직접투자 보유액은 8,826.4억 달러에 달했으며, 순 해외 직접투자액은 1,231.2억 달러에 달한다.[56] 이 수치는 향후 더 커질 것이다. 대규모 해외 이익과 방대한 국민 해외 출국 연인원은 중국이 참여자의 신분에 국한되지 말 것을 요

---

56) 中华人民共和国商务部, 「中华人民共和国国家统计局, 国家外汇管理局」, 『2014年度中国对外直接投资统计报告』. 베이징: 中国统计出版社, 2015.

구하고 있으며, 국제경쟁에서 상품·기술의 경쟁에만 국한되지 말고, 제정권·발언권의 경쟁력 확보를 요구하고 있다.[57] 세계 경제의 하강 주기인 지금 속도가 느려지는 글로벌화와 중등 국가의 집단성, 글로벌성의 악화, 각국 정부의 영도능력의 약화는 세계의 불확실성을 확대시키고 있다.[58] 미래의 글로벌 거버넌스는 아마도 "G0시대"가 될 것이다. 미국과 유럽의 "온 세상 가치 우선"의 글로벌 거버넌스 철학과 글로벌 거버넌스 실천의 곤경 속에서 중국과 서방의 학계는 "서방은 고유의 도덕적 우월감과 중심주의 발언에서 벗어나야 한다"[59]는 것을 깊이 반성할 필요가 있으며, 서방 중심주의 의식의 틀을 벗어나야 한다. 세계적 시야와 시대의 포부를 지닌 대국 중국은 불안정한 세계를 상대할 때, 응당 자신과 인류의 미래를 위해 정확한 자세가 필요한데, 글로벌 거버넌스가 인류문명에 새로운 공헌을 할 수 있도록 이끌 수 있는 리더십을 필요로 한다. "총명한 사람은 시대에 맞춰 변화하고, 지혜로운 자는 상황에 따라 제도를 바꾼다."

수천 년 동안 전해 내려온 중화문명, 특히 '화합'을 지향하는 중국의 철학이며, Arnold Joseph Toynbee 박사의 인정을 받은 '천하주의(天下主義)'는 중국의 글로벌 거버넌스를 위한 풍부한 사상자원이다.[60] 시진핑 주석은 제70회 유엔총회 일반 토론에서 "인류의 운명공동체 형성"이라는 표현을 사

---

57) 金灿荣. "处理国际关系要算大账", 『北京日報』, 2015-09-07, 07면.

58) 金灿荣, 马鑫. 「未来十年世界六大忧思」. 『国际关系学院学报』, 2012 (1), 1~5면.

59) 金灿荣, 刘世强. 「告别西方中心主义: 对当前国际格局及其走向的反思」, 『国际观察』, 2010 (2), 9쪽.

60) 汤因比, 池田大作. 「展望21世纪: 汤因比与池田大作对话录」, 『荀春生』, 등 역. 북경, 国际文化出版公司, 1997: 283쪽.

용했다.[61]

이는 중국은 글로벌 거버넌스 관련 세계관은 인류의 운명공동체라는 것을 표명한 것이다. 새로운 세계관에서의 거버넌스 사유는 중국과 미국·유럽이 완전히 다른 글로벌 거버넌스 이념과 실천을 갖게 될 것이다.(그림 2)

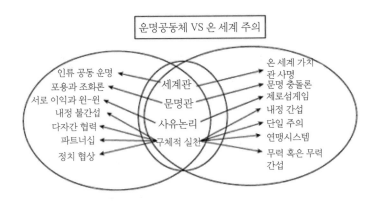

그림 2. 두 가지 세계관에서의 글로벌 거버넌스 표준형

중국의 외교부장 왕이(王毅)는 이렇게 말했다. "우리나라는 오늘날처럼 세계무대 중심에 가까웠던 적이 없었다. 새로운 역사의 시작, 새로운 시대의 형세, 그리고 민족의 위대한 사명은 글로벌 거버넌스의 인솔자 신분을 가진 중국을 요구하고 있다."[62] 이는 다시 말해서 중국은 글로벌 거버넌스 적자 해결을 위해 노력하여 공공재를 통해 중국의 발전을 제어하고 있는 미국의 통제에서 벗어나야 한다는 것을 의미하는 것이다.

미래 중국이 인도하는 글로벌 거버넌스는 예전과 다른 특징을 가지게 될

61) "习近平出席第七十届联合国大会一般性辩论并发表重要讲话", 『人民日報』, 2015-09-29, 01면.
62) 王毅. "我国从没像今天接近世界舞台中央", 인민넷, 2014-09-02.

것이다. 우선 글로벌 거버넌스는 유엔을 중심으로 하게 된다. 유엔은 제2차 세계대전 이후 세계질서의 핵심이며 지금의 세계를 대표하는 국제조직이다. 국제업무 중에서 유엔은 폭넓은 영향력을 가지고 있으며, 유엔의 사업은 이미 사람들의 일상생활에 영향을 미치고 있다. 특히 국제연합 안전보장이사회는 세계에서 유일하게 무력으로 국가의 국내 위기에 간섭할 수 있도록 회원국에 요구할 수 있는 국제기구이다. 시진핑 주석은 이렇게 지적했다. "글로벌 거버넌스 시스템은 전 세계가 공동으로 건립하고 공동으로 향유하는 시스템으로 어느 한 나라가 독단적으로 장악해서는 안 된다." "(중국은) 줄곧 유엔의 지위를 수호하는 핵심으로 유엔헌장의 취지와 원칙을 기초로 하는 국제질서와 국제체계를 수호한다."[63]

중국은 유엔 창시국의 하나이며 국제연합 안전보장 이사회 상임이사국이며, 세 번째로 큰 회비 납부 국이다. 글로벌 사무에서 유엔의 합법성과 유엔에서의 중국의 지위 때문에 중국은 유엔을 글로벌 거버넌스의 중심으로 한다. 그 다음 거버넌스는 "발전 우선"을 강조하고 있다. 평화와 발전은 현 시기 불변의 주제이다. 특히 낙후한 개발도상국과 지역은 발전을 통해 사회문제를 해결하고 안정적인 물질의 공급을 해결해야 한다. 중국은 세계에서 제일 큰 개발도상국으로 발전을 우선으로 정한 것은 중국의 성공 경험을 종합해서 얻은 결론이다. 중국공산당 제18기 5차 전체회의에서 발전인식을 강화하였으며, "창의, 협조, 그린, 개방, 공유"라는 5대 발전이념을 제기했다. 발전을 우선시 해야 하는 것은 의식형태 문제의 함정 극복에 유리하며, 현실문제 해결을 위한 최대공약수를 찾는데 유리하다고 했다. 그 다음은 글로벌 파트

63) "习近平接受『华尔街日报』采访", 신화넷, 2015-09-22.

너시스템 강조이다. 지금 중국은 이미 방대하며 다른 차원의 파트너 관계를 형성했다.[64] 연맹관계보다 파트너관계는 회원국 사이의 평등관계를 더욱 부각시킬 수 있다. 파트너 관계의 목적은 공동의 적을 대처하기 위함이 아니라 파트너 국가들의 공동이익을 수호하기 위함이다. 파트너 관계의 영민성과 포용성은 연맹관계보다 더욱 효율적으로 글로벌 거버넌스 내용의 세분화를 상대할 수 있다.

마지막으로는 거버넌스에서 타국의 내정을 간섭하지 않는다는 원칙을 견지해야 한다. 중국은 자신의 주권을 침범당한 침통한 역사를 겪었다. 중국은 "자기가 싫은 것을 남에게 강요하지 말라"는 이치를 너무나 잘 알고 있기 때문에, 중국은 국제연합 안전보장이사회 상임이사국 중 유일하게 다른 나라의 내정에 간섭한 적이 없는 나라이다. 이 외에도 주권원칙의 확장인 내정 불간섭원칙은 『유엔헌장』이 규정한 국제관계 처리의 기본원칙이며, "상호 내정불간섭"도 평화공돈 5항 원칙의 하나이다. 중국정부는 여러 차례 다른 장소에서 내정 불간섭원칙을 강조한 바 있다. 예를 들면 2014년 중국은 평화공존 5항 원칙 발표 60주년을 성대하게 기념했으며, 제2기 세계 인터넷 대회에서 시진핑 주석은 타국의 인터넷 주권을 존중하고 불간섭할 것을 강조했다. 제2차 세계대전 이후에 새로운 독립국가가 민족의식ㆍ주권의식을 각성하게 되면서 관련 국가들은 내정간섭에 매우 민감하게 반응하고 있다. 그렇기 때문에 내정 불간섭 원칙을 엄격히 준수해야 만이 글로벌 거버넌스에서 제일 큰 인식의 일치를 이끌어 낼 수 있으며, 거버넌스를 위해 힘을 모

---

64) 2015년 10월 시주석이 영국을 방분했을 때 중영 양측은 연합성명을 발표했는데 이 성명에서 처음으로 "21세기의 전 세계의 전면 전략 파트너 관계"라는 글을 적었으며 "전 세계"라는 단어로 파트너 관계를 수식했다.

을 수 있는 것이다.

4. 결어

중국이 참여하고 이끄는 글로벌 거버넌스는 세계의 평화와 발전에 유리하며 중국인민의 이익과 중국의 국가이익 수호에 유익하다. 미국이 미국 패권이 쇠락해지는 과정에서 중국과 같은 대국이 국제제도의 효율성을 유지하지 않는다면, 미국의 이익도 근본적인 문제에 직면하게 된다. 대내적으로 볼 때, 중국 인민들은 글로벌 거버넌스에 참여하고 이끄는 과정에서 중국에 대한 적극적인 작용만 고려할 것이 아니라, 글로벌 거버넌스에 참여하고 특히 인솔자의 역할을 위한 중국의 대가도 고려해야 한다. 거버넌스는 인내심이 필요하며, 글로벌 거버넌스 작용도 하루아침에 나타나는 것이 아니다. 왜냐하면 거버넌스의 철학에서 구체적인 거버넌스 정책에 이르기까지의 과정이 매우 복잡한 과정이기 때문이다.

제3장
글로벌 거버넌스에 대한 중국적 기초:
중국 제도의 비교 우세

　중국 정치를 관찰하는 각도 문제에서 "관념적 중국"이라는 개념이 유행되고 있다. 문제는 이런 '관념'이 어디서 나타났는가 하는 것이다. 개혁개방이후 수십 년간 중국은 서방국가에 개방의 대문을 활짝 열었다. 때문에 우리가 이해하는 세계는 사실상 서방국가일 뿐만 아니라 주요 관념도 서방에서 들어 왔다. 또한 이런 관념으로 중국을 관찰하고 있다. 발전을 거쳐 오늘날 중국은 "두 번째 문"을 새로 열어 서방이 아닌 새로운 세계-라틴아메리카, 아프리카, 아시아의 인도, 방글라데시, 인도네시아, 필리핀 등 여러 개발도상국의 모습도 이해하려 하고 있다. 뿐만 아니라 서방 국과들과의 관계에서도 이미 취득한 성과에만 집중하지 말고 그들의 성과는 역사발전의 과정이며 현대화 과정에서 그들도 적지 않은 거버넌스 위기를 겪었다는 것을 이해해야 한다. 시간적 그리고 공간적 사유를 나는 "대십자(大十字) 사유"라고 한다. 이런 사고방식은 기존의 "관념적 세계"의 틀을 벗어나 역사와 현실의 진면목을 보도록 하며, 역사와 세계 정치의 각도에서 중국을 관찰하게 한다. 이런 각도로 중국을 관찰한다면 완전히 다른 결론을 얻게 된다.

　때문에 중국제도의 장점을 이야기 할 때 우선 "역사의 종결"이라는 자유주의민주의 실천 곤경을 명확히 알아야 하며, 비교를 통해 중국을 발견하고 이해해야 한다. 동시에 미신을 타파해야만 사상을 해방시킬 수가 있는 것이다.

1. 자유주의 민주 및 자유주의 민주 실천과정에서의 곤경

"자유주의 민주"의 뜻을 알고 있다고 해도 여전히 분석할 필요가 있다. 자유주의 민주의 첫 번째 요소는 "존 로크 자유주의"라고도 불리는 재산권이다. 두 번째 요소는 입헌정치이고, 세 번째 요소는 경쟁적 선거 즉 사실상의 '당쟁(党争)민주'이다. 하지만 민주는 정체(政体)이다. 정체를 말할 때 우리는 종종 정체의 조건을 잊어버리기도 한다. 하지만 정체의 조건은 정체 자체보다 더욱 중요할 때가 많다. 아리스토텔레스로부터 존 롤스에 이르기까지 모두 정체의 조건을 무엇보다 중요하게 여겼다. 때문에 민주의 조건은 민주 자체보다 더 중요한 것이다. '당쟁민주'의 조건은 무엇인가? 나는 이를 "동질화 조건"이라고 하는데, 그 조건은 공동의 국가적 인정, 공동의 신앙 혹은 공유의 신념 및 기본 평등의 사회 구조이다. 만약 국가적인 인정이 없다면 러시아인 · 우크라이나인 등 여러 국적의 사람들을 상대로 어찌 민주를 논할 수 있겠는가?

이런 상황이면 나라의 분열을 초래하게 된다. 만약 기본적인 정치적 공동인식은 없고 수니파 · 시아파 등 여러 가지 파만 있다면 선거는 파벌강화와 대립적인 충돌로 이어지게 된다. 때문에 자유주의민주의 조건을 이해해야만 서방의 민주 실천의 곤경을 이해할 수가 있는 것이다.

우선 냉전 이후 서방 선진국의 당쟁 정치는 이미 "부결형 정체"의 하나인

정부 일을 할 수 없는 정체 현상들을 초래했다. 유럽 일부 국가들의 미래는 그리 낙관적이지 못하다. 그 원인은 지난 세월 동안 그들의 민주는 동질화의 조건에서 건립되었지만, 지금은 내부의 인구 구조가 큰 변화를 가져왔다. 예를 들면, 프랑스의 아라비아인들은 한 세대가 지나면 백인을 초월할 수가 있다. 더 큰 문제는 남유럽과 동유럽 국가들에 나타난 산업공동화 현상이다. 공업의 기초가 없으면 국가는 생명력을 잃게 된다. 이렇게 되면 새로운 20세기 초에 세계 20위에 진입했던 아르헨티나가 마지막에는 '역 발전' 현상이 나타난 상황과 비슷한 "중등수입 함정"에 빠질 수 있는 것이다.

　다음은 과도기 국가들의 상황이다. 세 번째 민주화 열조가 시작된 후 세계에는 약 70개의 과도기 국가들이 나타났다. 이를 대체적으로 4가지로 분류할 수 있다. 첫 번째 유형은 예정된 목표에 따라 발전목표를 실현하고 있는 "이상형 국가"인데, 이런 나라들로는 한국과 동유럽의 일부 나라들이다. 두 번째는 국가 분열로 나타난 새로운 국가이다. 유엔이 성립할 때 창시국은 51개였는데 지금은 193개 국으로 늘어났다. 바로 민주화운동으로 인해 많은 나라들이 생겨난 것이다. 예를 들면 구소련은 해체되어 15개 국가로 나뉘어졌고, 유고슬라비아도 여러 나라로 분열되었다. 세 번째는 장기간 불안한 사회를 겪은 태국과 아프리카주의 여러 나라들이다. 네 번째는 장기간 통치가 힘든 나라이다.

　인도를 예를 들면 예전에 사람들은 "민주는 인도의 최대 복지"라고 했다. 하지만 인도에서 생활해 본 사람들은 "인도식 민주"를 견지해야 하는가 하는 의문을 갖게 된다. 만약 인도 백성들에게 인도가 중국보다 낫다고 한다면 인도사람들은 정신과에 가 볼 필요가 있다고 할 것이다.

　무엇 때문에 "좋은 방향으로의 변화를 기대했지만 예기하지 못한 악"이

되는가? 그것에는 다음과 같은 몇 가지 원인이 있다. 첫째, 자유주의 민주는 '혁명이론'인데, 혁명이론으로 나라를 다스릴 수는 없다. 자유주의 민주는 자유도 있고, 민주도 있어 듣기에도 좋아 지식인들의 총애를 받았다. 혁명이론으로서의 자유주의민주는 누군가를 무너뜨리기는 쉽다. 자유의 전제는 법치이며, 사회에서 제일 중요한 것 역시 법치이다. 민주의 배후에는 권위가 존재한다. 때문에 민주와 권위, 중앙집권은 함께 존재한다. 따라서 자유주의민주라는 이름에는 수많은 것들이 숨겨져 있다.

이런 혁명이론은 새로운 시기에 새로운 자유주의로 변하였다. 이를 "버뮤다 삼각지대"[65]라고 한다. 정치의 민주화, 경제의 사유화와 시장화, 거버넌스의 사회화. 이 세 가지는 정부화·국가화가 아닌 사회권리 즉 개체권리를 강조한 것이다. 개발도상국은 이런 혁명을 조직할 수가 없다. 만약 이 세 가지를 억지로 시행하면 설상가상이 아닐 수 없다. 간단히 말하면 좋은 이념이 좋은 정치라고 장담할 수 없다는 뜻이다. 사회주의는 좋은 이념이다. 우리는 이 이념에 큰 혼돈을 겪었던 시절이 있었다. 이와 같이 자유민주도 마찬가지로 적지 않은 문제에 직면할 수 있다. 이런 문제는 적을 무너뜨릴 수는 있지만 자신을 건설하지는 못한다. 그러니 복잡한 정치체제를 가지고 있는 미국을 자유주의민주라는 말로 어찌 정의를 내릴 수 있겠는가?

2. 중국 거버넌스의 근본 구조: 민주집중제

---

65) 버뮤다 삼각지대 : 원인을 알 수 없는 선박과 항공기의 실종사건으로 유명한 미국 버뮤다섬 인근 삼각형 모양의 해역. 1950년부터 주목을 받기 시작했으며, 1974년 이후 전세계 관심의 대상이 되었다. 지구 이상 자기장설, 심해 메탄가스설 등이 사고의 원인으로 제시되고 있다.

학술계에서는 10여 년 전부터 '중국시스템'을 논의했다. 그들의 태도는 중국의 패턴을 부정하는 '부정설'과 긍정적인 '긍정설'로 나뉜다. 부정설 중에는 몇 가지 견해가 있는데, 한 가지는 자유주의 가치관으로 중국의 패턴을 완전히 부정하는 견해이다. Francis Fukuyama의 "역사 종언론"이란 즉 세계는 오직 자유주의민주 혹은 대의제민주 만 존재할 뿐 기타 형식은 모두 과도기 패턴으로 언젠가는 모두 자유주의민주 혹은 대의제민주로 통합될 것이라고 했다. 하지만 "역사 종언론"의 창시자인 Francis Fukuyama도 중국의 패턴이 자유주의민주 패턴을 대체할 수 있는 유일한 패턴이라는 것을 인정했다. 두 번째는 일부 경제학가나 개혁을 견지할 것을 지지하는 사람들은 중국의 패턴을 인정하면 중국이 지금의 상황에 만족하여 더는 개혁을 견지하지 않을까 우려하고 있다.

다른 의미로 보면 이런 견해는 중국의 패턴에 대한 부정이라고 하기 보다는 중국의 패턴에 대한 질의에 가깝다. 즉 중국이 이미 제정한 발전형식에 만족하지 말고, 중국의 발전패턴은 업그레이드와 변화가 필요하다는 것을 의미한다. 물론 중국의 패턴에 대한 이런 걱정은 일정한 합리성과 가치를 가지고 있다. 세 번째는 거버넌스 형식에 대한 질의인데 소위 말하는 중국의 패턴은 존재하지 않는다는 견해이다. "'패턴'이라는 이름을 가지려면 응당 아래와 같은 몇 가지 표준에 도달해야 한다.

① 패턴은 응당 제도적 안전성을 가지고 있어야 한다. ② 응당 다른 패턴과 다른 특징을 가지고 있거나 차이성을 가지고 있어야 한다. ③ 패턴은 응당 모방 가능한 확산성을 가지고 있어야 한다. ④ 자신뿐만 아니라 다른 사람들의 인정을 받는 패턴이어야 한다. 하지만 중국의 현황을 보면 이 몇 가

지 표준에 정확하게 맞지가 않다. 이는 패턴을 총결하는 중요한 난제이다."[66]
이는 거버넌스의 각도로 문제를 보는 것으로 중국 거버넌스의 여러 가지 독
특성과 안전성·확산성 및 인정을 받는 정치적 요소를 제대로 인지하지 못
했기 때문이다. 어떠한 나라든 거버넌스의 한 가지 각도로 독특성을 단정 짓
지는 못한다. 이는 거버넌스 방식이 문명을 서로 참고하여 형성되기 때문이
다. 예를 들면, 자본주의와 사회주의가 서로 영향을 주고 교류를 하는 과정
에서 형성된 혼합형 경제·복지국가 등이 여기에 포함된다. 정치 패턴과 비
교할 때, 거버넌스 패턴은 기술적인 것이 아니기에 서로 참고할 수가 있다.
그러나 중국의 패턴을 이야기할 때 사람들은 종종 근본 제도로부터 문제를
이야기하려고 하는데 문제가 있는 것이다.

　유감스러운 것은 중국의 패턴을 인정하는 사람들 중 대부분은 거버넌스
방식, 발전 방식으로 중국의 패턴을 인정하고 있다는 점이다. 예를 들면, 장
웨이웨이(张维为) 교수는 발전 패턴 의미의 시각으로 중국의 패턴을 8대 요
소로 귀결지었다.[67] 왕사오광(王绍光) 교수는 거버넌스로 중국의 패턴을 논
했다. "서방식 국가형태, 중국식 정치방법"을 제기한 왕 교수는 서방에서는
국가형태를, 중국은 정치방법을 논하고 있다고 했다. 왕사오광 교수는 국가
의 근본 제도 즉 정체(政体)의 측면에서가 아닌 정치방법으로 중국의 패턴을
토론해야 한다고 했던 것이다.

　두 번째 시각은 문화의미적 시각이다. 판웨이(潘维) 교수의 "국민(国民)-민
본(民本)-사직(社稷)"의 중국 패턴론은 거버넌스 이론보다는 모든 것을 포함
한 문명 패턴이라고 함이 더 합당하다. Daniel Bell의 『자유민주를 넘어』라

---

66) 张静. "中国治理尚无'模式'可言", FT 중문넷, 2014-11-03.
67) 张维为. 「中国模式和中国话语的世界意义」, 『经济导刊』, 2014 (3): 14~21쪽.

는 책에 기록된 중국의 패턴은 문화적 의미로 해석한 것으로 유가의 현명한 정치는 자주민주의 선거정치보다 우월하다고 했다.

세 번째 시각은 정치제도적 의미의 중국 패턴론이다. 정용녠(鄭永年) 교수가 말하는 중국의 패턴은 서방 외부 다원주의와 대응하는 "내부 다원주의" 즉 공산당의 개방성이라는 것이다.[68] 저자는 공산당의 각도에서 문제의 답안을 찾는다면, 문제의 진실과 더 가까워진다고 여기고 있다. 하지만 "내부 다원주의"는 정치현상의 일종일 뿐 중국의 패턴을 대표할 수는 없는 것이다. 딩쉐량(丁学良)의 정치·사회·경제 등 세 가지 방면으로 개괄한 "다중 모순의 종합체"인 레닌주의의 권력구조, 정치관제의 시장경제와 사회통제의 패턴이론이 비교적 현실적이라고 할 수 있다.[69] 물론 이 모든 것은 중국정치 발전과정의 주요 구성부분이지만, 단순하게 겉으로 드러난 현상들만 나열한 것이다. 딩저(丁著)는 중국 패턴의 "선사시대"를 1980년대라고 하면서 예를 들었는데, 이는 중화인민공화국 성립 이후의 첫 30년의 역사를 고려하지 않은 것이며, 특히 혁명시기의 역사가 중국의 패턴에 준 영향을 무시한 것이었다. '패턴'이라고 함은 서방의 "대의제 민주" 혹은 "자유주의 민주"와 같이 간결하고 호소력이 있는 단어가 있어야 한다.

중요한 것은 단말성 패턴은 몇 년 혹은 수십 년의 발전성·정책성 변화가 아니라, 근본적인 정치제도이며 오랜 역사적 근원을 가진 제도이다. 때문에 이런 의미에서 중국의 패턴은 "민주집중제"일뿐이다. 앞에서 서술한 바와 같이 한 나라의 국가 패턴은 정치제도의 핵심이며, 이 정치제도는 이 나라를 효과적으로 단결시킨다. 중국과 같은 여러 개발도상국들은 역사적으

---

68) 鄭永年. "实践逻辑中的中国政治模式", 신화넷, 2014-06-12.

69) 丁学良. 『辯论"中国模式"』. 베이징: 社会科学文献出版社, 2011.

75

로 내려온 나라를 효과적으로 조직해야 하는 "강한 사회" 문제가 있기에, 이런 나라는 "강한 국가"이지 "연약한 국가"가 아니다. 근대의 중국은 군벌 싸움으로 인해 반식민지 상태였고, 나라의 민심은 흩어진 모래알 같았다. 때문에 이런 중국을 하나로 뭉치게 하는 것은 중국이라는 나라의 급선무였다.

손중산(孫中山)과 장제스(蔣介石)를 대표로 하는 국민당의 "당이 군을 영도하고" "당이 나라를 건설"하는 주장은 모두 실패했으며, "당이 군을 영도"하려는 의도는 군벌 군국주의 사상으로 변했다. 중국을 효율적으로 조직한 당은 중국공산당이다. 중국공산당이 성공할 수 있었던 관건은 중국공산당의 조직 원칙인 민주집권제였다. 승리한 이후 중국공산당은 적절하게 민주집중제의 원칙을 나라의 조직원칙에 응용하여 국가기구의 운용에 이용했던 것이다.

이는 중국공산당의 혁명사를 대표할 뿐만 아니라 개혁개방 이후 30년간 변함없는 근본적인 정치제도를 의미한다. 정체로서의 민주집중제는 인민대표에 대해 책임지는 정부기관에서 표현되는 것이 아니라, 당정관계·국가와 사회의 관계·중앙과 지방의 관계, 그리고 정치와 경제의 관계 등 여러 방면에서 나타난다. 따라서 한 단어로 정치경제사회의 모든 방면을 개괄하여 "중국의 패턴"이라고 하는 것이 제일 합당하다고 할 수 있지 않겠는가?

냉전시기 민주집중제의 정체는 서방 정치학에서 공산주의를 연구하는 주요 문제였다. 소련의 해체와 더불어 이 개념은 서방 정치학에서 거의 사라졌다. 하지만 냉전이 끝나고 4분의 1 세기가 지난 후 중국 패턴이 세계 여론의 중심이 되면서 제2차 세계대전 이후 30년간 소실되었던 '통합주의'가 다시 나타난 것과 같이 "민주집중제를 다시 연구"할 필요가 있게 되었다. 사실 중국에서 민주집중제는 이론과 실천의 주요 문제였으며 정치의 핵심 문제였다. 다만 장기간 중국의 사회과학은 '나래주의(拿来主义)'로 인해 자주성을 잃어 갔으며, 장기간의 "식민화 문제의식" 때문에 자신의 핵심 문제를 소홀히 했던 것이다.

오늘날 사람들이 담론하는 중국의 패턴이란 도대체 무엇인가? 저자는 나라의 이름에 패턴이라는 단어를 붙였다는 것은 중국을 효율적으로 조직할 수 있는 정치제도라는 의미가 있기 때문이라고 본다. 또한 일종의 패턴으로서의 중국 패턴은 사상과 제도에서도 역사적 연속성을 가지고 있기에 독특한 특징을 가지고 있다. 이 두 가지가 중국의 패턴을 결정하는데, 이것이 바로 중국의 정치패턴이며, 중국 정치패턴의 핵심은 당의 조직원칙인 것이다. 이는 일종의 상식일 뿐만 아니라, 이런 조직원칙은 반드시 나라의 조직원칙에 적용되는 것이어야 한다. 이렇게 당과 국가를 하나로 유기적으로 연결할 수 있는 제도는 민주집중제 뿐이다. 형성으로부터 오늘에 이르기까지 근 백년의 역사를 가진 민주집중제는 현재 유일하게 대의제 민주정체와 대항할 수 있는 정치제도 혹은 정체인 것이다.

국제사회 과학계의 정체 연구는 대체적으로 자유주의민주의 대의제민주와 비민주 정체인 권위주의로 나뉘어져 있다. 서방의 정치학에서 자유주의민주의 대의제민주는 "역사의 종점"이고, 비민주 정체의 권위주의는 반드시 "역사의 종점"으로 변환되는 과정의 과도기라고 여기고 있다. 하지만 정치연구를 비교하면 선진국이 대의제 민주를 실행한 원인도 있지만, 여러 가지 기타 요소들이 종합적으로 작용했기 때문이기도 하다. 개발도상국 즉 식민지·반식민지였던 국가도 대의제 민주를 실행했다. 그 중에는 중국과 비교할만한 대형 개발도상국인 인도·파키스탄·방글라데시·인도네시아·필리핀·나이지리아·멕시코·브라질 등이 있지만, 그 결과는 어떠한

가? 이런 사실에 따라 유추해본다면 중국도 만약 대의제민주 즉 당쟁민주의 길을 선택했다면, 기타 대형 개발도상국보다 발전이 빠르지 못했을 것이다.

비록 다른 제도를 가진 중국이 비교적 장점이 있음은 명확하지만, 서방 정치학계에서는 중국의 정체를 권위주의의 "나쁜 정체"라고 여겨 반드시 "역사의 종점"을 선택해야만 정확한 것이라고 한다. 그렇기 때문에 우리는 서방의 사회과학적 종교식과 의식형태화의 발언시스템에서 벗어나 중국의 정체를 증명하고 학술적으로 중국을 인정할 필요가 있다.

향간에서 논하고 있는 중국 패턴의 정체는 민주집중제이다. 이 제도는 이론적으로 현대의 민주주의 속성을 지니고 있으며, 중국 역사문화의 전통에서 내적으로 변화되어 온 특징을 가지고 있을 뿐만 아니라, 후 선진형 국가가 국가 영도능력의 부족으로 인해 나타나는 조직화가 부족한 구조성 병리를 극복했다. 더욱 중요한 것은 민주집중제는 정체이며, 정치 실행과정의 핵심인 결책 과정의 원칙이다. 이런 특징 때문에 정치형식과 정치과정이 같은 세계에서 제일 독특한 제도시스템을 형성했다. 따라서 중국의 정치학을 비롯한 전체 사회과학을 깊이 연구할 필요가 있으며, 이런 연구는 선택한 길에 대한 자신감과 제도에 대한 자신의 정치제도의 근본과 관련되는 것이다.

3. 민주집중제 정체의 구성

국가 조직자로서의 당은 국가를 건설할 때, 조직의 시간적 순서는 건당-건군-혁명-국가제도의 창설이다. 이와 같이 독특한 건국과정은 국가와 당의 정치이론 혹은 당과 국가를 효율적으로 이어 놓을 수 있는 정치이론을 필요로 하고 있다. 이런 정치이론의 민주집중제는 당의 조직원칙(이하 "당체")

으로부터 국가 정권의 조직원칙(즉 "정체")으로 변화되었으며, 당과 국가의 본체론 성질의 조직 원칙이 되었다. 우리가 자주 말하는 "당과 국가" 간에는 조직적인 논리 관계가 존재하며 당과 국가를 연결해주는 민주집중제가 존재한다. 민주집중제가 없고, 당과 국가의 영도체제를 이해할 수 없으면, 당의 치국이념을 이해할 수가 없다.

정체로서 민주집중제의 사상 근원은 마오쩌둥이다. 마오쩌둥은 『신민주주의론(新民主主义论)』에서 이렇게 쓰고 있다. "지금 중국은 전국인민대표대회, 성(省)인민대표대회, 현(县)인민대표대회, 구(区)인민대표대회, 향(乡)인민대표대회시스템을 적용할 수 있고, 각급 대표대회의 선거를 통해 정부를 구성할 수 있다." "정체 - 민주집중제"[70]라는 글에서 새 중국의 정체는 민주집중제를 실행하는 전국인민대표대회제도라고 명확히 쓰고 있다. 1945년의 『연합정부를 논함(论联合政府)』에서 마오쩌둥은 다시 한 번 표명했다. "신민주주의의 정권조직은 응당 민주집중제를 실행해야 하며, 각급 인민대표대회에서 국정방침을 결정하고 정부를 선거한다."[71]

옌안(延安)시기에 제기한 마오쩌둥의 건국이론은 새 중국이 성립된 후 새 중국의 헌법 지도사상이 되었으며 헌법의 본분이 되었다. 1954년에 통과한 『중화인민공화국 헌법』(즉 "54헌법") 제1장 제1조에서 "중화인민공화국은 공인계급이 영도하는 공농 연맹을 기초로 한 인민민주국가이다"라고 새 중국의 국체를 규정했다. 제1장 제2조에는 "중화인민공화국의 일체 권력은 인민이다. 인민이 권리를 행사하는 기관은 전국인민대표대회와 지방 각급 인

70) 毛泽东. 『新民主主义论』, 毛泽东. 『毛泽东选集』, 제2권. 북경, 人民出版社, 1991, 677쪽.

71) 毛泽东. 「论联合政府」, 毛泽东. 『毛泽东选集』, 제3권. 북경, 인민출판사, 1991, 1057쪽.

민대표대회이다. 전국인민대표대회, 지방 각급 인민대표대회와 기타 국가기관은 일률적으로 민주집중제를 실행한다."고 신중국의 정체를 규정했다.

"54헌법" 중의 '민주집중제'는 국가기관의 조직방식을 말한다. 즉 국가의 행정기관은 인민대표대회에서 산생되며 인민대표대회에서 책임진다. 1982년에 통과한 『중화인민공화국 헌법』(즉 "82헌법")에는 '민주집중제'는 국가기관 즉 횡적인 권력구조의 조직형식을 포함할 뿐만 아니라 국가구조 형식인 중앙-지방 관계의 조직방식을 포함한다고 했다. "82헌법" 제1장 제3조는 이렇게 규정했다. "중화인민공화국의 국가기구는 민주집중제의 실행원칙을 집행한다. 전국인민대표대회와 지방 각급 인민대표대회는 민주선거로 산생되며, 인민에 책임을 지며, 인민의 감독을 받는다. 국가행정기관·심판기관·검찰기관 모두 인민대표대회에서 산생하며, 관련기관에 책임을 지며, 관련기관의 감독을 받는다. 중앙과 지방의 국가기구의 직책을 구분할 때 응당 중앙의 통일적인 영도 하에 지방의 주도성과 적극성을 충분히 발휘해야 한다."

이로부터 중국 인민이 정체를 이해하는 과정은 부단히 발전하는 과정으로 정체는 횡적으로 국가권력 조직 방식뿐만 아니라, 중앙-지방간의 종적인 관계도 포함하고 있다. 사실상 이런 인식은 정체 이론에 더욱 적합하다. 결론적으로 정체는 통치권 및 통치권을 중심으로 형성된 권력관계인 권력관계의 종합을 말한다. 그렇기 때문에 다른 시대의 정체 내용은 다른 것이다. 고대의 도시국가 시기는 전형적인 도시국가 정치사회이기에 현대국가 의미의 규모를 갖추지 않고 있다. 따라서 중앙-지방의 관계가 존재하지 않는다. 이 시기의 정체는 주로 통치권을 의미한다. 민족과 국가가 형성되면서 단일제와 연방제, 총통제와 의회제 등 제도가 나타났다. 이런 새로운 정권조직이 바로 신형의 정체이다.

중국의 정치학을 연구하다보면 시장경제시대에 이르러 권력관계는 간단히 정치범위의 국가기구와 중앙-지방간의 관계일 뿐만 아니라, 경제권력 즉 자본권력에서도 정치권력을 좌우 할 수 있는 힘을 가지고 있음을 잊지 말아야 한다. 따라서 시장경제시대를 고찰할 때, 정체 이론의 정치-경제 간의 관계도 함께 고찰해야 한다. 사회 권력도 이와 마찬가지로 중요하다. 이는 현재 정치의 주요 특징인 정치의 대중성 때문이다. 정치-사회관계 혹은 국가-사회관계 모두 현대의 정체이론에서 소홀히 할 수 없는 관계이다. 다시 말하면 지금의 정체이론은 단순하게 국가기관의 순수한 정치를 의미할 뿐만 아니라, 경제와 사회, 이 두 가지 변수가 있기에 정체는 정치, 경제와 사회 3대 관계의 종합인 것이다.[72]

상술한 원인 때문에 중국에서의 정체는 사실상 헌법이 규정한 국가기관 구성 형식, 중앙-지방관계 외에도 응당 정치-경제 관계와 국가-사회관계를 포함해야 한다. 전통의미에서의 정체형식(즉 국가기관 조성방식과 중앙-지방의 관계)이나 개혁개방 이후에 파생한 새로운 관계(즉 정치-경제관계와 국가-사회관계)에서 중국은 유형·무형적으로 민주집중제 원칙을 보여주고 있다. 구체적으로는 다음과 같다.

첫째, 국가기구의 구성 원칙. 헌법의 규정에 따라 중국 국가기관은 인민대표대회를 통해 산생되며, 인민대표대회에 책임지는 민주집중제 원칙을 실행한다. 그중 인민대표대회 제도는 민주집중제의 집중 표현이다.

우선 인민대표대회의 제도는 선명한 민주성을 띠고 있다. 인민대표제도

---

72) 「林德布诺姆」, 『政治与市场』, 王逸舟 역. 上海人民出版社, 1992.

는 인민주권을 상징한다는 말이 있다. 사실상 인민대표제도는 민주이론 중의 인민주권 원칙을 표현할 뿐만 아니라 인민주권을 실현하는 중매 작용을 하는 체제이며, 대표제민주와 협상민주제도를 대표한다. 이 방면에 대한 연구는 이미 깊이 있게 진행되었기에 이 책에서 더는 서술하지 않기로 한다.[73]

다음은 인민대표대회제도는 집중성을 보여준다. 인민주권원칙의 실현은 절차적 민주형식이여야 하며, 각종 절차의 민주를 통합시켜 제도적으로 처리해야 한다. 그렇지 않으면 여러 과도기 국가가 대의제 민주 하의 당쟁민주로 인해 정국이 어지러운 상황으로 나타날 수도 있다. 중국은 통합 절차의 민주제도를 완전하게 당장(党章)에 포함시켰으며, 헌법에도 명확히 규정했기에 당의 영도원칙을 구체적으로 구현했다. "당의 영도하의 인민대표대회제도"는 중국의 근본 정치제도의 완전한 표현이다.

서방의 정당정치는 자산계급혁명 이후의 의회제도에서 산생되었으며, 정당은 의회활동 과정에서 형성되었다. 의회 내부에는 정당과 단체가 있기에 정당은 이익집단 성질을 가진 정치조직이다. 중국공산당은 나라를 세운 당이며, 모래알같이 산산이 흩어져 있던 국가를 하나로 조직한 조직자이며, "건당-건군-혁명-국가제도 창설"의 건군 노선과정을 거친 중국의 상황은 서방 정당정치와는 완전히 다르다. 따라서 중국공산당이 영도하는 인민대표대회제도는 역사적으로 내생(内生)한 것이며, 사실적으로 존재한 것이기에 서방역사의 헌정주의 이론으로 중국의 역사와 현실을 '관찰'하지 말아야 한다. 여러 대형국가를 포함한 나라들은 자신의 역사를 고려하지 않고 당쟁민주식의 헌정을 실행했기에 정반대된 결과를 가져오게 되었다. 때문에 이

---

73) 关于对这一问题的具体研究, 参见杨光斌, 尹冬华. 「人民代表大会制度的民主理论基础」,『中国人民大学学报』, 2008 (6), 93~99쪽.

론적으로 당 영도하의 근본 정치제도의 우월성을 더욱 깊이 있게 연구하고 이해해야 한다.

둘째, 중앙-지방 관계의 구성 원칙. 중국에서 지금 실행하고 있는 헌법은 중앙-지방관계를 중앙의 통일적인 영도 하의 전통 의미의 단일제라고 규정했다. 30여 년간의 개혁개방을 거쳐 중국의 중앙-지방관계는 구체적인 변화를 가져왔다. 중국의 개혁은 분권(分权)을 시작으로 중앙에서 지방에 권력을 나누어 주어 사회의 자아관리와 사회 자치를 실현하고, 정부 분권의 시장경제를 형성하고, 개인의 적극성과 능동성을 동원하는 것이다. 개혁개방은 민주화의 과정이며 분권의 민주형식이라고 할 수 있다. 민주가 없으면 활력이 없고, 오늘날의 경제성과도 없다. 이는 정치의 상식이다.

그렇다면 이미 구조적 변화를 가져온 신형의 중앙-지방 관계에서 어떻게 민주집중제 원칙을 표현할 수 있는가? 만약 개혁개방 전의 중앙-지방관계를 전형적인 단일제라고 한다면 개혁개방 이후의 중앙-지방관계는 정치와 경제가 일정한 정도에서 분리된 "정치단일제"와 "경제연방주의"의 두 가지 구조이다.[74] 소위 말하는 정치 단일제는 당에서 간부를 관리하는 민주집중제 원칙 하에서 중앙에서 지방의 정치와 인사를 영도한다는 것은 중앙에서 부성급(副省级) 이상 간부를 관리한다는 것을 말한다. 인사권은 중앙에서 지방의 정치를 영도할 수 있는 뒷받침이며, 정치 관계에서 중국을 "전국이 하나의 바둑판"과 같은 포맷을 형성할 수 있게 한다.

경제관계에서 치권(治权)의 공유와 공치(共治)가 나타났는데, 이것이 바로 '재정연방제'이다. 중국의 세금 분배제도와 치권의 지방화는 재정연방주의

---

74) 杨光斌. 「中国经济转型时期的中央—地方关系新论」, 『理论, 实践与政策』, 学海, 2007 (1), 67~78쪽.

의 전형적인 사례이다. 지방의 치권 공유와 공치가 바로 분권식 민주의 일종이다.

중앙-지방관계의 구조적 변화는 지방은 단일제 형식의 단일한 '대리인'의 역할을 의미하는 것이 아니라, 지방정부 특히 시현(市县)급 정부는 이미 이익의 주체로 되었고, 지방 이익 주체간의 경쟁은 적극성과 활력을 가져다주었다. 이것이 바로 중국 역대 지도자들이 말한 민주이다. "권력을 기층조직과 인민에게 주어야 하는데, 농촌에서는 농민에게 권력이 있게 해야 한다. 이것이 바로 제일 큰 민주이며, 우리가 말하는 사회주의 민주의 주요 내용이다." 이는 덩샤오핑(邓小平)이 한 말이다.[75] 토크빌(Tocqueville)은 『미국의 민주를 논함』에서 분권과 사회자치의 의미가 바로 인민주권이라고 했다. 때문에 권리를 하급기관에 내려 보내는 인민자유의 개혁개방이 바로 민주권리의 실현과정인 것이다.

위의 서술을 통해 지방의 민주적 거버넌스와 정치의 집중성은 중앙-지방관계의 신형 민주집중제라는 것을 알 수 있다.

셋째, 정치-경제관계의 사실성 구성 원칙. 국가의 정치-경제관계의 양식은 거버넌스 패턴을 표현하며, 국가 내부의 진정한 이익 관계를 의미한다. 이는 그룹과 그룹 간의 관계, 계급과 계급 간의 관계이다. 자유자본주의의 미국은 전형적인 경제가 정치를 결정하는 나라이다. 시장경제의 동방국가인 한국, 일본, 싱가포르의 정치와 경제의 관계는 더욱 복잡하며, "개발형 국가"는 이런 동방국가들을 이르는 말이다.

중국은 미국이나 한국 등과는 다르다. 비록 중국에서 경제역량이 중요하

---

75) 邓小平. 「一切从社会主义初级阶段的实际出发」, 『邓小平文选』, 제3권. 북경인민출판사., 1997, 252쪽.

지만 그래도 정치권력이 제일 중요하다. 정치, 특히 정치제도는 결정적인 작용을 한다. 이런 선결조건은 중국이 정치주도형 국가임을 결정해 준다.

정치경제 관계에서 중국과 같은 '개발형 국가'의 특징은 동아시아의 기타 정체보다 더욱 전형적이지만 개발형 국가인 중국의 특징은 민주집중제 체제 하의 독특한 "중국경험"이다. 우선 구성요소로부터 볼 때, 첫째 중국의 정치체계는 행정제도가 효과적으로 실행된 경제기획과 경제개입의 정치체계이다. 구체적으로 말하면 당의 중앙재정 영도소조, 중앙농촌사업 영도소조의 영도 하의 국무원 산하 관련 경제 주관부서를 말한다. 둘째는 비록 중국 행정부서에는 일부 문제들이 존재하지만, 공무원의 개인 능력을 기초로 형성된 전체 행정 대오가 가지고 있는 국가 능력은 의심할 여지가 없다는 점이다. 셋째, 중국에는 국무원 구성 부서 중 국민경제 거시경제 조정부문인 국가발전과 개혁위원회가 있다.

다음은 경제 시행시스템 방면에서 볼 때, 중국의 "개발형 국가"의 특징이 제일 특출하다는 점이다. 10개년 계획, 5개년 계획, 중앙 년도 재정사업회의는 국가 종합 발전계획을 효과적으로 진행하기 위한 시스템이다. 그중 5개년 계획이 전통적인 사회주의 산물이기 때문에 별로 중요하지 않은 유산이라는 뜻이 아니다. 프랑스와 같은 선진 자본주의 국가에서도 2차 세계대전 후에 "5개년 계획"과 같은 제도가 있었다. 만약 5개년 계획을 중간 기간의 계획이라고 한다면, 10개년 계획은 장기적인 국가 발전의 종합계획이다. 이런 시스템은 국가발전의 연속성을 보장해준다. 미국과 같은 국가에서는 이와 같은 계획적이고 연속적인 발전을 상상하기 어려울 뿐만 아니라, 미국 엘리트들이 부러워하는 점이기도 하다.

만약 "개발형 국가"가 정치경제 관계의 집중성을 표현한다면, "개발형 국가"인 중국은 지난 수십 년간 사회주의 시장경제체제를 형성했다고 할 수 있다. 시장경제체제에서 기업의 자유는 필연적이다. 사실상 중국의 개인기업은 국민경제성장에 70%의 기여를 했으며, 70% 이상의 일자리도 개인기업에서 마련한 것이다. 개인기업은 중국경제에서 중요한 위치에 있기 때문에 중국의 정치경제 과정에 필연적으로 중요한 영향을 미치며 중요한 작용을 한다.

첫째, 경제가 발전한 동남 연해지역의 지방인민대표대회의 구성을 보면 개인기업 업주들이 차지하는 비중이 날로 커지고 있어 현지 지방인민대표대회 및 인민대표대회에서 산생한 지방정부는 정책 법규 제정과정에서 개인기업 업주들의 이익을 고려하지 않을 수 없는 상황에 이르렀다. 둘째, 개인기업 업주는 이미 국가 거시정책에 영향을 미칠 수 있는 능력을 가지고 있다. 예를 들면 비 국가기업은 국가입법과정과 관련 정책 제정과정에서 국가기업과 동등한 기회와 지위를 가질 것을 요구하고 있다. 이는 현재 중국 정책 제정과정애서 다원화 의견이 나타나고 있음을 말해주며 이런 다원화는 바로 민주의 주요 특징이고, 민주의 구성 부분이라고 할 수 있다.

종합적으로 보면, 중국의 정치-경제 관계이 실질저인 구성 원칙은 민주집중제이다. 바로 이런 체제 때문에 중국의 정치와 경제관계는 미국식 자본이 정치권력을 결정하는 구조가 아닌 정치권력이 경제와 자본권력을 주도하는 구조가 되었다. 여기서 설명해야 할 점은 어떠한 구조라도 모든 사람들의 만족을 얻을 수 없다는 점이다. 중국의 구조는 인민에 유리하기에 자본권력의 환영을 받기가 어렵다. 이 점이 아마도 중국제도와 미국제도의 근본적인 차이일 것이다.

넷째, 국가-사회관계의 실질 구성 원칙. 개혁개방 이전의 중국에서 국가-

사회의 관계는 서로 의존하는 관계로 개인은 기관에 의존하고 기관은 정부에 의존하며 정부는 국가에 의존하여 "개인-단위-정부-국가"의 순환을 형성하고 있다. 이런 관계에서 자주적인 개인과 사회가 없다면 가정생활도 자유적이지 못하며, 국가 권력이 존재하지 않는 곳이 없게 된다. 시장경제의 출현과 발전은 중국에 국가와 사회와 다른 자본권력을 탄생시켰으며, 사회의 중요성은 날로 커졌다. 예를 들면 새로 나타난 "사회 거버넌스"라는 단어가 이 점을 설명해준다. "사회 거버넌스"는 국가 거버넌스, 정부 거버넌스, 경제 거버넌스 등 개념과 마찬가지로 중요하다. 여기서 '사회'의 중요성도 알 수 있다.

자고로 중국은 사회 자치의 오랜 전통을 가지고 있다. 예를 들면 고대에는 "황권을 현에 내려 보내지 않는다(즉 현 이하는 가족 자치를 실행함을 뜻한다.)"는 말이 있었고, 명청(明淸) 시기의 동업조합, 민국시기에는 상회자치가 있었는데, 특히 상하이의 금융상회조직과 같은 상회는 사회자치의 선례가 있었다. 때문에 중국의 '사회자치'를 논할 때 '공민사회'라는 새로운 개념을 만들 필요가 없다. 바로 이와 같은 전통이 있기에 개혁개방 이후 중국의 새로운 사회조직은 우후죽순처럼 성장할 수 있었다. 통계에 따르면 현재 민정부문에 등록한 사회조직은 백만이 넘으며 대다수 새로운 사회조직은 아직 미처 등록하지 않은 상태이다. 당의 18기 3차 전체회의의 혁명 결정에 따르면, 정치 · 법률 · 민족 · 종교 조직 외의 사회 조직은 1992년 민정부문에서 규정한 관련 부문의 심사제도가 아닌 등록제를 실시하기로 결정했다.

과도과정 중 산업 업종에서 설립한 정부 관련 부서는 강철업종협회와 같은 각종 국가적 업종협회로 변하였다. 영어 4급, 6급 시험 및 기타 여러 업종의 등급 시험도 관련 조직으로 변화되었다. 이렇게 일부 정부의 관련 권력도 정부가 관할하는 업종조직 직권으로 변화되었다. 사회조직의 자주적이고 자아관리를 실현하도록 격려함과 동시에 국가에서는 사회조직 중 정치·법률·민족·종교 4가지 조직을 관리하고 통제하고 있다. 이로부터 사회 거버넌스 과정에서 한 방면으로, 자유를 한 방면으로 국가의 엄격한 통제와 관리가 있음을 알 수 있다. 서방의 정치학 이론으로 볼 때, 이런 국가와 사회의 관계는 "국가 통합주의" 즉 국가가 주도하며, 통제가능하며, 효과적으로 조직 가능한 업종조직이 적극적으로 정치과정과 결책과정에 참여할 수 있다는 것을 말한다. 중국 정치술어 중 이런 상황을 전형적인 '민주집중제'라고 한다.

상술한 4가지 구조적인 즉 횡적인 행정체제, 종적인 중앙-지방 관계, 횡적인 정치-경제 관계와 종적인 국가-사회관계의 모든 방면에서 민주집중제 원칙은 반영된다. 바꾸어 말하면 중국과 같은 슈퍼국가에서 민주집중제 원칙에 의거해야만 국가가 조직적으로 효과적으로 운행 될 수 있는 것이다. 민주집중제는 정치제도와 조직제도에서 표현될 뿐만 아니라 정치과정을 인솔하는 큰 원칙인 것이다.

4. 결책과정으로서의 민주집중제

정치제도와 조직제도의 민주집중제 원칙과 비교할 때 정치과정의 민주집중제 원칙은 이해하기 쉬우며 중국 사람들도 잘 알고 있다. 결책과정의 민주집중제는 주로 "군중에서 오고 군중에게 돌아간다"는 군중노선으로 표현되며, "민주의 기초에서 집중하고, 집중 지도하의 민주"에서 표현된다. 결책과정의 민주집중제를 완전하게 서술하려면 민주집중제의 실행에 관한 마오쩌둥의 강화에서 알 수 있다.

> 민주 없이 정확한 집중을 실현할 수는 없다. 여러분들의 의견이 통일되지 않으면, 통일된 인식이 없으면, 집중제를 건립할 수 없다. 집중이란 무엇인가? 우선은 정확한 의견을 집중해야 한다. ······민주가 없으면 경험을 정확하게 종합할 수가 없다.
> 우리의 집중제는 민주의 기초 위에 건립된 집중제이다. ······당위원회 내부에서는 응당 민주집중제를 실행해야 한다. ······그렇지 않으면 어느 한 사람이 군림하는 상황이 나타난다. 만약 그러한 제1서기가 있다면, 그는 패왕(霸王)이지, 민주집중제의 "반장"이 아니다.[76]

이는 민주집중제 결책과정의 제일 전형적인 서술이다. 결책 전에 정확하고 전면적인 정보를 이해하려면 민주적인 군중노선이 필요한데, 의견을 집중하는 결책 과정에 당위원회도 민주제가 필요하며 서기의 "일언당(一言堂)"이어서는 안 된다는 것이다.

민주집중제의 결책원칙은 새로운 세기에 체계적으로 발전했다. 국무원의 규정에 따르면 중대한 결책을 내릴 때, 대중 참여, 전문가 자문, 리스크 평가, 합법성 심사와 집체 토론을 필수 과정으로 정했다. 결책 민주 혹은 행정민주는 학술계에서 공인하는 중국 민주정치의 중대한 발전이며 돌파이다.

이익에 관련된 결책에서만 행정민주집중제가 작용하는 것이 아니라, 국가 미래에 관련된 중대한 개혁계획도 민주집중제의 산물이다. 입법에서 "입

---

76) 毛澤東.「在扩大的中央工作会议上的讲话」, 中共中央文献研究室, 『建国以来重要文献选编』, 제15권. 북경, 中央文献出版社, 2011, 98~100쪽.

법의 문을 열고" 대중들의 실제 이익에 관련된 법률 · 법규 · 초안에 대한 의견을 사회적으로 접수 받는데, 이는 비교적 좋은 효과를 얻었다. 18기 제3차 전체회의에서 통과한 『개혁을 전면적으로 심화하는 것에 대한 중국공산당 중앙의 중대 문제 결정』과 18기 제4차 전체회의에서 통과한 『의법치국(依法治國)을 전면 추진하기 위한 중대 문제에 대한 중국공산당 중앙의 결정』모두가 민주집중제 결책 원칙의 전형적인 산물이다.

결책과정의 민주집중제는 현대화의 국가 거버넌스 시스템을 현대화의 국가 거버넌스 능력으로 전환시키고 있다. 이는 민주집중제는 국가 거버넌스 시스템과 거버넌스 능력 사이를 이어 놓는 중매작용을 하고 있음을 말해준다. 여러 개발도상국은 현대화 거버넌스 시스템만 있고 거버넌스 능력은 없는 상황이다. 그 근본 원인은 정치과정에서 체제 실현이 결핍되었기 때문이다. 효과적인 매개체 작용을 하는 시스템이 없으면 아무리 원대한 이상적인 제도도 공론일 뿐이다.

중국에서 이런 매개체 작용을 하는 시스템이 바로 우리가 자주 말하는 민주집중제이다. 민주집중제는 치국이정(治国理政)[77]의 강대한 힘을 형성할 수 있으며, 서로를 제약함으로써 자체 소모가 많은 현상을 줄일 수 있다. 그 외에도 이 제도는 국가의 효과적 거버넌스의 보장이며 나라에 인솔자가 없는 상황을 피하는 수단이기도 하다. 중국과 같은 슈퍼 대국에 개인자유, 사회자치, 시장경제 등 민주의 최초 형식이 없다면 사회는 활력을 잃어 갈 것이다. 만약 사회에 활력이 없다면 개혁개방 이후의 거대한 성과도 없다. 마찬가지로 중국과 같이 복잡한 국가에 결책권위이 없다면 오늘 날의 성과를 운운할

---

77) 치국이정(治國理政) : 국민의 의식주 문제 해결과, 이를 실현하기 위한 개혁과 법치, 엄격한 당 관리를 추진하는 시진핑의 정치 이념.

수가 없다. 수많은 개발도상 대국 중 대부분은 민주만 있고, 결책권위가 없기에 발전이 순조롭지 못하다. 개발도상국뿐만 아니라 미국과 같은 선진국들도 정책과정의 "거부형 체제" 때문에 국가에서 전민의료보험 실행이 어렵고 고속철도 계획이 무산되는 등 필요한 공공정책과 기초건설 프로젝트를 시행하기가 어렵다. 이 모든 것은 입법과 결책과정의 "거부권자 연맹"의 세력이 너무 강하기 때문이다.

정치과정의 민주집중제의 비교적 우세는 모두 알고 있다. 이 우세의 지속 가능성은 결책 과정의 수많은 '민족주의'가 결정한다. 대중들의 적극적인 참여가 있어야만 대중들의 이익을 적극 보호할 수 있기에, 대중들의 참여를 격려해야만 이 체제의 응답성도 강화될 수 있고, 더욱 탄력이 있고, 활력이 넘치게 되는 것이다.

5. 민주집중제의 비교 우세

어떠한 정치 패턴이든 민주집중제 원칙처럼 권력구조이기도 하면서 조직원칙이고 권력구조의 실행원칙인 경우는 없다. 이는 조직형식과 조직과정의 통일성을 충분히 보여주고 있다. 세계에는 자유주의민주 정체라는 다른 정체가 있다. 이런 정체의 조직 형식은 선거민주에 국한되지만 정치과정에서는 자본이 주도권을 가지고 있다는 사실이 은폐되어 있다. 자유주의민주 정체는 "두개의 허울"을 가지고 있다. 만약 조직형식이 민주라면 조직과정 및 결책과정의 정치형식은 과두정치가 되어 불균형한 다원주의(즉 과두 이익집단)의 지배하에 결책을 완성하게 된다. 이미 대량의 연구를 통해 이 점을 증명했다. 그렇기 때문에 형식과 과정의 일치성 정체는 이론적으로 더욱 정당하고 도의성이 있으며, 바로 이런 이론적 장점 때문에 정치 효율성 면에서도 큰 장점이 있는 것이다. 이것이 바로 중국과 대의제민주를 실행한 개발도상국 간의 비교 결과이다.

백년간 실행하고 있지만 여전히 강한 생명력을 보여주는 민주집중제는 당연히 고유의 문화와 정치사상을 기초로 했다. 혁명실천 과정에서 형성되고 내생되고 진화된 제도는 수천 년의 '선(善)'문화 전통을 기초로 하며 민본주의(民本主义) 사상의 선명한 특징을 가지고 있기에 이런 내생제도는 자연스레 더욱 적응되고 더욱 강한 생명력을 가지게 된다. 이런 생명력은 비교연구 과정에서 확연히 드러난다.

"연기가 없는 전쟁"인 냉전 과정에서 '풀뿌리사회'로부터 성장한 중국공산당은 세 번째 세계적인 민주화운동에서도 한 치의 흔들림조차 없었을 뿐만 아니라 도리어 더욱 강대해졌다. 오직 강대한 중국만이 인류를 위해 중국제도의 '중국 방안'을 제안할 자격이 있으며, 인류를 위해 큰 공헌을 할 자격이 있다. 그렇지 않으면 중국은 인구가 억 명을 넘는 기타 8개의 개발도상국보다 좋을 수 없으며, 당쟁 민주를 실행하는 인도, 방글라데시, 인도네시아, 필리핀, 나이지리아, 멕시코, 브라질 보다 더욱 낙후될 수도 있다. 세계의 정치 평론가들은 중국과 인도를 비교하기 좋아하며, 중국이 인도보다 낙후되기를 바라고 있다. 이는 중국은 민주집중제를 실행하고 인도는 서방의 대의제민주를 실행하기 때문이다. 그렇다면 결과는 어떠한가? 1950년 인도의 1인당 GDP는 50달러였고, 중국은 84달러였지만, 지금 중국의 일인당 GDP는 인도의 4배가 넘는다. 서방국가들이 자신만만해 하던 '헌정'도 별로였다. 인도가 헌법법원을 가지고 있다고 해서 중국의 법치수준보다 높은 것도 아니었다. 이로부터 소위 "자유주의민주가 인도의 제일 큰 복지"라는 말은 서방식 민주표준으로 타인과 자신을 속이는 신화일 뿐이다.

그렇다면 '중국 방안'이란 도대체 무엇인가? 저자는 중국의 경제가 큰 성과를 거둘 수 있었던 것은 독특한 경제 패턴이 있기 때문이라고 여기지는 않는다. 중국의 경제 패턴은 동아시아 식의 "개발형 정부"의 강화버전일 뿐이고, 문명유전자가 더욱 중요하다고 본다. 아니면 세계 각 지역에 있는 한족들이 왜 상대적으로 부유하겠는가? 하지만 다른 체제에서 생활하고 있는 한족들의 상황은 큰 차이가 있다. 예를 들면 "아시아 4마리 작은 용(亞洲四小龙)"의 용 머리였던 중국 타이완은 이 용의 마지막 순위(엄격히 말하면 타이완은 이미 이 그룹에 속해 있지 않다.)에 이르렀다. 이는 "중국 방안"의 핵심이 정치적 로드맵과 정치제도에 있다는 것을 말해준다.

정치적 로드맵에서 비교정치를 통해 중국은 몇 안 되는 인민민주국가 중 제일 큰 규모의 국가라는 것을 우리는 알 수 있다. 지난 300년간의 세계정치는 국내통치를 좌우했던 자본주의가 세계정치를 지배하고 있으며, 자본권력이 주도하는 제국주의 신민시스템을 형성했다. 1950~60년대 민족주의해방운동은 자본주의 글로벌화에 맞서 대항하기 시작했다. 적나라한 경제 약탈이 저항을 받자 자본권력은 '문화패권'으로 탈바꿈해 나타나 개발도상국의 엘리트 계층의 마음을 얻어 사상 관념상의 "연기가 없는 전쟁"에서 우위를 점하면서 소위 말하는 "제3차 민주화 열조"를 일으켜 전 세계정치에는 또 다른 바람이 불기 시작했고, 자본권력은 다시 한 번 정치적 우위를 차지하게 되었다. 이 과정에서 중국은 자신의 자주성으로 글로벌 열조를 이겨냈고, 인민민주의 진영을 지켰다. 때문에 자본권력이 인민에 유리한가, 아니면 인민민주가 인민의 복지에 유리한가 하는 문제를 제기하지 않을 수 없다. 이 문제의 답안은 세계정치에 있다. 중국인민과 인도인민 중 누가 더 많은 복지를 받고 있는가?

대의제민주의 민주집중제도와 상대적인 인민민주정치 로드맵의 정치제도는 흩어진 모래알 같은 중국을 하나로 뭉치게 했으며, 중국을 발전시키고 번영시킨 정체이다. 혁명시기의 정체를 "1.0 버전", 새 중국의 첫 30년을 "2.0 버전", 개혁개방 이후를 "3.0 버전"이라고 한다면, 이런 정체는 부단해 완벽해지는 과정이며, 실행 가능한 정체임을 증명해주는데, 그중 "3.0 버전"의 민주집중제에서 협상민주, 사회자치, 참여민주, 분권민주, 선거민주 등 여러 가지 형식과 더 많은 개인의 자유 · 민주와 집중은 날로 균형을 찾아가고 있다. 민주와 집중은 절대로 서로 대립되는 것이 아니며, 유기적으로 통일되는 집중은 일정 정도에서 분권과 자유를 보장하는 것이다. 이는 중국이라는 거대한 국가가 성공할 수 있는 요소이다. 사실 신격화된 "자유주의 민주"의 민주 뒤에 권위적인 의지가 없다면 어찌 결책을 완성할 수 있겠는가? 결책이 불가능하고 통제 불가능한 '민주정부'를 바랄 가치가 있는가?

만약 자유주의 민주가 개발도상국에서 '무효한 민주' 혹은 '무효한 거버넌스'를 초래했다면, 모두 알고 있는 바와 같이 민주집중제의 거버넌스는 성과를 거두었다고 할 수 있으며, 거버넌스가 없는 민주는 추구할 가치가 없다는 것을 알 수 있을 것이다. 비교를 통해 민주집중제는 "민주참여-정부응답-책임정치" 3가지 요소로 구성된 민주형식인 정치과정에서 "거버넌스가 가능한 민주"임을 알 수 있다.

2049년에 이르러 "인민민주-민주집중제-거버넌스가 가능한 민주"로 구성된 중국정치 방안은 인류를 위해 어떤 공헌을 해줄 수 있는가? 우리는 긍정적인 결과일 것이라 믿으며 기대하고 있는 것이다.

제4장
글로벌 거버넌스 과정에서 중국의 역할:
참여자, 건설자, 인솔자

글로벌 문제가 날이 갈수록 두드러지고 복잡해지는 지금, 글로벌 거버넌스의 중요성과 필요성도 날로 부각되고 있다. 항상 고의적으로 개념을 모호하게 정의하고, 기타 특징들만 분석하던 정치학계와 국제관계학계의 관례와 마찬가지로, 국제관계 학계는 글로벌 거버넌스의 정확한 정의에 광범위하고 공동인식을 이끌어내지 못하고 글로벌 거버넌스의 특징을 묘사하기만 한다. 하지만 우리는 글로벌 거버넌스를 간단히 "국제사회의 각종 행위주체가 일정한 국제 협력제도를 통해 글로벌 문제의 실천 활동을 공동으로 관리하고 통제하고 해결하는 것"이라고 한다. 이로부터 글로벌 거버넌스는 대부분 국제 협력제도를 통해 실현할 수 있음을 알 수 있다. 그렇기 때문에 한 가지 국제행위의 주체가 글로벌 거버넌스 과정의 역할 · 위치 · 작용을 분석하고 평가하려면, 국제제도에서의 신분부터 분석하여 상대적으로 정확한 결론을 내려야 한다. 이 논리에 근거하여 우리는 상대적으로 간단하게 글로벌 거버넌스 과정에서 중국의 신분 · 지위 · 작용을 분석할 수 있다.

1. 국제제도에서의 국제행위 주체의 신분

Robert O. Keohane과 Joseph S. Nye는 『권력과 상호의존(Power and Interdependence)』에서 상호의존과 권력구조의 관계를 분석하고 결론을 내린 것과 마찬가지로, 국제제도는 일정한 권력구조와 관련되며 서로 영향을 미친다. 행위주체의 종합실력이 다르기에 국제제도에서의 신분도 다르며, 부담하고 책임지고 역할하는 것에도 큰 차이가 있다. 일반적으로 볼 때 국제제도에서 지위와 작용이 다름에 따라 국제제도에서 행위주체의 신분은 대체로 세 가지 유형으로 나눌 수 있다.

1) 참여자

참여자는 일반적으로 중도에 국제제도에 참가했거나 상대적으로 약소한 국제행위 주체를 말한다. 이들은 원래 국제제도의 회원이 아니며, 현존의 국제제도에 의심을 품고 있거나 반대하는 태도를 보였으나 객관 형세의 핍박과 주관적 가치 판단에 의해 입장의 변화나 태도의 변화가 일어나 국제제도에 가입한 국제행위의 주체이다. 참여한 시간이 길지 않고 융합 정도가 깊지 않고 종합실력이 상대적으로 약하기에 국제제도에서 발언권이 거의 없다. 이들은 객관적으로 국제제도의 혜택을 받지 못했고, 주관적으로는 국제제도에 여전히 의심을 품고 있으면서 관망세를 가지고 있기에 주동성과 적극성이 부족하다. 때문에 국제제도에 대한 국제 책임감도 적으며, 국제제도에 대한 공헌도 상대적으로 적다. 이들은 대부분 국제제도의 참여자, 추종자, 수행자 심지어 "무임승차(freerider)자"의 역할을 하고 있다.

2) 건설자

건설자는 국제제도에서 적극적인 작용을 하는 국제행위의 주체를 말한다. 이들은 국제제도에 참여한 시간이 어느 정도 되며, 객관적으로 국제제도의 실질적인 혜택을 받았고, 종합능력도 어느 정도 발전한 상태이며, 국제제도에서 일정한 발언권이 있다. 이들은 주관적으로 의심, 관망하는 세력이 아닌 국제제도에 융합되어 더욱 큰 국제적 책임을 거절하지 않으며 큰 공헌을 하고 있다. 하지만 현존의 국제제도는 주로 인솔자의 이익을 고려하고 기타 참여자들의 이익을 별로 고려하지 않았기에, 협력자 간의 평등한 대화와 협상을 위한 협력을 진정으로 실현할 수가 없다. 따라서 이들은 현존의 국제제도와 국제질서에 대해 별로 만족해하지 않고 있다. 따라서 이들은 불합리한 낡은 국제질서를 개혁하고 조정하기를 바라는 마음을 가지고 있다. 하지만 이들은 자신의 기여도, 지위와 상응하는 책임과 공헌만 책임지려 한다. 이들은 실질적으로 이익과 관련된 국제제도의 개혁자이며 공동 건설자이다.

3) 인솔자

인솔자는 국제제도에서 주도적인 작용을 하는 국제행위의 주체를 말한다. 이들은 현존하는 국제제도의 창설자와 영도자이며, 종합실력은 세계의 슈퍼 대국들이다. 이들이 창설한 국제제도는 처음에는 국제제도를 통해 글로벌 협력을 이끌어 글로벌 문제를 관리하고 통제하여 자신의 이익에 유리한 대다수 국제행위 주체가 받아들이는 방식과 방향으로 흐르게 하려고 한다. 객관적으로 이들은 국제제도의 최대 수혜자이며 주관적으로는 현존하는 국제제도와 국제질서의 굳건한 옹호자이다. 동시에 새로 나타난 국제제도를 면밀하고 신중하게 대하고 있다. 이들은 국제제도의 구축자이며 주도자이며 인솔자이다.

　비록 상술한 세 가지 국제제도의 협력자로서의 신분 속성(屬性), 종합실력, 실제이익의 획득, 협력의향과 책임 작용 등 여러 방면에는 선명한 차이와 구분이 있다. 하지만 이들의 관계는 서로 연결되며, 상호 전환될 수 있기에 서로 고립적이고 고정불변한 단일한 관계가 아니다.

　우선 참여자 · 건설자 · 인솔자는 공동으로 국제제도를 형성한다. 권력구조의 영향 때문에 각 국제제도는 모두 같은 참여자 혹은 건설자 · 인솔자로 구성된 것은 아니다. 지금 세계에 존재하는 어떠한 국제제도든 참여자 · 건설자 · 인솔자 등 세 가지 신분을 가진 협력자로 구성되어 있기에, 이 삼자 간에는 서로 보완하며 대립 통일되는 연합체이다.

　다음은 참여자 · 건설자 · 인솔자 간의 신분은 서로 변화가 가능하다. 신분 · 실력 · 의도와 책임 등의 변화작용으로 인해 삼자간의 신분 속성도 서로 변화한다. 참여자가 일정하게 발전하면 건설자로 전환되며, 심지어 인솔자가 될 수도 있다. 인솔자는 국제제도에서 건설자 · 참여자 심지어 새로운 국제제도의 참여자가 될 수 있다.

　마지막은 참여자 · 건설자 · 인솔자 세 가지 신분 중 2가지 혹은 3가지 신분 속성을 가지고 있는 주체들이 있다. 국제행위의 주체는 동일한 국제제도에서 참여자이고 건설자이며, 건설자이면서도 인솔자, 심지어 세 가지 신분을 모두 가지고 있는 경우도 있다. 물론 다른 신분 간에는 과도하는 지역이 있다. 다른 국제제도 하에서 국제행위의 주체는 이 국제제도에서 참여자 혹은 건설자이고, 다른 국제제도에서는 인솔자일 수도 있다. 글로벌 거버넌스는 일련의 국제제도를 통해 실현하기 때문에 동일한 국제행위의 주체는 여러 가지 신분을 가지고 있으며 서로 보충하고 있다.

2. 국제제도에 참여하는 중국의 실천 및 신분 변화

글러벌 거버넌스와 마찬가지로 이론과 개념으로서의 국제제도는 1970~80년대에 이르러 나타나기 시작했다. 하지만 실천 활동은 적어도 19세기 중·후엽에 나타나기 시작했다. 1965년에 성립된 국제전신(電信)연맹, 1974년에 성립된 우정(郵政)총연맹과 같은 기술적 국제조직은 국제제도를 통해 전문기술 분야의 글로벌 문제를 조정하고 관리하는 인류사회 최초의 실천 활동이었다. 제2차 세계대전 이후 유엔 및 기타 여러 정부 사이에 국제조직이 성립되면서 국제제도의 실천 활동도 빠른 발전을 가져왔다. 새 중국이 국제제도와 글로벌 거버넌스 활동에 참여한 과정을 살펴보면 대략 다음과 같은 세 가지 역사단계로 나누어진다.

1) 주요 국제제도의 외부인(1949~1971년)

1949년 중화인민공화국이 성립한 후, 미국과 소련의 냉전으로 세계는 미국을 위주로 한 서방그룹과 소련을 위주로 한 동방그룹으로 나뉘어졌다. 중국은 동방그룹에 속해 있고, 유엔 및 기타 정부 간의 국제 서열에서 국민당 정권의 타이완 뒤에 놓여, 새 중국은 모든 글로벌이나 지역 국제제도에서 배제되었다. 중국은 동방그룹이 만든 상대적으로 협소한 지역의 국제제도에서 자신의 역할을 하고 있다. 비록 스탈린이 1950년대에 국제는 서로 평행하는 사회주의와 자본주의로 나눠진다고 했다. 하지만 회원국의 수량이나 의제의 범위, 실제 기능과 거버넌스 효과 등 여러 방면에서 동방 사회주의의 국제제도는 서방의 자본주의 국제제도와 비교할 바가 안 되었다. 1960년대 초 중국과 소련의 관계가 파열되면서 동방사회주의 국제체계는 유명무

실해졌다. 1971년 이전까지 중국은 세계 주요 국제제도의 외부인이었고, 소극적인 방관자였으며, 심지어 반대자였다.

2) 글로벌 국제제도의 참여자 (1971년~2000년)

1971년 중국이 유엔총회에서 유엔에서의 합법적 지위를 회복하고, 중국과 미국, 유럽, 일본 등 주요 서방국가와의 관계가 전면적으로 정상화되면서 중국은 세계 주요 국제제도에 정식으로 참여하기 시작했다. 세계에서 제일 큰 정부 간 국제조직인 유엔은 세계평화를 유지하고 인류발전의 촉진을 주요 취지로 했다. 평화와 발전은 지금 세계에서 제일 중대한 글로벌적인 문제이기에, 유엔은 글로벌 거버넌스 과정에서 제일 중요한 국제조직이며, 중국은 유엔 체제의 국제제도를 통해 점차 신중하게 글로벌 거버넌스 과정에 참여하였다. 하지만 당시 중국 국내의 "문화대혁명"이 아직 끝나지 않은 시기였기에 전쟁과 혁명의 시선으로 전반적인 세계의 형세를 판단하고 있었기에 국제제도를 의심하고 부정하는 태도를 보였다. 때문에 중국은 국제제도에 피동적으로 적응할 뿐이었다. 이런 상황이 변화하기 시작한 것은 1978년 연말에 진행된 중국공산당 제11기 3차 전체회의 이후부터였다. 이 회의에서 국제형세는 전쟁과 혁명이 아닌 평화와 발전이라고 여겨 개혁개방을 국가 전략으로 확정했다. 이렇게 중국은 주도적으로 적극적으로 국제사무와 글로벌 거버넌스에 참여하기 시작했다. 세계은행, 국제통화기금, 관세무역일반협정(GATT) 및 이후의 세계무역기구 회원국의 지위가 회복되면서 중국은 점차 국제제도의 주요 참여자가 되었다.

3) 참여자에서 개설자와 인솔자로 (2001년 이후)

적극적이고 주도적으로 국제제도에 참여하면서 중국은 국제제도에서 더욱 확고한 이익을 얻고 있다. 20세기 말에 국민소득의 두 배 성장을 앞당겨 실현하면서 경제실력과 종합국력도 급속히 성장했다. 이런 발전은 중국을 주도적이고 적극적인 마음으로 국제제도에 참여하게 하고 있다. 이는 두 가지 방면에서 표현되었다. 첫째, 현존하는 국제제도에서 날로 큰 역할을 하고 있다는 점이다. 중국이 감당하는 유엔의 일상비용과 평화유지비용의 비율은 날로 증가하고 있다. 중국은 국제연합 안전보장이사회에서 시리아, 리비아, 이란과 조선의 문제해결을 위해 적극적인 작용을 했으며, 국제통화기금과 세계은행의 주식 증자에 참여했으며, 12개국 집단에서 더욱 적극적인 역할을 하고, 글로벌기후 담판에서 건설자와 개혁자로서의 작용을 하고 있다. 둘째, 새로운 국제제도의 창설은 기존 국제제도의 부족한 부분을 보충해주며, 전체적으로 국제제도의 시스템을 보충하고 보완해준다. 중국의 제의 하에 성립된 조직으로는 상하이협력기구, 브릭스 국가은행, 아시아교류 및 신뢰구축회의(CICA), 중국과 동유럽국간의 "16+1" 협력 형식, 아시아 기초시설투자은행, '일대일로' 전략 프레임 등이 있다. 이상의 사실은 새로운 세기 첫 50년에는 국제제도 참여자 역할을 하던 중국이 제도의 개설자와 개혁자로 변화되었고, 새로운 제도의 개설자와 참여자가 되고 있음을 알려준다.

　중국이 국제제도와 글로벌 거버넌스 실천에 참여하면서 국제제도와 글로벌 거버넌스 과정의 신분도 거대한 변화를 가져왔는데, 국제협력에서 소극적인 방관자였던 중국은 점차 적극적인 참여자로, 피동적으로 적응되던 상황에서 주도적인 개입자가 되었다. 적은 책임을 지고 무임승차하던 중국은 책임을 지는 건설자 · 개혁자 · 행위자가 되어 장기간 낡은 제도의 피해자 · 반대자로부터 형성되고 있는 새로운 국제제도의 건설자와 인솔자가 되었다.

3. 중국은 어떻게 국제제도에서 작용을 발휘하고 있는가?

앞에서 서술한 바와 같이 다른 시기의 중국 국내의 환경변화 및 자신의 실력과 주관적 의향의 변화로 인해 국제제도에서 중국의 신분·지위·작용에도 변화가 일어났다. 또한 다른 국제제도에서 중국의 신분·지위·작용도 서로 달라졌다. 그렇다면 여러 가지 다른 국제제도에서 중국은 응당 어떤 신분·지위·작용을 해야 하는가?

지금 세계에 현존하는 국제제도와 이미 나타난 국제제도는 대략 전통형·수정형·혁신형 세 가지 유형으로 나눌 수 있다.

1) 전통형

소위 말하는 전통형 국제제도는 주로 냉전시기에 전통적인 패권국가가 국제정치경제의 낡은 질서의 기초 하에서 건립한 국제제도를 말한다. 예를 들면 제2차 세계대전 후에 건립된 유엔체제, 세계은행, 국제통화기금, 서방 7개국 집단 및 기타 세계적이거나 지역적 국제제도 등이 있다. 이런 제도의 기본 규칙은 전통적인 슈퍼대국들, 특히 주로 미국의 주도하에 설계되고 조직되고 실행되었다. 이런 국제제도는 거의가 전통대국의 이익을 도모했기에 모든 참여자들의 평등한 대화와 협력 및 협상을 실현하지 못했다. 때문에 관리·통제·해결·평화·발전의 글로벌적인 문제가 나타났을 때 대국의 정치상황에 따라 결정되는 국한성이 있었다. 비록 이런 유형의 국제제도는 지금의 글로벌 거버넌스에서 여전히 중요한 작용을 하고 있지만, 구조 조정과 규칙 수정이라는 큰 압력을 받고 있다.

2) 수정형

수정형 국제제도를 개량형 국제제도라고 하는데, 주로 1990년대 냉전이 끝난 후에 새로 나타난 국제 협력제도와 적당한 개혁과 조정을 거친 기존의 국제제도를 말한다. 예를 들면 G20, 아시아태평양 경제협력조직, 아시아·유럽정상회의, 동남아시아 국가연합 '10+3'체제 및 세계무역기구 등 세계적이고 지역적인 국제조직이 있다. 수정형 국제제도라고 함은 이런 유형의 국제제도가 불평등한 국제정치의 낡은 질서에 대한 개혁을 요구하는 목소리가 높아지는 상황에서, 일부 전통대국의 우위적 지위와 특수 이익을 보존하면서 광대한 신흥 개발도상의 대국과 중소국가들이 참여하게 되면서 대국정치의 색채가 희미해진 평등협상의 기능이 다분해 졌기 때문이다. 이런 유형의 국제제도는 지금 글로벌 거버넌스를 새롭게 형성하는 역량이 되어 중요한 작용을 발휘하고 있다.

3) 혁신형

혁신형 국제제도는 기본적으로 21세기 이후에 나타난 새로운 국제제도를 말한다. 예를 들면 앞에서 언급했던 상하이협력기구, 브릭스국가은행, 아시아교류 및 신뢰구축회의, 중국과 동유럽국가의 '16+1' 협력형식, '일대일로' 전략 프레임 등이 혁신형 국제제도이다. 이런 유형의 국제제도는 주로 신흥 개발도상국의 건의 하에 만들어졌으며, 이들은 이 과정에서 인솔 작용을 하고 있다. 혁신형 국제제도라고 불리는 것은 이런 유형의 국제제도는 대국정치의 속성과 낡은 질서가 기초로 되어 실행되는 전통 국제제도와는 완전히 다르게 신흥 개발도상국 대국이 평화와 발전의 글로벌 분제(分際, 법률의 규정에 따라 주어지는 특별한 지위의 한계 – 역자 주) 분야에서 자신의 이익을 보호하기 위해 건립하고 창설한 새로운 국제제도이기 때문이다. 이런 유형의 국제제도는 기존의 국제제도가 아직 규정하지 않은 분야에서 창설된 것으로 기존의 국제제도와 국제질서를 위협하지 않으며, 모든 회원들은 평등하게 협상하고 서로 윈-윈하는 원칙을 준수한다. 현재 이런 유형의 국제제도는 이미 많이 나타났으며, 이후에는 더욱 많이 나타날 것이다. 이런 유형의 국제제도는 글로벌 거버넌스 과정에서 더욱 큰 작용을 할 것이다.

상술한 세 가지 국제제도에서 중국은 응당 다른 국제제도에서 다른 자신의 신분을 명확히 해야 하며, 자신의 신분에 따라 자신의 이익목표를 제정하며 이에 상응하는 책임을 지고 그에 따른 응당한 작용을 해야 한다.

먼저 전통형 국제제도에서 중국은 여전히 참여자 및 건설자 두 가지 신분을 가지고 있다. 이런 유형의 국제제도에서 전통 대국은 그들의 영도지위를 쉽게 양도하지 않을 것이며, 그들이 제정한 규칙과 기득의 이익을 보호하기 위해 전력을 다할 것이다. 하지만 중국도 더욱 큰 이익을 얻기 위해 적극 노력할 것이다. 그렇기 때문에 우리는 응당 호리공영(互利共贏, 상호 이익과 공동번영 – 역자 주)을 주요 취지로 하는 협력원칙을 쉽게 부정하지 말아야 하며, 과도하게 현존의 제도와 질서에 도전하지 말아야 하기에, 기존의 국제제도 프레임 안에서 적극적으로 자신의 실력에 부합되는 역할을 해야 한다.

다음으로 수정형 국제제도에서 중국의 신분은 참여자 · 건설자 · 개혁자의 신분으로 다중의 역할을 하고 있다. 이런 유형의 국제제도는 낡은 국제질서를 조정한 것으로 평등 협상의 기회가 크게 증가되어 중국의 지위와 작용도 크게 증가했다. 하지만 이런 국제제도에서 단기간 내에 인솔자나 주도자의 역할을 할 가능성이 크지 않기에 조급해 할 필요는 없다. 우리는 응당 참여자와 건설자의 신분을 병행하여 가능한 상황에서 낡은 질서의 개혁자가 되어 주도적이고 적극적으로 그에 상응하는 작용을 해야 한다.

마지막으로 혁신형 국제제도에서 중국은 건설자 · 개혁자와 인솔자의 다중 신분을 가지고 있다. 이런 국제제도는 중국 및 기타 개발도상국의 선도 하에 성립된 것이기에 중국은 응당 주도와 인도의 작용을 해야 한다. 물론 혁신형 국제제도는 기존의 국제제도와 달리 공동협상, 공동건설, 공동향유의 원칙으로 만들어 진 것이기에 새로운 국제질서의 탄생을 촉진시킨다. 따라서 중국은 기존의 국제제도 하에서 대국 정치의 경향을 피하고 공동으로 새로운 제도를 건설하기 위해 적극적으로 노력해야 한다. 총체적으로 중국은 국제제도에 참여하고 건설하며 인도하면서 글로벌 거버넌스에 참여할 때, 아래의 몇 가지를 주의해야 한다.

첫째, 국제제도에 참여하는 것은 기존의 국제질서에 도전하고 전복시키고 저항하기 위한 것이 아니라, 더욱 나은 협력을 위해서라는 것을 기억해야 한다. 새로운 국제제도를 만드는 것도 기존의 국제제도시스템을 종결시키고 대체하기 위함이 아니라, 전반적인 면에서 국제 협력제도시스템을 보충하고 보완하기 위함이라는 것을 명시해야 한다. 둘째, 응당 면밀하고 신중하게 그리로 적절하게 국제제도에서의 신분 변화를 완성해야 한다. 참여자에서 건설자와 인솔자로의 신분변화는 서두르지 말아야 하며, 소위 국제제도의 인솔자가 되기 위한 경쟁을 하지 말아야 한다. 비교적 긴 시기에 중국이 각종 신분을 겸하는 것이 더욱 유리하다. 셋째, 가능한 상황에서 국제제도의 규칙 제정과 국제질서의 합리적인 개혁을 위해 최선을 다해 적극적인 역할을 해야 한다. 수정형 국제제도에서 더욱 큰 발언권을 쟁취하고 혁신형 국제제도에서 인도자의 작용을 잘 발휘해야 한다.

　중국의 국가주석 시진핑은 2015년 9월 28일 제70차 유엔총회 일반 토론에서 이렇게 발언 했다. "중국은 시종일관 국제질서의 수호자가 되어 협력발전의 길을 견지할 것이다. 중국은 유엔헌장에 첫 사인을 한 국가이며, 계속해서 유엔헌장의 취지와 원칙을 핵심으로 한 국제질서와 국제시스템을 준수할 것이다." 같은 해 10월 12일 제18기 중앙정치국 제27차 집체학습에서는 이렇게 말했다. "글로벌 거버넌스를 강화하고, 글로벌 거버넌스 시스템 변혁을 추진하는 것이 발전 추세이다." 이렇게 국제제도와 글로벌 거버넌스에서 더욱 훌륭한 작용을 위한 방향을 명시했다. 우리는 우리의 전력이 정확하고 방향이 명확하며 조치가 강력하고 대응이 합당하다면, 국제제도와 글로벌 거버넌스에서 중국은 날로 큰 작용을 할 것이며, 인류의 평화발전 사업에 더욱 큰 공헌을 할 것이라 믿어 의심치 않는다.

제2편: 실천편

제5장
글로벌 거버넌스에 대한 중국의 탐색 1:
인류공동의 가치관 - 인류공동의 정신 안식처 건립을 위한 최대공약수

지구는 하나뿐이다. 지구상의 모든 나라는 하나의 지구에서 함께 살고 있다. 같은 세계에서 우리는 같은 꿈을 가지고 있다. 인류사회의 역사는 폐쇄, 반 폐쇄에서 반 개방, 전면 개방으로 변화되는 역사이며, 지역적으로부터 전 세계적으로 발전하는 역사이다.

지금 세계의 여러 나라들은 서로 연계되어 있으며, 상호 의존도는 예전보다 높아져 인류는 지구촌에서 생활하는 주민이 되었다. 역사와 현실은 같은 시공에서 만나 "너 안에 내가 있고, 내 안에 네가 있는 상황"이 되어 인류는 하나의 운명공동체가 되었다. 이 운명공동체는 각국 인민들 모두의 집이기에 견고한 운명공동체 의식을 가지고 인류공동의 가치관을 따라야 한다.

1. 인류의 공동가치관은 인류운명공동체의 영혼이다.

'공동체(Community)'는 "사람들이 동일한 조건에서 결성된 집체"를 말한다. 공동체는 오랜 역사를 가지고 있는데, 제일 빠른 것은 고대 도시국가 시대에서 찾을 수 있다. 1887년 독일 사회학가 Ferdinand Tönnies는 『공동체와 사회』에서 처음으로 '공동체'라는 개념을 사용했으며, 공동체는 여러 분야에서 이익공동체, 경제공동체, 정치공동체, 지역공동체 등이 나타났다. 신세기에 들어선 후 중국은 인류의 운명공동체 문제를 주의하기 시작했다. 2004년 중국은 발전이 난관에 처했을 때, 응당 문제해결을 하려면 주변 국가들과 '이익 교차점'을 찾아 이이 공동체적 시각으로 해결해야 한다고 했다. 2011년에 발표한 『중국의 평화발전』 백서에서는 이렇게 적었다. "다른 제도, 다른 유형, 다른 발전단계의 국가는 서로 의존하며, 이익 융합으로 '너에게 내가 있고, 나에게 네가 있는' 운명공동체를 형성하고 있다. 인류는 더이상의 세계대전을 감당하기 어렵다.

대국 간의 충돌은 양측 모두에게 큰 피해를 주게 된다." "국제사회는 응당 국제관계의 낡은 '제로섬 경쟁'에서 벗어나 위험한 냉전을 넘어 인류를 대항과 전쟁으로 몰아넣은 전쟁 사유에서 해방되어야 한다. 운명공동체의 새로운 시각으로 깊이 곤경을 이겨내야 하며, 협력하여 윈-윈 하는 새로운 이념으로 다원적 문명교류와 상호 학습의 새로운 국면을 모색하고, 인류공동의 이익과 공동 가치의 새로운 의미를 탐색하고, 각국이 협력하여 다양한 도전에 대응하며, 상호 포용발전의 새로운 길을 실현해야 한다."[78] 2012년 당의 제18기 대표대회 보고에서 다시 한 번 '인류운명공동체' 인식을 강조했다. 그 후 '인류운명공동체'는 중국 외교 용어시스템에서 자주 나타나는 단어가 되었으며, 중국의 대외정책의 핵심 이념의 하나가 되었다.

78) "国务院新闻办公室. 中国的和平发展", 신화넷, 2011-09-06.

1) 인류운명공동체의 형성

인류는 대항해시대 이전의 세계는 자아 봉쇄의 자급자족 상태에 있었다. 대항해시대에 이르러 나타난 자본주의시대는 인류역사가 단일민족의 역사에서부터 세계역사로 변화토록 했다. "자산계급이 세계시장을 개척하기 시작하면서 모든 나라의 생산과 소비는 세계적인 생산과 소비로 되었다. …… 자산계급은 생산도구를 신속하게 개량하였으며, 교통이 매우 편리해지면서 모든 민족, 심지어 제일 미개한 민족도 문명에 발을 들여 놓았다."[79] 오늘날 세계의 다극화, 경제의 글로벌화, 문화의 다양화, 사회의 정보화 등 종합적 작용 하에서 상품 · 정보 · 인재는 글로벌 범위에서 빠른 속도로 유동하고 있다. 또한 세계의 크고 작은 모든 나라들은 발전 정도와 경제수준에 관계없이 글로벌화에 참여하며, 이익이 교차되고 안위를 함께하는 운명공동체를 형성하였다. 이 공동체 중에서 모든 회원들은 자신의 이익을 실현하면서 타국의 이익도 합리화시켜야 할 뿐만 아니라, 모든 회원들의 공동발전을 최종 목표로 하고 있다. 인류가 하나의 운명공동체를 형성하게된 것은 아래 몇 가지 특점에 의해서 결정된 것이다.

첫째는 인류생존의 의존성이다. 자연환경으로부터 볼 때 남북극, 심해 등 지역, 심지어 넓은 우주와 같은 전 세계의 자연환경은 모두가 "세계 공공구역"이다. 한 나라의 범위에서 일어난 영향은 여러 관련 국가에 영향을 미치게 된다. 특히 생태환경이 날로 악화되는 지금 이런 영향은 더욱 뚜렷하고, 더욱 큰 파괴력을 가지고 있다. 예를 들면 온실가스 배출에 빙하는 녹아내리고, 해수면의 상승과 함께 일부 섬나라는 50년 이후에 사라지게 될 가능

---

79) 马克思, 恩格斯.「共产党宣言」, 马克思, 恩格斯.『马克思恩格斯选集』, 제1권. 북경, 인민출판사, 1972, 254~255쪽.

성이 있게 되었다.

생존조건으로부터 볼 때 인류의 상호 의존도는 날로 높아지고 있고, 그 유동은 날로 빈번해지며 한 나라의 범위에서 발생한 문제가 세계에 미치는 영향력은 날로 커지고 있다. 새 세기 초 미국의 '9·11 테러 사건'과 이후 세계 각 지역에서 일어난 테러는 전 세계 반테러운동에 큰 압력을 가져다주었고, 서아프리카에서 발생한 에볼라 바이러스에 대해 세계는 높은 관심을 보였으며, 미국에서 시작된 금융위기는 세계경제의 쇠퇴를 초래했고, 지금 유럽의 난민위기는 세계적 범위에서 확산되고 있다. 알 수 있는 것처럼 생존을 위해 서로 의존하는 전 세계는 어느 한쪽이 흔들려도 전체가 흔들리는 입체적인 그물과 같다.

정치적으로 볼 때 인류운명공동체는 반파시즘전쟁의 직접적인 산물이다. 20세기에 일어난 두 차례의 세계대전 및 그 후에도 부단히 일어난 지역전쟁을 통해 평화의 소중함과 평화를 갈망하고 정상적인 세계질서를 요구하는 사람들의 소망을 알게 되었다. 세계대전이라는 인간의 비극을 거친 사람들은 2차 세계대전 이후에야 공동으로 협상하는 기구인 유엔을 창설하기 시작했으며, 이 기구를 통해 평과공존의 원칙인 『유엔헌장』을 제정했다. 바꾸어 말하면 전쟁은 세계 인민들을 단결시켰다. 전쟁을 거쳐 운명을 함께 하면서 사람들은 운명공동체의 필요성을 알게 되었고, 운명공동체는 기본 모양을 가지게 했다.

둘째는 인류 이익에서의 교호성(交互性, 공동으로 미치는 효과 – 역자 주)이다. 경제 글로벌화는 경제의 일체화를 촉진시켜 인류운명공동체의 제일 큰 세력의 하나가 되었다. "경제 글로벌화는 대략 3가지 단계를 거쳤다. 첫 번째 단계는 식민지 확장과 세계 시장형성의 단계이다. 서방국가가 교묘한 방

법으로 재물을 빼앗고, 강권으로 점령하며, 식민지를 확장하는 단계로, 제1
차 세계대전 이전에 세계를 분할하여 세계 각 지역의 여러 민족들은 자본주
의 세계시스템에 합류시켰다. 두 번째 단계는 평행 시장경제의 단계이다. 제
2차 세계대전이 끝난 후 사회주의 국가들이 나타났으며, 식민지 · 반식민지
국가들도 연이어 독립했기 때문에 세계는 사회주의와 자본주의 두 개 진영
으로 나뉘어졌을 뿐만 아니라, 경제적으로 두 개의 평행된 시장을 형성했다.
세 번째 단계는 경제 글로벌화 단계이다. 냉전이 끝나면서 두 진영의 대립도
사라졌고, 두 개 평행의 시장도 더는 존재하지 않게 되었다. 세계 각국의 의
존도는 대폭 늘어났고, 경제 글로벌화는 빠른 변화를 가져왔다."[80] 냉전이 끝
난 후 경제의 글로벌화, 지역의 일체화는 빠른 발전을 가져왔으며, 다른 국
가와 지역은 "너에게 내가 있고, 나에게 네가 있고, 한쪽이 이익을 얻으면 모
두 이득을 얻고, 한쪽이 손해를 보면 모두 손해를 보는 관계"가 형성되었다.
    "혼자 행하는 일은 성공하기 어렵고, 여럿이 모여서 시작하면 성공이 어렵
지 않다." 경제 글로벌화의 배경에서, 각 경제의 실체는 한쪽이 이익을 얻으
면 모두 이득을 얻고, 한쪽이 손해를 보면 모두 손해를 보는 관계가 되었다.
전 세계적으로 분업이 진행되고 있는 오늘 날 한 민족국가에서 나오는 원자
재와 노동력 요소의 국부적인 변화는 전체 산업사슬에 영향을 미치고 있다.
이런 상황에서 어떤 나라든 독단적으로 자신의 이익만 생각할 수 없기에 운
명공동체 의식을 가지고 협업 · 협력하여 호리공영((互利共贏, 상호 이익과 공
동 번영 역자 주)을 실현한다.
    셋째는 세계 범위에서 주체에 대한 동조화이다. 14세기의 문예부흥운동

---

80) 习近平. "在省部级主要领导干部学习贯彻党的十八届五中全会精神专题研讨班上的讲话". 『人
民日报』, 2016-05-10, 02面.

은 17세기 계몽운동으로 계속되었다. 이 운동은 10여 세기 동안 몽매하고 암흑에서 생활하던 사람들을 해방시켰다. 사람들은 개성을 가지고 사회성도 가지게 되었다. 사회성의 주도와 교통통신 수단의 발전은 각종 국제조직의 탄생을 촉진하는 촉매제 역할을 했다. 지금 국제행위의 주체는 주권국가 외에도 국제조직, 다국적 회사 등 비 국가행위의 실체가 있다. 사람들은 여러 사회조직의 회원이며, 다중 국적을 가지고 있을 수도 있으며, 다원적 신분과 역할을 가질 수도 있다. 더욱이 정보통신 기술의 급속한 발전으로 사람과 사람간의 연맹은 날로 밀접해 졌고, 왕래는 날로 빈번해졌다. 이와 동시에 기후의 변화, 식량의 안전, 에너지자원의 안전, 네트워크의 안전, 전염병, 중대한 자연재해 등이 날로 높아져 글로벌적인 문제도 급속하게 증가하고 있기 때문에, 글로벌 발전의 불균형은 악화되고 있으며, 패권주의 강권정치와 새로운 간섭주의가 많아지고 있다. 이러한 글로벌적인 문제는 어느 한국가 · 민족 · 국제조직 즉 국제사회의 단일 행위 주체로는 해결할 수가 없다. 따라서 반드시 여러 행위 주체의 연동이 필요한 것이다.

이런 원인 때문에 시진핑은 2013년 3월 23일 모스크바 국제관계학원에서 한 연설에서 이렇게 말했다. "지금 세계는 서로 연계되고 서로 의존하는 정도가 매우 높아지고 있다. 인류는 하나의 지구촌에서 생활하고 있으며, 생활은 역사와 현실에서 합류하여 같은 공간에 존재하고 있다. 인류는 네 안에 내가 있고, 내 안에 네가 있는 운명공동체가 되고 있다."[81]

2) 인류 공동가치관 추구의 필요성과 가능성

---

81) 习近平. "顺应时代前进潮流 促进世界和平发展: 在莫斯科国际关系学院的演讲." 『光明日報』, 2013-03-24, 02面.

인류에게 하나의 지구가 있다면 지구는 우리 공동의 생존하는 안식처이다. 그렇다면 인류 공동의 가치는 이 지구촌에 사는 모든 주민들이 공유해야 하는 정신적인 안식처이다. 인류의 공동가치는 인류의 생존과 발전의 기초이다. 마르크스의 견해에 따르면 인류의 역사는 자신이 창조한 것이지만, 자기 뜻대로 창조한 것이 아니라 기정의 조건에서 창조한 것이다. 마찬가지로 지금의 국제형세와 세계 패턴에서 인류 공동가치의 수요가 나타났다. 시진핑은 이렇게 지적했다. "세계의 패턴은 역사과정에서 빠른 속도로 변화되고 있다. 평화 · 발전 · 진보는 전쟁 · 빈곤 · 낙후의 열악한 환경을 이겨낼 수 있다. 세계의 다극화는 진일보 발전하여 신흥시장국가와 개발도상국의 흥기를 막을 수 없는 역사적인 추세에 있다. 경제의 글로벌화와 사회의 정보화는 사회의 생산력을 최대한도로 해방시키고 발전시켰다. 예전에 없던 발전 기회와 더불어 우리에게는 진지하게 해결해야 할 새로운 위협과 새로운 도전들도 나타났다."[82] 그렇기 때문에 지금 국제사회의 발전 추세는 전체적으로 괜찮다고는 하지만, 여러 가지 문제들이 나타나고 있다. 특히 비전통적인 안전문제가 많이 나타나고 있다.

세계 각국의 발전이 불균형하기 때문에 세계 각국의 국가제도와 의식형태의 다양화가 나타났고, 글로벌문화는 다원화의 특징을 가지고 있다. 각 국가의 대외교류도 국가의 핵심 이익을 중심으로 하고 있기에 각 주권국가의 이익이 불일치하다. 따라서 세계적인 문제 및 국제적 사건에 대응하는 과정에서 주권국가 · 지역 · 국제조직은 다른 태도와 처리방식을 취하게 된다. 이는 태도의 차이를 가지고 있는 한 쪽이 국제문제의 해결과정을 지연시키

---

82) 习近平. "携手构建合作共赢新伙伴同心打造人类命运共同体", 在第七十届联合国大会一般性辩论时的讲话. 『人民日报』, 2015-09-29, 02面.

고, 기타의 다른 국제분쟁을 초래하고 있다. 따라서 국제사회 행위의 주체는 냉전적 사유와 제로섬 경쟁의 사유를 버리고, 참여 주체가 광범위하게 인정하는 세계가 함께 양호한 발전을 할 목적으로 공동의식과 원칙을 유지해야 하는 것이다. 이러한 기초 위에서 일정한 규제력이 있는 처리시스템과 국제규범을 형성해야 하는데, 이런 규범이 바로 하나의 글로벌 가치관인 인류공동가치인 것이다. 사실 인류의 공동가치는 객관적으로 존재하고 있다. 유네스코의 보고에서는 이 점을 인정했다.

2006년에 발표한 유네스코의 『문화의 다양성과 인류의 전면적 발전 – 세계문화와 발전위원회 보고』에는 이런 내용이 있다. "수량이 많고 복잡한 문화는 다양성을 가지고 있지만 통일성도 존재한다."[83] 인류공동가치관의 출발점은 지금 세계에 여러 방면에서 차이가 많고, 다른 형식과 다른 정도의 충돌이 많지만, 이런 충돌을 초월한 인류의 입장으로부터 출발하여 다른 국가와 민족의 이익을 동시에 고려하고, 다양한 문화를 포용하는 인류공동의 가치도 있다는 점이다. 인류의 공동가치는 주로 평화공존의 수요, 각 문명에 보편적으로 존재하는 도덕규칙 및 국제사회에서의 법률·윤리·종교·전통 등 세 가지 근원이 있다. 인류의 공동가치는 역사에 대한 인류의 공동 사유를 가지고 있다. 각국의 인민들은 교류와 상호 관찰과정에서 일부 보편성을 가진 기본가치는 인증을 받게 된다. 이는 민족·국경·종족의 차이를 초월한 인증이다. 이런 인증은 인류 공동가치관의 사상적 기초가 된다.

이 외에도 마르크스는 이렇게 지적했다. "인민의 의식이 인민의 존재를 결

83) 联合国教科文组织, 世界文化与发展委员会. 「文化多样性与人类全面发展」, 『世界文化与发展委员会报告』. 张玉国, 역. 광주, 广东人民出版社, 2006년 2쪽.

정하는 것이 아니라 인민의 사회적 존재가 인민의 의식을 결정한다."[84] 철학적으로 볼 때 인류의 "유적 존재"는 필연 존재의 모종의 공동이익을 결정한다. 이런 공동이익은 대 생산과정 및 인류의 부단한 동질화 과정에서 날로 부각되고 있다. 앞에서 언급한 바와 같이 인류생존의 의존성으로 형성된 기본 공동이익과 이익의 교호성(交互性)에 의해 생산에서 형성된 공동이익과 주체의 동조화로 인한 발전의 공동이익은 인류 공동가치의 현실적인 기초이다. 이런 공동이익의 실현을 위해 나타난 것이 바로 인류의 공동가치이다. 그렇기 때문에 인류의 공동가치는 인류가 공동이익을 실현하는 과정에서 나타나는 것이며, 당대 문명의 기본가치관에 대한 종합적인 설명인 것이다.

2. 평화, 발전, 공평, 정의, 민주, 자유는 전 인류의 공동가치이다.

"인류의 운명공동체"가 중국외교의 주요 키워드가 되면서 공동체의 가치목표와 행위준칙의 인류공동가치도 이에 따라 나타났다. 2015년 9월 29일 중국의 국가주석 시진핑은 제70기 유엔총회 일반토론에서 「손을 잡고 협력하여 윈-윈 하는 새로운 파트너십을 구축하고, 한 마음으로 인류운명공동체를 형성하자」』는 제목으로 연설했다. 그는 연설에서 이렇게 말했다. "평화, 발전, 공평, 정의 민주, 자유는 전 인류의 공동가치이며, 유엔이 추구하는 제일 큰 목표이다."[85] 중국 지도자는 처음으로 상세하게 인류의 공동가치

---

84) 马克思. 「政治经济学批判序言」, 马克思, 恩格斯. 『马克思恩格斯选集』, 제2권. 북경, 인민출판사, 197년, 82쪽.
85) 习近平. 携手构建合作共赢新伙伴 同心打造人类命运共同体: 在第七十届联合国大会一般性辩论时的讲话. 『人民日報』, 2015-09-29, 02面.

관에 대해 설명했다.

서술의 범위와 중점에 의거하여 인류공동가치관은 세 가지 단계가 있다. 우선 먼저 인류 의 기본적인 생존의 수요를 만족시키는 '평화'와 '발전'이고, 다음은 사회의 건강한 성장에 필요한 '공평'과 '정의'이며, 마지막으로는 세계 정치의 질서적 발전 수요인 '민주'와 '자유'이다.

우선, '평화'와 '발전'은 지금 세계의 주제이며, 인류의 기본생존 수요를 만족시켜주고 있다.

'평화'는 인류공동가치의 기초이다. 이는 평화가 인류의 생존과 직접적인 관계가 있기 때문이다. "평화는 인민의 항구적인 소망이다. 평화는 공기와 햇빛과 같아 큰 혜택을 준다. 평화가 없다면 발전은 운운할 수가 없다."[86] 평화가 없다면 인류는 미래가 없다. 개혁개방 이후 중국 역대 당과 국가의 지도자들은 평화와 발전을 특별히 강조했으며, 당의 문헌에서도 평화와 발전은 자주 나타나는 용어들이다. 중국공산당은 이에 상응하는 평화와 발전을 촉진시키는 주장을 제기했다. 2013년 3월 시진핑은 브릭스국가 지도자 제5차 회담 전의 국내외 5개 매체 기자들의 연합 인터뷰에서, 중국은 확고부동하게 평화발전의 길을 견지할 것이라고 말했으며, 세계 각국에서도 평화발전의 길을 선택할 것을 희망한다고 하면서 세계평화와 발전을 위해 함께 노력하기를 희망했다. 7월 13일 그리스 대통령 Karolos Papoulias와의 회담에서 양국 정상은 "평화를 수호하는 것은 세계 각국 인민의 공동적 희망"이라고 했다. 같은 해 12월 시진핑 주석은 미국 부대통령 Joe Biden과의 회담에서 다시 한 번 강조했다. "중미는 세계평화의 안정을 수호하고, 인류의 발전

---

86) 习近平. 共同创造亚洲和世界的美好未来: 在아시아 보아오 포럼2013年年会上的主旨演讲. 『光明日報』, 2013-04-08, 01면.

진보를 촉진함에 있어서 공동의 책임이 있다."[87] 2014년 6월 28일 평화공존 5항 원칙 발표 60주년 기념대회 강화에서 시진핑은 이렇게 강조했다. "국가 간에 존재하는 의견 차이와 분쟁에 평화방식의 협상과 대화를 통해 해결하는 것을 견지해야 한다. …… 무력 사용을 즐기는 것은 강대한 표현이 아니며, 도의 결핍과 이념의 창백함의 표현이다."[88] 총체적으로 볼 때 중국의 외교활동은 시종 평화를 주제로 했으며, 중국의 평화는 선진국과 개발도상국 및 후진국가와의 왕래에서도 평화의 주제는 결여된 적이 없었다.

발전만이 진리이다. 만약 평화가 인류의 생존에 관계된다면, 발전은 인류 생존의 질과 관련되어 있다. 시진핑이 2015년 9월 27일 유엔발전 정상회담에서 말한 바와 같이 "오직 발전만이 충돌의 근본원인을 제거할 수 있으며, 오직 발전만이 인민의 기본 권리를 보장할 수 있으며, 오직 발전만이 아름다운 생활에 대한 간절한 동경을 만족시킬 수 있다."[89] 지금의 발전은 전쟁과 같은 정치보다 높은 의제들만 관련된 것이 아니라, 환경·기후·문화 등 정치보다 낮은 의제들과 관련되어 있다. 시진핑 주석은 유엔 연설에서 이렇게 말했다. "모두가 함께 발전하는 것이 진정한 발전이고, 지속가능한 발전만이 좋은 발전이다." 여기서 시 주석이 말한 발전의 성격은 포용·평등·지속가능한 발전을 말하며, 관련 분야는 경제·환경·문화 등이 포함된다. 시진핑은 평화공존 5항 원칙 발표 60주년 기념대회에서 아래와 같은 내용의 연설을 했다. "일부 국가는 날로 부유해지고, 일부 국가는 빈곤하고

---

87) 牢牢把握构建中美新型大国关系正确方向不动摇. 『人民日報』, 2013-12-05, 01면.

88) 习近平. 弘扬和平共处五项原则 建设合作共赢美好世界: 在和平共处五项原则发表60周年纪念大会上的讲话. 『光明日報』, 2014-06-29, 02面.

89) 习近平. 谋共同永续发展 做合作共赢伙伴: 在联合国发展峰会上的讲话. 『人民日報』, 2015-09-27, 02面.

낙후한 상황이 장기간 지속되고 있다. 이런 국면은 지속 가능하지 않은 것이다." 바꾸어 말하면 발전과정에서 어떤 국가도 뒤쳐져서는 안 되며, 모든 세계 공민들은 존엄 있는 삶을 살아야 한다. 아니면 세계는 퇴보하는 것이다. 이 외에도 시진핑은 유엔에서 이런 내용의 연설을 했다. "문명적으로 지내려면 화이부동(和而不同, 남과 사이좋게 지내기는 하나 무턱대고 한데 어울리지 않는 일 역자 주)의 정신이 필요하다. 다양성을 인정하면서 서로 존중하고 서로 참고하여 조화롭게 공존해야만 이 세계는 풍부하고 다채롭고 번창할 것이다. …… 인류문명을 촉진시켜 창조적인 발전을 실현하자." 이점은 문명 충돌이 많이 발생하는 오늘날 무엇보다도 중요하다. 포용발전은 대화로 충돌을 해결하고 교류로 배척을, 융합으로 전쟁을 대체하고 있다. 2014년 3월 27일 시진핑 주석은 유네스코 총부에서 발표한 연설에서 전적으로 사람들이 다른 문명을 대할 대 "하늘보다 넓은 마음"이 필요하다고 했다. 이는 다른 문명에서 지혜를 얻고 좋은 점을 배워 사람들에게 정신적 지주와 마음의 안위를 주어, 손을 잡고 함께 인류 공동의 각종 도전을 해결하려는 목적이다. 파리 기후대회에서 시진핑 주석은 지속가능한 발전은 미래지향적인 것으로 각국의 참여율을 높이고 협력을 이끌어 내어, 각국 인민의 빈곤을 해결하고 생활수준의 합리적인 요구를 제고시키면서 각국의 실제 능력에 따라 책임을 져야 한다고 했다. 이런 발전은 국가발전의 차이를 존중하는 것으로 시진핑 주석이 2016년 1월 16일 '아시아 기초시설 투자은행' 개업식에서 한 승낙과 부합된다. "중국은 시종 글로벌 발전의 공헌자의 자세로 호리공영의 개방 전략을 견지할 것이며, 여러 나라들에서 발전하는 중국이라는 차에 합승할 것을 환영한다."[90]

　다음은 '공평', '정의'인데 이는 세계 각국의 인민들이 국제관계에서 추구하는 숭고한 목표로 인류사회의 건강한 생존의 필요성을 반영한다.

　'공평'은 제로섬 겨룸을 버리고, 승자가 혼자 독식하려는 사유에서 벗어나 모두가 이익을 얻을 수 있는 것을 말한다. 시진핑 주석은 2014년 6월 28일 평화공존 5항 원칙 발표 60주년 기념대회에서 "모든 국가의 주권은 일률적으로 평등하며, 어떠한 국가든 국제사무를 독점하는 것을 반대한다"고 [91] '공평'의 핵심을 밝혔다. 또한 주권 · 안전 · 발전 등 여러 방면으로 공평의 구체적인 의미를 설명했으며 국가의 크고 작음, 빈부를 떠나 모두 국제사회의 존중을 받아야 하며, 국제사회 회원은 평등한 신분을 가지고 국제사무에 참여할 권리도 평등하다고 했다. "안전은 응당 보편화되어야 한다." 한 나라의 안전은 기타 나라의 안전을 대가로 하지 말아야 한다. 비전통적 안전 위협이 자주 발생하는 지금도 마찬가지다. 동시에 각국은 응당 무역보호주의, 위기를 떠넘기려는 의도와 수법을 버리고 발전성과가 세계 인민들에게 더 큰 혜택으로 돌아가는 것이 공평이기도하다. 간단히 말하면 공평은 자국의 이익을 세계이익의 프레임 안에서 예전에는 없던 이익의 교집합을 달성하는 것을 말한다.

　'정의'는 국제사무를 처리할 때 각 참여국의 이익과 책임을 조정하는 기본 원칙이다. 즉 개인의 사리와 자신의 발전이 아닌 도의를 중요시함을 말한다. 2014년 7월 4일 시진핑은 한국 국립서울대학교에서 연설을 할 때 "정확한

---

90) 习近平. "在亚洲基础设施投资银行开业仪式上的致辞",『光明日報』, 2016-01-17, 02面.

91) 习近平. "弘扬和平共处五项原则 建设合作共赢美好世界: 在和平共处五项原则发表60周年纪念大会上的讲话",『光明日報』, 2014-06-29, 02面.

이익관의 견지"를 언급하면서 국제협력에서 "우리는 이익을 중요시하지만 도의를 더욱 중요시 한다"고 말했다. 두 가지 관계를 적절하게 처리해야 하며, 시종 국제법과 국제왕래의 기본규칙을 준수해야 하며, 정의의 기초에서 평등하게 대해야 하며, 호리공영의 기초에서 멀리 보아야 한다. 이는 "오직 도의와 이익을 동시에 고려해야만 도의와 이익 모두를 얻을 수 있기 때문이다."[92] 같은 해 7월 15일 브라질 포르탈레자에서 진행된 브릭스국가 지도자 제6차 회담에서 시진핑은 "도의 호소력을 제고해야 한다. …… 정의를 구현하고 평등을 실천해야 한다."[93]고 강조했다. 이 외에도 시진핑은 중국-라틴 아메리카 공동체 포럼 제1기 부장급 회의 개막사에서 정의의 '의'는 "신의를 지키고, 인정을 중히 여기며, 정의를 발양하고, 도의를 수립하는 것"[94]이라고 다시 한 번 강조했다. 이웃 나라와의 왕래나 주변국가와의 협력, 혹은 멀리 떨어져 있는 개발도상국 간의 협력에서 중국의 외교활동은 정확한 의리관(义利观)을 따르는데, 이런 정확한 의리관은 협력하여 윈-윈하는 것을 핵심으로 하는 신형 국제관계의 기초를 구성하고 있다.

마지막으로 세계 정치질서의 건강하고 순차적 발전은 '민주'와 '자유'를 필요로 한다.

인류운명공동체의 본질은 '공동'을 통해 표현되는데, 공동으로 여러 나라가 공동으로 직면한 문제를 해결하는 것을 말한다. 이런 상황에서 합리적이

---

92) 习近平. "共创中韩合作未来, 同襄亚洲振兴繁荣: 在韩国立首尔大学的演讲", 『人民日报』, 2014-07-05, 02面.

93) 习近平. "新起点, 新愿景, 新动力: 在金砖国家领导人第六次会晤上的讲话", 『人民日报』, 2014-07-17, 02面.

94) 习近平. "共同谱写中拉全面合作伙伴关系新篇章: 在中国一拉共体论坛首届部长级会议开幕式上的致辞", 『人民日报』, 2015-01-09, 02面.

고 효과적인 해결방식은 매우 중요하다. 민주는 바로 인류공동의 문제를 해결하고, 인류가치의 최대공약수를 찾기 위한 중요한 수단이며, 평화적으로 국제분쟁을 해결하는 중요한 준칙의 하나이다. 시진핑은 여러 외교장소에서 국제관계의 민주화를 추진해야 하는 중요성을 제기했다. 특히 브릭스국가 지도자 회담에 참가한 자리에서 세 차례나 국제관계 민주화를 추진하기 위한 연설을 했다. 같은 개발도상국인 브릭스국가는 인류의 평화와 발전을 추진하기 위해 손을 잡았다. 그 목적은 중대한 국제문제에서 개발도상국은 어느 하나나 몇 개 국가의 의견이 아닌 같은 의견을 제기하기 위함이다. 이외에도 제재로 위협하거나 무력을 사용하는 것은 문제해결에 아무런 도움이 되지 않을 뿐만 아니라 모순을 격화시킬 수가 있다. 전체 국제환경이 안정하지 않는 오늘날 국제관계의 민주화를 통해야만 모든 국가들이 평화와 안정적인 사회환경을 가져올 수 있다. 2013년 3월 29일 시진핑은 콩고의회에서 한 연설에서, 다시 한 번 국제관계의 민주화는 인류문명의 진보를 추진하고, 세계의 평화와 안정을 보장하여 인류공동의 이익을 촉진해야 한다고 강조했다.

자유는 자신의 행위가 간섭을 받지 않는 것이 아니라, 평화와 독립의 기초하에서 형성된 적극적인 자유이다. 이런 자유는 모든 국가가 보편적인 발전을 향유할 수 있도록 하는 것이지, 기타 국가의 발전 심지어 생존을 대가로 하는 것이 아니다. 자유의 사상은 중국이 외교를 실천하는 과정에서 시종 일관되게 작용하는 것이며, 여러 영역에도 이런 자유의 사상이 있다. 경제적인 자유무역지대로부터 정치적인 평화공존에 이르기까지 자유는 모든 국가에서 양호한 상호작용을 위한 기초이다. 2015년 9월 27일 시진핑은 유엔발전 정상회담에서 이런 서로간의 발전 선택을 존중해야 한다는 내용의 연설을 했다. 자유는 포용과 존중을 포함하고 있다. 이는 세계 다양성의 객관적 사실을 중시하는 것을 의미하는 것이며, 특히 각국이 자신의 상황에 따라 자신의 사회지도와 발전의 길을 존중함을 의미한다. 바로 시진핑 주석이 반복적으로 "하늘도, 지구도, 세계도 각국 공동의 번영과 발전을 충분히 포용할 수 있다."[95]고 강조하는 것과 같은 것이다.

인류의 공동가치를 인정하는 것은 각 민족 자신의 특수가치를 부정하는 것이 아니다. 인류의 공동가치는 서로의 특수가치를 인정하는 기초 위에서 건립된 것으로, 상대성을 인정하며, 가치는 절대적이지 않으며, 영원히 변함이 없는 것이 아님을 인정한다. 1948년 12월 10일 유엔에서 통과한 『세계인권선언』은 이 선언에서, 서명한 나라들은 인권문제에 기본적으로 공동된 인식을 가지고 있지만, 서명국들이 같은 인식을 가지고 있다고 해서 자신의 생각이 없는 것은 아니다. 이런 기본적인 공동의식을 전제로 하고 기초로 하여 서로간의 다른 견해를 존중해야 하는 것이다.

3. 글로벌 거버넌스 발전과정에서 인류공동가치의 실천

지금의 세계는 태평스럽지 못하다. 테러습격과 국부전쟁은 여전히 전 세계적인 범위에서 끊임없이 일어나고 소수 대국은 여전히 자기 마음대로 행동하고 있으며, 반 글로벌화와 "글로벌화 제거" 운동은 여전히 상승세를 보이고 있다. 만약 이런 문제들을 방치한다면 세계는 위험한 방향으로 발전하게 된다. 이런 상황이 나타난 주요 원인의 하나가 바로 제2차 세계대전 이후

---

95) 习近平. "弘扬和平共处五项原则 建设合作共赢美好世界: 在和平共处五项原则发表60周年纪念大会上的讲话", 『光明日報』, 2014-06-29, 02面.

에 형성된 선진국이 주도적 작용을 하는 지금의 세계 패턴이다. 비록 개발도상국의 실력이 날로 강화되고 기여도가 날로 커지며 지위가 날로 높아진다고는 하지만, 국제 발언권은 실질적인 제고를 가져오지 못했다. 중국의 평화적 흥기와 함께 중국과 기타 국가 및 국제사회 간의 소통은 새로운 형세에서 조정될 필요가 있다. 국제사회 기타 회원들과 함께 협력하여 윈-윈하는 것을 핵심으로 하는 새로운 국제 관계를 형성해야만 하는 것이다.

1) 협력의 공영 · 공유와 평화발전

　신형 글로벌 거버넌스의 중요한 특점의 하나가 바로 여러 주체가 거버넌스에 참여한다는 점이다. 제일 큰 개발도상국인 중국은 글로벌 거버넌스 시스템의 주요 구성원이 되었다. 국제사회가 있었기에 중국의 발전이 있을 수 있었다. 그렇기 때문에 중국은 세계의 발전에 광범위한 공헌을 해야만 한다. 글로벌 거버넌스에 참여하여 신형 국제관계의 수립을 추진하는 과정에서 중국은 남남협력 추진에 힘썼고, 기타 개발도상국 특히 일부 발전이 늦은 국가들과 함께 평화를 유지하고 발전성과 공유를 위해 노력했다.

　'일대일로' 전략의 실크로드 정신이 바로 공동 진보에 대한 완벽한 해석이다. 2014년 6월 5일 시진핑은 중국-아랍국가연맹 협력 포럼 제6기 부장급 회의 개막식에서 "일대일로는 서로 윈-윈하는 길······"이며 "우리는 우리뿐만이 아니라 다른 사람들도 잘 살게 해야 한다."[96] 세상이 좋아져야만 여러 나라들은 더욱 좋은 발전을 가져올 수 있다. 아시아인프라투자은행의 건립은 우리나라와 주변국가가 협력하여 윈-윈하자는 약속에 대한 실천이다. 아시

---

96) 习近平. "弘扬丝路精神 深化中阿合作: 在中阿合作论坛第六届部长级会议开幕式上的讲话", 『人民日報』, 2014-06-06, 02面.

아인프라투자은행의 건립목적은 아시아지역 기초시설 건설의 수요를 만족시켜 아시아 각국이 깊이 있는 협력을 실현하기 위함이다.

개발도상국과 우호적인 파트너십, 양호한 소통, 적극적인 협력을 형성함과 동시에 중국은 중요한 전략 파트너들과의 신형 대국관계도 발전시켜 세계에 본보기를 보여주었다. 중국과 러시아 양국은 서로 제일 중요한 전략 협력 파트너 관계다. 중·러 양측은 양측의 핵심적인 이익문제에서 서로 지지하며 지역의 안정을 위해 중요한 작용을 하고 있다.[97] 미국 Annenberg estate에서 진행된 "시오회담(시진핑-오바마 회담)"에서 시진핑은 중미 양측은 신형 대국관계의 형성을 위해 서로 존중하고 협력하여 윈-윈하는 가운데 공동으로 양국 인민과 세계 인민의 행목을 위해 노력할 것이라고 했다. 중·미 양국의 협력이 원만해야만 세계가 안정을 유지할 수 있고 세계 평화를 촉진시킬 수 있다. 이 외에도 주변국가와 지역 간의 주요 문제에서 중국은 여전히 건설적인 작용을 할 것이며 화해와 담화를 견지하여 세계의 안정을 위해 노력할 것이다. "이웃과 함께"를 통해 활력이 넘치는 아시아 태평양의 발전, 그리고 세계 각국과 함께 협력하여 윈-윈하는 것을 추진하기까지 중국은 정치세력의 범위를 넓히려고 하는 것이 아니라, 세계의 평화를 수호하기 위함이며, 세계 인민의 실질적인 이익을 위함이다. 책임을 지고 도전을 이겨내는 과정에서 중국은 역사이래로 참여하지 않은 적이 없었다.

2) 상호 존중하고 공평과 정의를 함께 실현하자

각국의 주권 평등을 견지하는 것은 국제 간 공평과 정의를 수호하는 기초

---

97) 习近平. "弘扬丝路精神 深化中阿合作: 在中阿合作论坛第六届部长级会议开幕式上的讲话", 『人民日報』, 2014-06-06, 02面.

이다. 시진핑 주석은 2014년 7월 16일 브라질 국회 연설에서 이렇게 말했다. "공평과 정의는 세계 각국 인민들이 국제관계 분야에서 추구하는 제일 숭고한 목표이다. 지금 국제관계에서 공평과 정의는 여전히 실현되지 않고 있다."[98] 패권주의, 강권정치, 신 간섭주의 및 여러 가지 형식의 무역보호주의가 나타나고 있는 오늘날, 글로벌 거버넌스 체제에는 우리가 회피하지 말아야 할 문제들이 존재하며, 세계 각국의 발전이 다르기에 시작점 또한 다르다. 2013년 3월 27일 시진핑 주석은 남아프리카 더반에서 진행된 브릭스 국가 지도자 제5차 회담에서 아래와 같은 취지의 강연을 했다. "글로벌 거버넌스 시스템이 어떻게 변혁하든 우리는 언제나 그렇듯이 여전히 적극적으로 참여해야 하며 건설적인 작용을 할 것이다.

우리는 국제질서가 더욱 공정하고 합리적인 방향으로 발전하도록 노력할 것이며, 세계의 평화와 안정을 위해 제도적 보장을 할 것이다."[99] 따라서 세계 인민의 항구적인 이익을 위해 『유엔헌장』의 취지와 원칙을 기초로 해서 형성된 보장체제로 각 측의 이익에 대한 요구를 조정하는 것은 매우 필요한 것이며, 부상하고 있는 개발도상국은 특히 이를 준수해야 한다. 세계무역기구, G20, 브릭스국가 등 다자간기구에서 개발도상국의 힘을 응집시켜 개방도상국의 더욱 큰 발언권을 도모해야 한다. 특히 인터넷 기술이 날로 발전하는 지금 시진핑 주석은 인터넷 주권의 도전을 언급했다. 비록 높은 유통성을 자랑하는 인터넷이 글로벌화의 발전을 추진하고는 있지만, 각국은 자국의 정보안전을 지킬 필요가 있다. 사이버 공간 거버넌스 방면에서도 적극적이

---

98) 习近平. "弘扬传统友好 共谱合作新篇: 在巴西国会的演讲", 『光明日報』, 2014-07-18, 02面.

99) 习近平. "携手合作 共同发展: 在金砖国家领导人第五次会晤时的主旨讲话", 『人民日報』, 2013-03-28, 02面.

고 효율적인 국제협력이 필요하다. 총체적으로 글로벌 거버넌스는 더욱 공평하고 정의적인 방향으로 발전하는 것을 중요 목표로 해야 하며, 이 목표가 실현된다면 세계 각국은 보편적으로 이익을 얻게 될 것이다.

3) 개방포용, 자유와 민주를 함께 건설하자

"신이 발에 알맞은 지는 신어봐야 안다." 한 나라가 선택한 발전형식이 그 나라에 적합한지는 그 나라의 인민들의 견해가 제일 중요하다. 글로벌 거버넌스의 구조 완벽과 발전 공간도 여기에 있다. 매 국가의 국가 실정은 서로 다르며 직면한 실제문제도 다르다. 그렇기 때문에 이런 문제를 처리하는 방식 역시 다르다. 모든 국가가 똑 같은 형식의 발전방식을 택하라고 할 수는 없다. 그렇게 되면 세계의 다원화 발전을 저애하며 강권정치와 간섭주의에 기회를 주게 된다.

시진핑 주석이 모스크바 국제관계학원에서 발표한 연설에서 이렇게 언급했다. "세계의 운명은 반드시 각국 인민들이 공동으로 장악해야 한다. 각국의 주권 범위 내의 일은 본국 정부와 인민들이 관리해야 한다."**100** 국제관계의 민주화를 추진하는 것은 인류문명의 진보를 촉진시키는 것과 같다. 중국과 동남아시아 국가연합과의 협력, 중국-프랑스 수교 50주년 행사, 중미 Annenberg estate의 회담, 중러 전략 협력 등 여러 외교 실천과정에서 시진핑은 "국제관계의 민주화"를 제기했으며, 우리나라 정부는 여러 계층의 국가들과의 소통과 협조를 특히 강조했는데, 이는 국제관계 중의 사회기초와 민의기초를 단단히 다지고, 공동으로 국가 권익을 수호하기 위해서이다. 근

---

100) 习近平. "顺应时代前进潮流 促进世界和平发展: 在莫斯科国际关系学院的演讲", 『光明日报』, 2013-03-24, 02面.

래 우리나라와 여러 국가는 문화교류해를 서로 진행했다. 이는 다른 국가에서 자신의 장점을 발휘하도록 하여 세계문명의 다원적인 공생과 포용의 공동 발전을 촉진하기 위해서이다. 시진핑 주석은 고도의 외교적 매너로 "국제 업무를 독점하려는 생각은 시대에 뒤떨어진 것이며, 국제사무를 독점하려는 행동은 성공할 수 없다"는[101] 것을 증명했다.

위의 사실은 중국은 인류운명공동체의 선도자이며 실행자임을 증명해주었다. '일대일로'의 제안, 아시아 기초시설투자은행 등은 국제 파트너들의 공동 부유를 위한 프로젝트이며, 글로벌 경제, 정치문화에서의 중요한 역할을 하고 적극적이지만 신중함을 잃지 않은 새로운 대국 외교를 개척함과 동시에, 중국은 글로벌 거버넌스에서 "중국의 방안"을 제시하고 있다. 세계의 모든 국가는 각국의 핵심 이익을 가지고 있다. 그렇기 때문에 이 핵심 가치에 상응하는 외교 가치관이 나타나고, 이런 가치관은 국제사회에서 다른 이익으로 표현된다. 인류의 운명공동가치는 바로 이런 부당한 이익 혹은 이익의 집합, 혹은 접점을 통한 공동 협상, 공동 관리, 공동 건설 등의 원칙을 통해 글로벌 거버넌스의 새로운 질서의 건립을 촉진하고, 인류의 공동 발전과 공동 번영을 실현한다.

---

101) 习近平. "弘扬和平共处五项原则 建设合作共赢美好世界: 在和平共处五项原则发表60周年纪念大会上的讲话", 『光名日报』, 2014-06-29, 02面.

제6장
글로벌 거버넌스에 대한 중국의 탐색 2:
신형 국제관계와 새로운 안전관 선도

"대도가 행해지면 천하가 공평하다." 국제 형세가 심각한 변화를 가져오는 지금 세계 각국의 함께 곤경을 이겨내야 하는 객관적 요구에 따라 중국 공산당 제18차 전국 대표대회 이후 시진핑 동지를 핵심으로 하는 당중앙에서는 새 중국이 성립한 이후의 외교전략 사상을 계승한다는 기초 하에서 중국의 전통문화를 바탕으로 국제 · 국내형세의 변화에 따라 창조적으로 "협력하여 윈-윈하는 것을 핵심"으로 한 새로운 국제관계와 새로운 안전관 구축을 제기했다.

새로운 국제관계와 새로운 안전관은 중국외교의 전략사상을 풍부이하고 발전시켰다. 또한 이는 서방의 국제관계이론에 대한 심각한 반성과 이를 초탈하는 것이기에 반드시 미래의 국제관계와 세계정치의 발전에 영향을 미칠 것이며, 글로벌 거버넌스가 더욱 공정하고 합리적인 방향으로 발전하도록 추진하게 될 것이다. 신형의 국제관계와 새로운 안전관은 근대에 이르러 서방이 제창하는 연맹과 대항을 견지하는 국제관계 사상을 바로잡은 것이며, 글로벌 거버넌스에 중국의 지혜가 공헌을 한 것이다.

본 장에서는 체계적으로 새로운 신형 국제관계와 완전관의 제기과정을 정리한다는 기초 하에 핵심적 의미와 실천을 분석하고, 글로벌 거버넌스의 계시와 공헌을 설명하고자 한다.

1. 신형의 국제관계와 새로운 안전관 제기의 배경

1) 신형 국제관계와 새로운 안전관의 제기

중국공산당 제18차 전국대표대회 이후, 어떠한 새로운 국제관계를 건설해야 하는가는 문제에서 시진핑 총서기는 각국은 응당 협력하여 윈-윈하는 것을 핵심으로 하는 새로운 국제관계 형성을 추진해야 한다고 했다. 불완전한 통계에 의하면 시진핑 총서기는 공개적인 연설과 문장에서 약 50차례가 넘게 "신형 국제관계"를 제기했다.

2013년 3월 23일 시진핑은 모스크바 국제관계학원에서 이런 내용의 연설을 했다. "국제 형세가 심각한 변화를 가져오는 지금 세계 각국이 함께 곤경을 이겨내야 하는 객관적 요구에 따라 세계 각국은 응당 협력하여 윈-윈하는 것을 핵심으로 하는 신형 국제관계의 형성을 추진해야 하며, 각국 인민들은 응당 함께 세계평화를 수호하고 공동발전을 촉진해야 한다."[102]

2013년 3월 27일 브릭스 국가 지도자 제5차 회담에서 한 중심 연설의 내용은 아래와 같다. "국제형세가 어떻게 변하든 우리는 응당 평화발전, 협력하여 윈-윈하는 것을 견지해야 한다. 전쟁보다 평화, 대항보다 협력을 선택해야 한다. 본국의 이익을 추구할 때 기타 국가에 대한 합리적인 관심도 필요

---

102) 习近平. "顺应时代前进潮流 促进世界和平发展: 在莫斯科国际关系学院的演讲", 『광명일보』, 2013-03-24, 02面.

하다."[103] 지금 세계에서 신형의 협력하여 윈-윈하는 관계는 세계 각국의 인민이 희망하는 평화와 발전을 위한 최선의 선택이다. 시진핑 주석이 강조한 바와 같이 오늘은 인류가 평화발전의 목표를 실현할 조건을 가지고 있으며, 협력하여 윈-윈하는 것은 이를 실현할 수 있는 방법이다.

2014년 11월 시진핑 주석은 중앙 외사(外事)사업부 사업회의에서 이렇게 말했다. "우리는 협력하여 윈-윈하는 것을 견지하고 협력하여 윈-윈하는 것을 핵심으로 하는 신형 국제관계 형성을 추진해야 하며, 서로 윈-윈하는개방 전력을 견지하여 협력함으로써 윈-윈의 이념이 정치, 경제, 안전, 문화 등 대외 협력의 여러 방면에서 나타나게 해야 한다."[104] 이는 중국이 처음으로 "신형 국제관계" 수립이라는 대 구상을 제기한 것이며, 이를 새로운 시기 중국외교의 지도원칙으로 삼았는데, 바로 "협력하여 윈-윈을 핵심으로 하는 신형 국제관계의 형성을 추진"하는 것이다.

2015년 9월 시진핑은 유엔총회 일반 토론에서 중요한 연설을 했다. "지금 세계 각국은 서로 의존하고 공고동락하는 사이이다. 우리는 유엔헌장의 취지와 원칙을 계승하고 선양시켜야 하며, 협력하여 윈-윈하는 것을 핵심으로 하는 신형 국제관계를 구축하여 인류운명공동체를 형성해야 한다."[105]평등하게 대하고, 서로 협상하고 이해하는 파트너 관계, 공정과 정의, 안전한 패턴, 개방 혁신, 포용과 호혜적인 발전 전경, 화이부동, 전부를 받아들이고 아울러 보존하는 문명 교류, 자연을 존중, 녹색 발전의 생태시스템을 형성

103) 习近平. "携手合作 共同发展: 在金砖国家领导人第五次会晤时的主旨讲话", 『人民日报』, 2013-03-28, 02面.
104) 习近平. "高举和平, 发展, 合作, 共赢旗帜", 『人民日报』(해외판), 2014-12-01, 01면.
105) 习近平. "携手构建合作共赢新伙伴 同心打造人类命运共同体: 在第七十届联合国大会一般性辩论时的讲话", 『人民日报』, 2015-09-29, 02面.

해야 한다.

2016년 6월 6일 제8차 중미 전략 및 경제 대화와 제7차 중미 문인교류 고위층 협상 연합회의 개막식에서 시진핑은 이런 연설을 했다. "지금 세계는 다극화로, 경제는 글로벌화로, 사회는 정보화로 발전하고 있어, 각국의 이익은 서로 긴밀히 연계되어 있다. 제로섬 겨룸, 충돌, 대항은 지금 시기에 적합하지 않으며 동고동락, 협력하여 윈-윈하는 것은 시대적 요구가 되었다."[106]

중국공산당 제18차 전국 대표대회 이후 시진핑 총서기는 중국정부를 대표하여 다른 장소에서 신흥 국제관계에 관련된 안전문제를 여러 차례 서술해 새로운 시기 중국정부의 새로운 안전관을 형성했다.

1990년대 이후 중국정부는 서로 믿고, 서로 이익을 보며, 평등하고, 협동을 핵심으로 하는 "신 안전관"을 제기 했는데, 이는 중국 국가안전전략의 중요사상이다. 최근 국제 · 국내 안전형세에 새로운 변화, 새로운 문제가 나타나면서 시진핑 총서기는 여러 연설에서 여러 차례 안전문제를 언급했으며, 점차 전면적이고 참신하며 목표성을 가지고 있으며, 세계 발전형식의 안전전략사상과 알맞은 우리나라가 국내외 각종 도전을 이겨내고 국가 안정을 수호하며 지역을 안정시키고 세계 평화에 중요한 지도적 의미가 있는 안전사상을 형성했다.

그 첫 번째는 전체적 국가 안전관을 제기했다는 점이다. 시진핑 총서기는 2014년 4월 국가 안전위원회 제1차 회의에서 전체적인 국가 안전관을 제기했다. 전체적 국가안전관은 주로 "인민의 안전을 목적으로, 정치안전을 근본으로, 경제안전을 기초로, 군사 · 문화 · 사회안전을 보장하고, 국제안전

---

106) 习近平. "为构建中美新型大国关系而不懈努力: 在第八轮中美战略与经济对话和第七轮中美人文交流高层磋商联合开幕式上的讲话", 신화넷, 2016-06-06.

의 촉진을 기대하며, 중국의 특색이 있는 안전을 형성한다."[107] 이 외에도 전체적 국가 안전관을 구체적으로 실행하려면 반드시 다섯 쌍의 안전을 중시해야 한다. 즉 외부안전과 내부안전, 국토안전과 국민안전, 전통안전과 비전통안전, 발전문제와 안전문제, 자신안전과 공동안전이다. 이들 안전관의 제기는 지금 중국이 직면한 안전 위협이 복잡하고 다양한 것과 관련이 있다. 응당 전체적 국가안전관은 중국이 자신의 안전에 치중하고 중국 특색의 안전관을 강조하는데 있다.

다음은 국제사회가 응당 어떤 새로운 안전관을 수립해야 하는가 하는 문제이다. 시진핑은 2013년 4월 7일에 아시아 보아오포럼 2013년 연차 총회에 참가했을 때, "종합안전, 공동안전, 협력안전"의 이념을 제기했다. 같은 해 10월 3일 시진핑은 인도네시아 국회에서 한 연설에서 이렇게 말했다. "우리는 응당 냉전 사유를 버리고 적극적으로 종합안전, 공동안전, 협력안전의 새로운 이념을 제창해야 하며, 공동으로 본 지역의 평화안정을 수호해야 한다."[108] 그렇기 때문에 "종합안전, 공동안전, 협력안전"을 안전문제 대응을 위한 시진핑의 초보적인 구상이라고 한다. 2014년 5월 21일에 진행된 제4차 아시아 교류·신뢰구축회의 제4차 정상회담에서 시진핑은 완전한 "공동, 종합, 협력, 지속 가능"한 아시아 안전관을 서술했다. 비록 이런 안전관을 처음으로 아시아 안전문제회의에서 서술했지만, "공동, 종합, 협력, 지속 가능"의 안전관은 아시아에만 국한되는 안전문제가 아니다. 2014년 6월 28일 시진핑은 평화공존 5항 원칙 발표 60주년 기념대회에서 이렇게 말

---

107) 习近平, "主持国安委首次会议, 阐述国家安全观", 신화넷, 2014-04-16.
108) 习近平, "携手建设中国—东盟命运共同体: 在印度尼西亚国会的演讲", 『人民日報』, 2013-10-04, 02面.

했다. "각국은 평등하게 국제와 지역의 안전사무에 참가할 권리가 있으며, 국제와 지역의 안전을 수호할 책임이 있다. 우리는 공동, 종합, 협력, 지속가능의 안전이념을 선도하고 모든 국가의 안전을 존중하고 보장해야 한다."[109] 같은 해 7월 16일 시진핑은 브라질 국회에서 이런 내용의 연설을 했다. "각국은 평등하게 국제와 지역안전의 업무에 참가할 권리가 있으며, 국제와 지역의 안전을 수호할 책임이 있다. 우리는 공동, 종합, 협력, 지속 가능한 안전이념을 선도하고, 모든 국가의 안전을 존중하고 보장해야 하며, 국제와 지역 간의 협력을 강화하고 함께 날로 늘어나는 비전통 안전의 위협에 대응해야 한다."[110] 여기서 시진핑이 제기한 "공동, 종합, 협력, 지속가능한 안전관"은 국제사회 안전사무의 새로운 이념이며, 국가안전과 지역안전, 국제안전을 존중하고 보장하는 중요한 혁신적 이념이다.

2) 신형국제관계와 새로운 안전관의 제기 배경

거시적으로 볼 때 "협력하여 윈-윈하는 것을 핵심으로 하는 신형의 국제관계"는 깊은 시대적 배경, 이론적 배경과 국내 배경을 가지고 있다. 국제무대에서 날로 중요한 역할을 하는 중국이 신형 국제관계를 제기할 타이밍이다.

신형 국제관계는 세계질서 변혁과 시대의 발전방향을 선도하는데 필요하다. Westphalian system부터 Vienna system까지, Versailles - Washington

---

109) 习近平. "弘扬和平共处五项原则, 建设合作共赢美好世界: 在和平共处五项原则发表60周年纪念大会上的讲话", 『人民日報』, 2014-06-29, 02面.
110) 习近平. "弘扬传统友好, 共谱合作新篇: 在巴西国会的演讲", 『人民日報』, 2014-07-18, 03면.

system부터 Yalta system까지 국제질서의 안정을 수호하려는 이념과 제도는 시종 발전단계에 있었으며, 부단히 변화하는 세계 질서는 시대와 더불어 변화하는 거버넌스 이념과 제도를 요구한다. 경제글로벌화와 지역 일체화는 각 나라의 운명을 하나로 이어놓았으며, 누군가는 지고, 누군가는 이기는 제로섬 겨룸은 현실에서 실현되기 어렵다. 만약 공동이익을 추구하는 과정에서 국가이익을 실현하는 방법은 모든 나라가 해결해야 하는 과제이다. 동시에 글로벌적인 문제가 광범위하게 나타나고 날로 심각한 시련들이 국제사회의 협력수준과 거버넌스 능력을 시험하고 있다. 테러리즘이 '발전'하고 세계적인 범위에서 발생하면서 미국이 주도하는 '반테러전쟁'의 국한성이 드러나고 있다.[111] 민족분리주의의 확산은 주권 규범의 합법성을 침식하고 있다.[112] 전에 없던 난민위기에 "글로벌 거버넌스 선봉" 역할을 하는 EC는 큰 타격을 받았다.[113] 금융위기로 인한 장기간의 경제 쇠퇴는 일련의 골치 아픈 공공문제를 초래했다.[114] 이상의 여러 문제 모두 각 국이 협력 영역을 넓히고 깊이 있는 협력을 통해 국제질서의 불안으로 인해 나타나는 불리한 영향을 제거해야 한다. 하지만 지금의 국제제도는 효과적인 해결책을 내놓지 못하고 있으며 신흥공업국과 개발도상국의 요구와 이익은 장기간 주

---

111) 钱雪梅. 「基地的"进化": 重新审视当代恐怖主义威胁」, 『外交评论(外交学院学报)』, 2015, (1), 113~135쪽, 王晋. 「"伊斯兰国"与恐怖主义的变形」, 『外交评论(外交学院学报)』, 2015, (2): 138~156쪽, 刘乐. 「社会网络与"伊斯兰国"的战略动员」, 『外交评论(外交学院学报)』, 2016, (2), 82~109쪽.

112) 杨恕, 李捷. 「分裂主义国际化进程研究」, 『世界经济与政治』, 2009, (12), 6~16쪽, 岳鹏. 「苏格兰独立公投视角下的民族主义结构矛盾」, 『欧洲研究』, 2015, (3), 113~129쪽.

113) 宋全成. 「欧洲难民危机: 结构, 成因及影响分析」. 『德国研究』, 2015, (3), 41~53쪽 ; 宋全成. 「欧洲难民危机政治影响的双重分析」, 『欧洲研究』, 2016, (1), 128~142쪽.

114) 陈玉刚. 金融危机, 「美国衰落与国际关系格局扁平化」, 『世界经济与政治』, 2009, (5), 28~34쪽, 金灿荣, 马鑫. 「未来十年世界六大忧思」, 『國際關係學院学报』, 2012, (1), 1~5쪽.

의하지 않았고 국제적 인식을 통일하는 길은 험난하기만 했다. 반대로 남해(南海) 댜오위다오(釣魚島-조어도)와 같은 양자간 문제가 효과적으로 통제되고 있던 문제들이 인위적으로 국제적 문제로 부각되고 있어 여러 나라에서 글로벌 거버넌스 협력을 실행하는 큰 걸림돌이 되고 있다. 이 배후에는 국제관계를 지배하는 냉전사상과 협애한 국가 사리(私利)의 소극적 세력이 여전히 존재함을 알 수 있다. 때문에 신형 국제관계는 냉전에 대항하고 제로섬 겨룸의 경직된 사유를 돌파하여 중국이 약속한 평화적 흥기를 이루고 "투키디데스의 함정"을 반증하고 지역의 평화안정을 수호하며, 시대의 발전 방향을 선도하여 21세기 국제관계의 미래를 제시하는 의미가 있다.

신형국제관계를 선도하는 것은 서방의 전통적인 국제관계 이론을 넘어 새로운 국제 발언시스템이 형성 가능한 경로이다. 국제관계 이론은 인민의 주관인식에 일정한 영향을 미치며 국가의 정책을 지도한다. 서방의 국제관계 이론의 트랜드는 그 시대의 세계를 이해할 수 있는 여러 가지 시각을 제시하고 있기에 자신의 독특한 가치와 우세를 가지고 있다. 하지만 번잡한 세계는 다원적 이론이라는 프리즘을 투과해야 하며, 시대의 변화 발전도 이론적으로 풍부해야 하고 혁신되어야 한다. 현실주의, 자유주의, 구성주의를 대표하는 주요시스템 이론이나 패권 안정론, 민주평화론, 규범확산론을 대표로 한 중간층 이론은 보편적으로 서방 국가 주체의 사고를 출발점과 가치판단의 표준으로 한다. 때문에 글로벌 거버넌스의 곤경을 해결할 수 있는 '특효약'이 될 수는 없는 것이다. 구체적으로 보면 글로벌 거버넌스 문제에서 현실주의의 글로벌 거버넌스는 '자유패권'의 강력한 영도 하에 시스템의 안정을 가져왔지만 패권국의 지도 방식으로 인한 평화의 파괴, 약소국에 대한 능욕, 내정 간섭 등 비도덕적인 행위를 묵시하고 있다.[115] 비록 자유주의의 글로벌 거버넌스가 국제협력의 국제제도를 촉진시키는 작용을 강조하고 "자유주의 레비아탄"을 주도하는 국제질서의 장구한 생명력을 희망하고는 있지만, 국제제도의 비중립의 뒤에 있는 제도적 패권을 주의하지 않았기 때문에 수많은 개발도상국의 이익을 무시했다.[116] 흥기하고 있는 대국인 중국의 외교이념은 지식계 학자들과 정책 실천자들이 21세기 국제관계 성질과 실행방식의 이론적 사고 내용이다. 이는 비 서방세계의 신흥 대국이 세계 질서의 주도적 발언권을 위한 노력을 말해준다. 비록 발언의 주도권이 결여되어 중국이 선도하는 신형 국제관계가 전통 이념의 '통치'적 지위를 동요시키지는 못하지만, 서방의 국제관계 이론에 대한 중대한 도전이 된다. 신형 국제관계의 제기는 사람들이 국제정치에서의 고유 인식과 중국의 흥기에 대한 기존의 편견을 점차 타파하고 협력하여 윈-윈하는 이념을 사람들이 받아들이게 한다. 동시에 중국은 글로벌 거버넌스의 난제와 세계질서의 안정에 적극적인 공헌을 하게 될 것이다.

중국의 신형 국제관계의 선도는 중국의 국내 개혁을 심화시키고 중화민족의 위대한 부흥의 뒷받침이 된다. 어떠한 외교정책의 실천이든 모두 국내 정치의 수요를 위한 것이며, 이는 중요한 원칙이다. 중국이 선도하는 신형 국제관계도 중국의 발전에 도움이 되는 양호한 국제환경의 형성에 유리하

115) 「关于现实主义的글로벌 거버넌스观」, 参见罗伯特·吉·平. 『世界政治中的战争与变革』. 宋新宁, 杜建平, 역. 上海人民出版社), 2007.

116) 「关于自由主义的全球治理观」, 参见罗伯特·基欧汉. 『霸权之后: 世界政治经济中的合作与纷争』. 苏长和, 等 역. 상해인민출판사, 2012; IKENBERRY J. LIBERAL Leviathan: The Origins, Crisis, and Transformation of American World Order, Princeton: Princeton University Press, 2011. 刘青建. 『发展中国家与国际制度』. 北京, 中国人民大学出版社, 2010.

다. 중국공산당 제18차 전국 대표대회에서는 "세계에서 제일 큰 개발도상국인 우리나라의 국제적 지위는 변하지 않는다"[117]고 거듭 표명했다. 이는 국내의 개혁을 심화시키고 경제발전을 촉진시키는 것은 여전히 중국의 중요 목표임을 설명해 준다. 국가 자원의 제한성은 국가의 전략적 수단과 전략목표가 서로 어울려야 하는 중요성을 결정했다. 이는 중국이 주도적으로 자신의 경제발전과 주변 환경과의 평화를 형성할 필요성을 결정한다. 따라서 주변국가와 '이익공동체', '책임공동체'와 '운명공동체'를 건설하고 미국과 "충돌을 하지 않고 대항을 하지 않으며 서로 존중하며 협력하여 윈-윈"하는 신형의 국제관계를 건립하여 세계 다수의 국가들과 "글로벌 파트너십"을 형성하는 것은 중국이 국내와 국제 두 가지 정세를 총괄하기 위해 지혜로운 선택이다. 중화민족의 위대한 부흥을 부르짖는 "중국의 꿈"은 중국 자신의 지속가능한 발전을 요구할 뿐만 아니라, 중국의 국제적 지위 제고도 필요하며 국제 발언권의 증가와 국제 영향력의 확대를 필요로 한다. 더욱 중요한 것은 진정한 민족의 부흥은 세계의 발전과 인류의 복지에 대한 중화민족의 독창적인 공헌이다. 이는 중국이 책임감을 갖고 있는 대국이라는 상징의 하나이다. 신형 국제관계의 제기와 선도는 중국이 국제적 대국으로 성장하는 이정표이며, 급속하게 발전하는 중국이 세계에 융합되고 있으며, 세계에 영향을 미치며, 세계를 인도하는 새로운 시작임을 의미한다.

　글로벌 시대에 안전문제 근원의 다양성 및 중국이 직면한 안전위험의 다양화는 우리가 새로운 안전관을 수립할 것을 요구한다. 글로벌화는 지금 세계의 선명한 특징의 하나이다. 글로벌 시대에 각국의 경제, 정치, 문화, 과학

---

117) 胡錦濤. "坚定不移沿着中国特色社会主义道路前进 为全面建成小康社会而奋斗: 在中国共产党第十八次全国代表大会上的报告." 『人民日報』, 2012-11-18, 02面.

등 분야에서의 교류는 날로 간편해졌으며, 연계는 더욱 긴밀해졌다. 이는 세계 각국에 좋은 점을 가져다주었을 뿐만 아니라 여러 가지 폐단도 가져다주었다. 제일 선명한 폐단의 하나가 바로 날로 복잡해지는 안전위협이다. 글로벌화가 나타나기 전, 국가적인 위험은 다른 나라에서 주는 군사 위협인 영토와 주권에 대한 위협이다. 이런 유형의 안전위협을 "전통안전위협"이라고 한다. 글로벌화가 심화되고 각국 간의 왕래가 밀접해지고 국제범죄, 마약밀수, 전염병의 국가 간 전염 등 새로운 안전문제들이 끊임없이 나타난다. 특히 글로벌화로 인해 더욱 밀접해진 각국 간의 경제적 연결로 어느 한 나라의 경제위기라도 신속하게 전 세계에 영향을 준다. 때문에 경제안전 문제는 시대의 요구가 될 수밖에 없었다.

이렇게 새로 나타난 안전 위협을 통틀어 "비전통 안전위협"이라고 한다. 이런 위협은 비전통적인 안전 분야, 즉 국가 안전을 위협하는 전부 전통적인 요인을 제외한 경제안전(금융안전, 무역안전, 화폐안전, 재정안전), 정치안전, 문화안전, 과학기술안전, 인재안전, 정보안전, 생태안전, 에너지안전, 국제테러리즘, 민족분열주의, 국제범죄 등이 포함된다. 안전을 위협하는 형식은 날로 다양해지고 있으며, 비전통 안전위협은 날로 엄중해지고 전통적인 안전위협과 함께 섞여서 나타난다. 이렇게 복잡한 안전형세에 중국은 전체적이며 입체적인 안전 전략사상을 지도로 적극적으로 대응해야 한다. 이와 함께 전체적 국가 안전관도 나타나게 된다.

동시에 중국정부가 선도하는 "공동, 종합, 협력 지속가능한 안전" 이념은 모든 국가의 안전을 존중하고 보장하며 국제사회가 직면한 안전에 대한 현실 극복과도 부합된다. 2차 세계대전 이후 국제사회의 주요 안전관은 부분 국가의 안전을 강조하는 경향이 있어 선명한 서방의 특징을 가지고 있다. 자아안전과 서방국가 전체의 안전을 주로 고려하는 2차 세계대전 이후 미국이 구축한 연맹시스템이 바로 서방안전의 배타성 제도이다. 이 제도는 자신과 양자와 다자간 연맹의 제로를 핵심으로 유엔의 기능을 대체하거나 무시해버린다. 냉전이 끝난 후에도 전통적인 안전시스템은 여전했는데 미국은 지역과 국제업무에서 자신과 연맹국의 안전만을 강화하면서 기타 국가들을 위험으로 내몰아 안전시스템과 제도는 제로섬 특징을 보여주고 있다. 이런 안전시스템은 지금의 국제사회가 직면한 안전위협에 적합하지 않을 뿐만 아니라 기타 국가의 불안전감을 형성하여 안전의 곤경을 조성하기에 국제안전 형세의 긴장상황을 악화시킨다.

2. 신형 국제관계와 신 안전관의 의미와 실천

1) 신형 국제관계의 의미와 실천

신형 국제관계의 의미를 보면 원-윈(共贏)을 최종목표로 하는데 협력을 통해 공영을 실현하고 최종적으로 인류운명공동체를 형성하는 것이다. 경제, 정치, 인진, 문화, 생대 등 목표를 실현하는 과정에서 "경획한 도덕 이익관을 견지하고, 도덕과 이익을 동시에 고려해야 하며, 신의를 저버리지 말고 감정을 중시하고 정의를 발양하며 도의를 수립해야 한다. 다른 나라의 내정을 간섭하지 않는 원칙을 견지하고, 각국 인민이 자주적으로 선택한 발전양식과 사회제도를 존중하며, 협상과 대화를 통해 평화적으로 국가 간의 분쟁과 서로 다른 의견을 해결해야 하고 걸핏하면 무력을 사용하거나 무력으로 위협하는 것을 반대해야 한다."[118]

　구체적으로 말한다면 먼저 "파트너 관계를 형성하되 동맹을 하지 않는 관계"를 구축하는 것으로 중점은 신형 대국관계를 형성하는 것이다. 주권평등의 원칙을 견지해야 하며, 각국의 의사를 충분히 존중해야 하고, 다자간주의를 견지하며, 배타성 결맹을 하지 않고, 국제와 지역 범위의 글로벌 파트너 관계의 형성을 위해 노력해야 한다. 이 외에 파트너 관계의 중점은 대국관계이다.[119] 대국 간의 관계문제에서 2012년 2월 당시 국가 부주석인 시진핑은 중국을 대표하여 처음으로 중미 간에 공동으로 신형의 대국관계를 구축할 의향을 제기했다. 2013년 4월 13일 시진핑은 미국 국무장관 존 케리를 만났을 때 "신형 대국관계"를 이렇게 서술했다. "양측은 전략적 그리고 항구적인 방면으로부터 출발하여 양국의 관계를 처리하고, 적극적인 태도와 발전의 관점으로 대화와 협력을 해야 하며, 서로 존중하고 구동존이(求同存异)의 정신으로 분쟁과 모순을 처리하며, 협력파트너 관계의 전략적 의미를 충실히 해야 하며, 평등하고 서로 신임하고 서로 포용하며 참고하고, 협력하여 윈-윈하는 신형의 대국관계를 구축하기를 희망한다."[120] 비록 신형 대국관계는 중미관계에서 시작되었지만 중미관계에만 국한된 것이 아니라 중국과 일본, 유럽 등 전통 대국과의 관계에도 적용되며 중국과 브릭스 국가를 대표로 하는 신흥대국 간의 관계에도 적용된다. 신형 대국관계의 중점은 당연히 중미관계이고 모범적 관계는 중러관계이며 주요 발전 관계는 중국과 유럽 간의 관계이며 난제는 중일관계이며 성장점은 중국과 브릭스 국가

118) 习近平. "高举和平, 发展, 合作, 共赢旗帜",『人民日报』(해외판), 2014-12-01, 01면.

119) 杨洁勉.「新型大国关系: 理论, 战略和政策建构」,『国际问题研究』, 2013, (3): 15쪽.

120) "习近平会见美国国务卿克里", 신화넷, 2013-04-13.

간의 관계이다.[121]

두 번째, "공동, 종합, 협력, 지속가능한 안전"의 새로운 관념을 수립하고 신형 안전 패턴을 구축해야 한다. 지금의 글로벌 시대에서 모든 국가는 서로 연관되어 있으며 서로 영향을 주고 있기에 어느 한 측의 노력으로 본국의 안전을 지키기 어려우며 안전위협은 모든 국가를 괴롭히고 있다. 전통적 안전위협과 비전통적인 안전위협은 뒤섞여 있다. 때문에 서로 협력하여 함께 위협을 해결해야만 지속적인 안전을 가져올 수 있다. 그러므로 탄탄한 "공동, 종합, 협력, 지속가능한 안전" 개념을 형성하고 협력하여 부단히 나타나는 안전위협에 대응해야하고 효력적인 해결책을 논의하고 공정한 정의를 구축하며 함께 공유 가능한 신형 안전 패턴을 형성하는 것만이 국가의 안전과 세계의 평화를 수호할 수 있는 정확한 길이다.

세 번째, 개방정신을 견지하고 혁신을 추진력으로 서로 돕고 서로 혜택을 얻으면서 공동으로 발전해야 한다. 경제 글로벌화의 발전은 이미 전 세계 모든 나라들의 경제를 하나로 연계시켰다. 2008년의 글로벌 경제위기를 거쳐 각 나라는 경제 발전은 "한 쪽이 무너지면 모두 함께 무너진다"는 인식을 가졌을 것이다. 오직 개방정신을 견지하고 시종 혁신을 추진력으로 하면서 협애한 보호주의를 버리고 서로 도우며 서로 이익을 얻을 수 있는 이익 공동체를 형성하여 공동의 발전을 모색해야만 글로벌 경제가 안정되고 국제질서가 부단히 공평하고 정의적인 방향으로 발전할 수 있다.

네 번째, 문명의 다양성을 존중하고 다른 문명 간의 교류와 서로를 참고하는 것을 추진해야 한다. 지금 세계에는 2,500여 개 민족과 수많은 종교가 존

---

121) 杨洁勉. 앞의 책, 11쪽.

재하고 있다. 이들은 각자의 지혜로 무수하고 다양한 문명을 창조했기에 모든 문명은 인류의 중요한 정신적 재부이다. 다른 문명은 서로 존중해야 하는데 이들 간에는 높고 낮음, 우열의 구분이 없다. 다른 문명은 교류를 통해 서로 참고하며 서로간의 이해를 깊이하고 있다. 교류를 통해 융합되고 발전하면서 인류문명의 끊임없는 발전을 촉진한다.

다섯 번째는 자연을 존중하는 이념을 수립하여 세계 생태 문명을 건설할 수 있는 방법을 함께 모색해야 한다. 지난 백년간의 비속적인 발전은 생태계를 엄중히 파괴했다. 오늘의 자연환경 개선은 무엇보다 급선무가 되었다. 때문에 반드시 자연을 존중하는 이념을 수립하고 생산과 생활방식을 변화시켜 녹색, 저탄소, 에너지절약, 재활용, 지속가능한 발전을 선택해야 한다. 이는 어느 한 나라의 책임이 아니라 모든 인류의 공동책임이며 인류의 지속적인 생존을 위한 일이기에 모든 나라는 응당 주도적으로 책임을 져야 한다. 특히 기호변화 문제를 해결함에 있어서 선진국은 응당 역사적 책임을 져야 하며 우선 먼저 약속을 지켜 자금과 기술적인 면에서 개발도상국을 도와주어 기후변화를 늦추고 이에 적응하게 해야 한다.

2) 신 안전관의 의미와 실천

총체적 국가 안전관에 대해 시진핑 총서기는 중앙 국가 안전위원회 제1차 회의에서 한 연설에 처음으로 제기했다. "지금 우리나라 안전의 의미와 외연적 의미는 역사적으로 제일 풍부한 시기이다. 시간과 공간은 역사적으로 제일 넓으며 내외 요소는 여느 역사적 시대보다 복잡하기에 반드시 총체적 국가 안전관을 견지하고 인민의 안전을 주요 내용으로 정치 안전을 근본으로 경제 안전을 기초로 군사, 문화, 사회 안전을 보장하고 국제 안전을 촉진하는 것을 근거로 중국 특색이 있는 안전 형식을 형성해야 한다."[122] 시진핑은 총체적 국가안전관을 구체화하면서 반드시 다섯 쌍의 안전을 중시해야 한다고 지적했다. 즉 외부안전과 내부안전, 국토안전과 국민안전, 전통안전과 비전통 안전, 발전문제와 안전문제, 자신안전과 공동안전이다.

이 다섯 쌍의 안전관계를 논술한 기초 위에서, 최근에 시진핑은 특히 전통안전과 비전통안전을 똑같이 중시해야 한다고 강조했다. 즉 중국은 "정치안전, 국토안전, 군사안전, 경제안전, 문화안전, 사회안전, 과학기술안전, 정보안전, 생태안전, 에너지안전, 핵안전이 일체인 국가안전시스템을 구축한다."[123] 지금 세계의 안전형세가 더욱 복잡하기 때문이며, 글로벌화가 발전함에 따라 각국의 안전은 더욱 긴밀하게 연계되었기 때문에, 신흥 개발도상국의 안전문제도 함께 주시해야 한다. 빠른 속도로 발전하고 있는 개발도상국인 중국은 자신의 발전을 중시하면서 '중국의 꿈'의 실현을 위해 노력힘과 동시에 '중국의 꿈'과 '세계의 꿈'이 서로 이어져 있고 어울려져 있음을 알게 되었다. 때문에 더욱 평화롭고 번영하는 세계와 중국을 위해서 반드시 안전문제를 더욱 중시하고 적극적으로 대응해야 한다.

총체적 국가안전의 실천과정에서 근래에 중국은 비 전통안전을 특히 중시했다. '9·11테러' 사건이 발생한 후, 오래전부터 존재했던 '테러리즘'의 안전위협은 전 세계에 큰 충격을 안겨주었다. 이번 테러습격으로 미국은 국가정책을 변화시켰을 뿐만 아니라 세계 기타 국가들도 테러리즘의 위협을 중시하기 시작했다. 중국도 테러리즘의 위협을 받고 있다. 유구한 역사, 넓은 국토면적, 수많은 인구를 가지고 있는 중국은 역사적 원인과 현실에 의해

---

122) "习近平主持国安委首次会议 阐述国家安全观", 신화넷, 2014-04-16.
123) 위의 글, 신화넷, 2014-04-16.

"티베트 독립" 세력과 "동투(東突)"테러조직[124]의 위협을 받고 있다. 중국은 적극적으로 테러의 위협에 대응하고 있으며 국제 협력과 교류를 통해 반테러 경험을 공유하고 있다. 상하이 협력기구는 15년간의 발전을 통해 "세 가지 세력" 타격을 위한 중요한 플랫폼이 되었다. 2016년에 상하이 협력기구는 정식으로 인도와 파키스탄을 정식 회원국으로 받아들이는 절차를 가동했다. 이 외에도 중국은 적극적으로 기후변화 대응을 위한 여러 가지 국제 기구에 참여하여 공동으로 그리고 구별하여 책임을 지는 원칙을 견지하고 주도적으로 배기가스를 줄이는 책임을 져 기후변화 대책을 위한 글로벌 거버넌스에서 중요한 건설적인 작용을 했다.

2014년 5워 21일에 열린 아시아교류 및 신뢰구축회의(CICA) 제4차 정상회담에서 시진핑은 "공동, 종합, 협력, 지속가능"의 지역 안전관을 완전하게 서술했다. "공동"은 모든 국가의 안전을 존중하고 보장하는 것을 말한다. 이런 안전은 보편적이고 평등하며 포용적이어야 한다. "종합"은 총괄적으로 전통적인 안전과 비전통적 안전을 수호해야 한다. 전통안전 위협과 비전통 안전위협은 서로 함께 나타나는 것으로 안전문제의 의미와 외연적 의미도 함께 확장되고 있다. 때문에 응당 아시아 안전문제의 역사적 문제와 현실 상황을 전반적으로 고려하고 동시다발적으로 그리고 종합적으로 정책으로 지역 안전 거버넌스를 총괄해야 한다. '협력'은 대화와 협력을 통해 여러 나라와 본지역의 안전을 촉진시키는 것을 말한다. 솔직하고 깊이 있는 대화를 통해 전략적 신뢰를 쌓고 불필요한 의심을 줄이고 구동존이를 통해 평화롭게 지내야 한다. 각국 공동의 안전이익을 고려하여 상대적으로 민감하

124) 동투테러조직 : 중국 서부 신장 분리주의자인 '동부 투르키스탄 해방조직'

지 않은 분야로부터 안전위협을 대응하는 협력의식을 배양해야 하며 협력 분야를 부단히 확대하고 협력방식의 혁신을 통해 협력으로 평화를 도모하고 협력으로 안전을 촉진해야 한다. "지속가능"이란 발전과 안전의 실현이 현실에서 지속 가능한 안전이여야 한다는 뜻이다. 발전은 안전의 기초이며 안전은 발전의 조건이다. 공동발전과 지역 일체화를 추진하려면 지역 경제 협력과 안전협력의 양호한 상호 작용을 실현해야 하며 함께 노력하는 좋은 국면을 형성해 지속가능한 발전으로 지속가능한 안전을 완성해야 한다.[125]

"공종, 종합, 협력, 지속가능한" 안전관을 제기하면서 중국은 적극적으로 이 안전관을 실천했다. 특히 이 안전관은 동남아시아 국가 연합과의 안전 협력에서 구현된다. 중국과 동남아시아 국가 연합의 10개 회원국은 지리 적으로 서로 가까이 있으며 양측은 공동으로 해적, 테러리즘, 마약 등 위협 에 대응했다. 이 외에도 중국이 제기한 '일대일로' 전략에서 동남아시아 국 가 연합은 바로 "21세기 해상 실크로드"의 중요한 지역에 위치해있어 "21세 기 해상 실크로드" 구축에 동남아시아 국가 연합의 지지가 필요하다. 역사 상의 양호한 협력을 기초로 양측은 해상안전, 경제안전, 정보안전, 반테러, 마약, 공공위생 등 분야에서 다차원적이고 넓은 분야에서 협력을 하여 양호 한 효과를 얻었다.

3. 신형 국제관계와 신 안전관이 글로벌 거버넌스에 주는 계시

중국이 제창하는 신형 국제관계와 신 안전관은 경제, 정치, 안전, 문화, 생

---

125) 习近平, "积极树立亚洲安全观 共创安全合作新局面: 在亚洲相互协作与信任措施会议第四次 峰会上的讲话", 『人民日報』, 2014-05-22, 02面.

태 등 여러 분야와 연관되며 평화, 협력, 발전, 포용, 윈-윈 등 핵심이념은 국제사회 협력이 확실하게 글로벌 거버넌스에 아래와 같은 계시를 한다.

첫째, 신형 국제관계와 신 안전관은 비서방세계의 이념적 공헌을 보여주며 "패권 거버넌스"와 "서방 거버넌스"의 가상의 후광을 없애고 다원적인 목소리와 다원적인 세력의 참여를 추진하여 글로벌 거버넌스를 실현케 한다. 중국이 선도하는 신형 국제관계는 신흥 경제실체와 개발도상국의 이익을 중시하여 현재의 국제기구에서 비서방 세계의 대표성이 부족한 결함을 보완해준다. 세계무역기구의 담판이 정체되고, 국제통화기금 개혁이 어렵고, 7개국 집단의 세계 경제 거버넌스가 생각처럼 쉽지 않은 등 일련의 곤경은 서방 선진국과 개발도상국간의 중대한 이익 차이가 충돌이 있음을 말해주며, 개발도상국이 글로벌 거버넌스에 참여해야 할 진정한 필요성을 의미한다. 유엔의 개혁으로부터 G20, 브릭스국가 체제의 탄생과 발전은 다른 문명과 다른 국가의 이익을 존중해야 할 필요를 말해준다. 신형 국가관계는 포용과 참고, 공동 발전을 선도하여 글로벌 거버넌스의 사상과 이념 기초를 심화시켰다. 가치의 다원적 세계는 서방의 온 세상가치의 질서설계를 초월하는 특수성을 충분히 존중하고 포용하는 국제질서를 형성해야 만이 조화로운 세상을 만들 수 있다.

둘째, 신형 국제관계와 신 안전관은 글로벌 거버넌스의 '표준'을 새롭게 정의 내리고 현실의 공평과 효율의 평형을 모두 고려함에 유리하며, 국제사회에서 글로벌적인 의제와 문제의 해결 능력을 높여 준다. 지금의 글로벌 거버넌스에서 '서방표준'은 여러 의제에서 성행하고 있으며, 민주, 인권, 양호한 거버넌스의 표준은 국제발전의 원조를 받는 표준이 되었으며, 자유 무역 지구 협력에 참여하고, 일부 국제조직에 참여할 수 있는 전제 조건이 되었다. 이처럼 "높은 표준"의 부가조건은 무역, 투자, 원조의 공평성을 어느 정도 보장했고, 국제 공공재가 국내 정치 및 개인 소유로 되는 가능성을 효과적으로 피하게 한다. 하지만 이런 서방 주도의 '공평'은 역사적 원인으로 국가의 발전단계가 나라마다 다른 현실을 경시했다. 이 표준은 수많은 개발도상국의 국가능력보다 높아 개발도상국이 국제사회의 원조를 급박하게 요구하는 상황에서도 국제협력을 통해 문제를 해결할 수 있는 대문을 열기조차 힘들게 했다. 이렇게 효율을 무시한 '공평'은 현실세계에서는 더욱 많은 불공평으로 나타났고, 각국 간 발전의 차이는 오랜 기간 동안 변하지 않았을 뿐만 아니라, 그 차이를 더 크게 만들어 총체적으로 국제사회의 공동발전과 번영에 도움이 되지 않고 있다. 중국이 선도하는 신형 국제관계는 "정확한 의리관(义利观)"을 견지하고 무엇보다 '의(义)'를 중요시하기에 각국의 실정을 충분히 고려하고 급한 사안 · 필요한 사안들을 고려하여 어려움을 해결해 준다.[126] 동시에 중국이 견지하는 의리관은 글로벌 거버넌스에서 인성과 인정을 부여하여 '인권'이라는 구호 아래의 이기주의의 글로벌 거버넌스를 극복한다.

셋째, 신형 국제관계와 신 안전관은 국가이익과 글로벌 거버넌스의 관계를 재조명시키고 국가가 좁은 "국가이익의 최대화"와 일방적인 추구를 초월하게 한다. 비록 국가이익을 추구하는 것은 국가의 영원한 목표라고 하지만 국가이익이 절대 변함이 없는 것이 아니기에 국제 규범의 내재화와 행위체의 소통을 통해 재건할 수 있다는 점을 알아야 한다. 또한 국가이익의 최대화는 개체의 이성으로 실현하기 어려우며, 국가가 '공공이성'으로 국가이

---

126) 白云真, 「中国对外援助的战略分析」, 『世界经济与政治』, 2013, (5): 70~87쪽.

익을 실현하는 형식과 경로를 다시 고려하여 국가이익의 최대화가 합리적으로 발전하게 해야 한다.[127] 이 논리에 따른다면 각국의 다툼은 타협을 통해 양측 모두가 이익을 얻고, 공공문제에서는 협력을 통해 윈-윈을 실현할 수 있는 결과를 가져오게 된다. 동시에 "국가이익의 최대화"를 추구하는 상황을 벗어나면 각국 국가이익의 합리화를 실현할 가능성이 높으며, 합리화의 국가이익 만이 국가 간 협력 슬럼프를 극복하여 글로벌화의 시대에 진정으로 효과적인 글로벌 거버넌스를 실현할 수 있다.

넷째, 신형 국제관계 사상은 국제사회에서 글로벌 거버넌스의 가치관을 다시 살펴보게 한다. 명칭으로부터는 "글로벌 거버넌스"의 가치 성향을 알 수가 없지만, 글로벌 거버넌스의 의미를 고찰하면 서방의 가치관이 있음을 알 수 있다. 보편적으로 오늘의 글로벌 거버넌스 이론 및 실천은 서방의 근현대화 이후 특히 2차 세계대전 이후 서방국가의 국가 거버넌스 논리의 연장선이다. 따라서 그들의 국가 거버넌스 이론을 가지고 있으며 내용이나 체제도 그들의 글로벌 거버넌스 과정에서 표현된다. 예를 들면 서방국가는 국제사회에서 자유, 민주, 인권, 평등 및 발전의 이념을 선도하여 오늘의 글로벌 거버넌스 가치시스템을 형성하고 있다. 서방의 글로벌 거버넌스는 그들의 이상과 가치를 전 세계 범위로 넓힌 후 권력, 제도와 가치관을 전파시켜 비서방세계의 문제를 동화시키고 영향을 미쳐 소위 말하는 비서방세계의 문제를 통치하고 관리한다. 하지만 거버넌스 효과로 볼 때 안전 분야, 정치 분야나 경제 분야에서 서방의 글로벌 거버넌스는 큰 효과를 가져 오기 어려울 뿐만 아니라 문제도 많다. 이런 상황이 나타난 원인은 서방 거버넌스 이

127) 刘彬, 蔡拓. 「"国家利益最大化"的反思与超越」, 『国际观察』, 2015, (5): 1~15쪽.

념이 서방사회에서 효과가 나타날지는 몰라도 비 서방세계의 문제를 해결
함에 있어서 "수토불복(水土不服, 물이나 풍토가 몸에 맞지 않아 위장이 상한 - 역
자 주)"의 상황이 나타나기 때문이다. 반대로 협력하여 윈-윈하는 이념은 이
념이나 가치관의 일방적 수용을 바라는 것이 아니라 이념 혹은 가치관의 소
통과 교류를 통해 새롭게 글로벌 거버넌스 가치관시스템을 구축하여 글로
벌 거버넌스가 더욱 공정하고 합리적인 거버넌스로 발전하도록 한다.

제7장
글로벌 거버넌스에 대한 중국의 탐색 3:
사이버 공간의 운명공동체 구축

지금 세계는 다극화되고 경제의 글로벌화는 날로 더해가며 문화는 다양해지고 사회의 정보화는 계속 강화되고 있다. 정보기술을 핵심으로 하는 새로운 과학기술 혁명이 일어나기 시작했다.

"구일신, 일일신, 우일신(苟日新, 日日新, 又日新-진실로 하루가 새로워지려면, 나날이 새롭게 하고, 또 날로 새롭게 하라 - 역자 주)" 인터넷은 날로 혁신 발전의 선도 역량이 되고 있으며, 사람들의 생산생활에 큰 변화를 가져다주며 사회 발전을 촉진시키고 있다. 인터넷은 세계를 하나의 '지구촌'으로 만들었고, 국제사회는 "너 안에 내가 있고, 나 안에 네가 있는" 운명공동체로 되고 있다. 시진핑 주석은 국제적인 장소에서 여러 차례 우리의 인터넷 거버넌스 입장과 주장을 설명했다. 특히 제2기 세계 인터넷대회에서 한 연설에서 시 주석은 인류도덕의 높이에서 글로벌 인터넷 거버넌스 시스템 개혁의 '4항 원칙'과 사이버 공간 운명공동체의 "5가지 주장"을 명확하게 설명했다.[128]이는

---

128) 2015년 12월 16일부터 18일까지 제2차 세계 인터넷 대회가 저장(浙江) 우전(烏鎭)에서 진행되었다. 120여개 나라와 지역, 20여개 국제조직의 2,000여명 참가자들이 이 회의에 참가했다. 시진핑 주석은 제2차 세계 인터넷 대회 요지 연설에서 "4항 원칙"과 "5가지 주장"을

세계 절대다수 국가 특히 수많은 개발도상국의 공동이익을 반영했기에 국제사회의 높은 찬사와 광범위한 인정을 받았다. 이런 주장은 응당 미래 세계 인터넷의 발전과 거버넌스 과정에서 함께 지켜야할 주장이다. 이런 주장은 글로벌 인터넷 거버넌스 시스템의 개혁을 추진하여 사이버 공간에서의 운명공동체를 형성하는데, 이는 국제사회에서 급히 해결해야 할 중요하고 새로운 과제이다. 책임감이 있는 대국인 중국은 응당 상황에 따라 계획을 제정하고, 상황에 따라 움직이며, 상황에 따라 행동하여 인터넷 대국의 책임을 지고, 중국의 방안을 제기하고, 중국의 경험을 공유하며, 중국의 지혜를 가지고 공헌하여 인터넷 글로벌 공유와 공동 거버넌스를 추진해야 한다.

1. 인류운명공동체와 사이버 공간 운명공동체

글로벌화가 가속화되는 상황에서 인류 기존의 제도 안배와 권력구성은 날로 밀접해지는 공동 이해관계를 관리하기에 점점 어려워지고 있으며, 글로벌 차원에서 점차 필요한 협력 장애가 되고 있다. 글로벌적인 협력이 부족한 상황은 글로벌 거버넌스 공급의 엄중한 부족의 결과를 가져왔다. 글로벌 거버넌스 공급의 엄중한 부족은 인류가 국제적 정의를 형성할 수 없고, 발전의 불균형, 질서의 불합리성 등의 문제를 해결하기 어려우며, 공동의 문

제기했다. "4항 원칙"은 인터넷 주권을 존중, 평화안전 수호, 개방 협력 촉진, 자유와 질서 보장을 견지한다는 내용이 포함된다. "5가지 주장"은 전 세계 인터넷 기초시설 건설을 가속화하고 호연호통(互联互通-상호 연결과 상호 소통)을 촉진하며 인터넷 문화교류 공유 플랫폼을 구축하여 서로 교류하고 상호 참고를 촉진하며 인터넷 경제의 혁신과 발전을 추진하여 공동 번영을 도모하며 인터넷 안전을 보장하여 질서적인 발전을 촉진하며 인터넷 거버넌스 시스템을 구축하여 공평정의를 촉진한다는 내용이다.

제인 환경오염, 기후변화, 질병 유행 등 일상적 민생문제도 대처하기 어렵게 만들었다. '패권안정론', '글로벌 거버넌스론'이나 '온 세상 가치론' 등 모두 희망하는 세계평화와 유토피아를 실현하지 못했다. 세상 어디나 불안한 상황은 끊이지 않고 문명 마찰과 경제 쇠퇴는 부단히 심각해졌고, 형형색색의 극단주의와 테러리즘 등이 끊임없이 나타나고 있다.

"뭉치면 강해지고, 흩어지면 약해진다." 전 세계적인 엄중하고 복잡한 문제에 대해 인류는 어떻게 해야 하는가? 냉전사상 · 제로섬 겨룸의 낡은 관념을 견제해야 하는가? 아니면 평화공존, 협력하여 윈-윈하는 새로운 이념을 선도해야 하는가? 조금이라도 이성적이고 양심이 있는 사람이라면 정확한 선택을 할 것이다. 현시대에 인류는 그 어느 때보다 한마음 한뜻으로 문제를 해결해야 한다. 인류는 공동으로 운명공동체를 형성해 공동으로 글로벌적인 위협에 대응해야 한다. 중국공산당의 18대 보고에서 "인류운명공동체 의식 선도"를 제기한 이후 시진핑 주석은 일련의 양자 간 혹은 다자간의 중요 외교활동에서 인류운명공동체 의식을 수립할 것을 강조했다. 나라와 나라간의 운명공동체, 지역 내의 운명공동체로부터 인류운명공동체에 이르기까지 공동체의 의미는 날로 풍부해지고 있다.

인류운명공동체는 중국에서 시작했지만 세계의 지혜로 재탄생했다. "천지만물은 같은 하늘 아래서 자라고 있지만 서로 해치지 않는다", "동주공제(同舟共济)", "세계대동(世界大同)"은 중국 고대 정치가들이 추구하는 최고의 경지이다. 근현대 중국의 역사는 민족독립 혁명의 역사, 분투의 역사인 민족주의 정신의 역사이다. 하지만 다른 각도로 볼 때 중국사람의 세계대동 정서는 시대와 함께 공존한다. 손중산부터 마오쩌둥(毛泽东)까지 모두 민족의 독립과 국가의 부강을 위해 분투했으며 세계대동, 국제주의 이상을 실천하는 이념을 적극 선양했다.

인류운명공동체 이념의 제기와 실천은 중국의 당과 정부가 국제형세 및 세계 패턴 변화 추세에 대한 깊이 있는 통찰력과 전방에 대한 사고를 보여 주며, 세계 각국과 함께 세계의 평화, 안전, 번영과 진보적인 가치관을 실현하며 도의를 견지하려는 중국의 태도를 보여주며, 중국이 협력하여 윈-윈하는 것을 핵심으로 하는 신형 국제관을 구축하려는 의지와 결심을 보여준다. 이는 인류의 미래 발전에 대한 중국의 지혜이고 중국의 방안이다. 몇 년간의 실천을 거쳐 이 이론은 세계적 범위에서 인정을 받았으며 적극적인 반향을 얻었다.

사회발전 과정에서 인류는 농업혁명, 공업혁명의 시대를 거쳤고, 지금은 정보혁명의 시대에 처해 있다. 정보혁명은 하늘을 찌르는 기세로 진행되고 있다. 정보기술은 날로 변화 발전한다. 인터넷도 빠른 발전 속도를 자랑하고 있다. 이런 변화와 발전은 생산력을 비약적으로 발전시켰으며 사회 생산력의 새로운 변혁을 이끌었고, 인류의 생활에 새로운 공간을 열어 주었다. 또한 국가 거버넌스의 새로운 분야를 개척했으며, 국제의 정치, 경제, 문화, 사회, 생태, 군사 등 분야에 큰 영향을 미치고 있다. 사이버 공간에서 세계는 섞여 있으며 여러 나라는 서로 연결되어 있다. 사상 높은 의존도를 보여주는 사이버 공간에서 세계는 운명공동체, 이익공동체, 발전공동체가 되어간다. 사이버 공간은 인류의 새로운 공간이며, 새로운 분야이며, 사이버 공간 운명공동체는 인류운명공동체의 연장선이다. 사이버 공간 운명공동체는 아래의 몇 가지 각도로 이해하고 파악해야 한다.

첫째, 전 세계적인 전체 인터넷 차원에서의 상호 연결. 클릭 한번으로 접속해 세계적인 공유를 실현하고 유동성과 다국적 연결성을 가지고 있다.

Manuel Castells은 인터넷사회는 유동을 기초로 형성된 사회형태이며, 유동성은 인터넷사회의 정보유동과 소통은 인류활동에 대한 시간과 공간의 제한을 타파했다. 또한 실시간으로 점 대 점의 연결을 실현하고, 국가, 지역, 종족, 민족, 종교, 사회제도 등 경계를 무너뜨리고, 세계적인 인류 소통을 실현시켜 유동성의 글로벌 사회를 형성해 물리적 위치를 초월한 새로운 사회의 특성을 창조했다. 인터넷이 제공하는 통신네트워크는 인류에게 완전히 새로운, 지역적 제한을 받지 않은 사회 소통공간을 마련해 주었다.[129] 사람들은 수시로 어디에서나 세상만사를 이해할 수 있고, 세상의 좋은 상품을 살 수 있고, 수많은 친구들을 사귈 수 있다. 인터넷 사용자는 지역뉴스나 국제뉴스를 같은 시간에 접할 수 있으며, 사이버 공간의 작은 변화는 신속하게 전체 사이버 공간에 확산된다.

둘째, 온라인 · 오프라인의 고도의 융합. 비록 인터넷은 무형이지만 사람들이 인터넷을 운용하며, 사이버 공간은 가상의 공간이지만 이를 운용하는 주체는 현실이다. 사이버 인터넷은 이미 현시대 사람들의 중요한 부분이 되었고, 인류생활의 여러 방면을 주도하고 있다. 비록 사람들이 인터넷을 '가상세계'라고 정의를 내렸지만 이 '가상세계'는 이미 현실세계와 하나로 얽혀 있다. 발전 상황에서 보면 사이버 공간은 정을 나누고 문화를 교류하는 새로운 장이 되었으며, 정보를 공유하는 새로운 공간으로, 경제무역 협력의 새로운 분야로 기술 소통을 하는 새로운 플랫폼이 되었다. 안전적으로 볼 때, 인터넷의 위험은 날로 커지고, 온라인의 위험은 오프라인에도 영향을 미치며 현실세계의 사소한 사건도 사이버 공간에서 부풀려지고 확대되어 모두

---

129) 曼纽尔·卡斯特尔, 『移动通信与社会变迁: 全球视角下的传播变革』, 傅玉辉, 등 역. 북경, 清华大学出版社, 2014, 145~151쪽.

가 관심을 갖는 대사가 될 수 있다. 인터넷 패권국가는 그들의 정보와 기술의 우세를 빌어 전 세계에 특히 정치제도, 의식형태가 그들과 다른 나라에 그들의 의식형태, 가치관을 전파할 뿐만 아니라 거리 정치를 선동하기도 한다. Joseph S. Nye가 말한 바와 같이 인터넷 정보는 중요한 권리자원이며, 기타 나라의 국민들을 설득 유인하는 소프트파워가 되어 정보를 통해 실질적인 건설과 파괴를 할 수 있으며, 이런 소프트 파워는 하드 파워의 작용을 하기도 한다.[130] 그렇기 때문에 사이버 공간의 양호한 운행은 현실세계의 질서와 안전을 안정시키는 기초라 할 수 있다.

셋째, 동고동락의 높은 의존도. 인터넷은 각국 이익의 교류를 깊이 있게 진행하고 있어 서로 융합되어 각 나라는 한 배를 타고 같은 걸상에 앉은 것과 다름이 없다. 우선 디지털경제의 쾌속적인 발전과 글로벌 디지털 무역도 활발히 진행되고 있어, 세계는 어느 한 나라가 무너지면 모두 휘청거리는 영예와 치욕을 함께하는 이익 공동체가 되었다. 따라서 대화를 통해 호리공영을 실현하고 공동 발전을 완성할 수 있다. 다음은 인터넷 공격, 인터넷 범죄, 인터넷 테러리즘으로 인한 위협은 다국적이고 전체적이며 다차원이기에 어떠한 나라도 홀로 생존을 완성할 수는 없다. 그러므로 반드시 손을 잡고 위협에 대응해야 한다. 공동의 이익이라는 배에서 어느 국가가 위협을 받든 이 위협은 전체로 확산되어 마지막에는 침몰하게 된다.

마지막으로 사이버 공간은 위협에 취약하다. 전자 매개체 간의 상호 연결이나 전자 매개체가 가상과 현실 간의 연결은 모두 인터넷이 취약한 고리이다. 비록 수많은 인터넷 위협이 자주 나타나는 상황에서 빠른 회복 능력

---

130) 约瑟夫·奈.『权力大未来』. 王吉美, 역. 북경, 中信出版社, 2012, 176~177쪽.

라고 하면서도 미국은 인터넷에서 공격을 당할 경우 "전쟁 발동"이라고 했는데, 이는 완전한 인터넷 패권주의의 행동이라 할 수 있다.

셋째, 발전의 불균형. 각국은 인터넷 기초시설과 건설 및 인터넷 안전보장 능력에서 큰 차이가 있으며, 정보기술 연구 개발과 이용 능력도 천차만별이다. 다른 국가 간, 동일 국가 다른 지역과 단체 간에도 정보격차는 큰 차이가 있다. 다른 국가 간의 인터넷 기초시설과 정보기술상의 거대한 차이는 기존의 발전 불균형을 확대시켰고, 글로벌 거버넌스 권력 배분의 새로운 도전이 되었으며, 정보격차와 경제발전 격차는 중첩되어 자본주의 논리에서 나타난 "중심-변두리" 패턴을 악화시켰다. 국제전기통신연합의 통계에 의하면, 유럽과 미국에서는 60%이상이 인터넷을 이용하지만, 아프리카에서는 10%도 안 된다. 비록 인터넷이 거의 모든 국가들과 연계되어 있지만 빈곤한 국가에는 인터넷이 보급되지 않고 있기에 인터넷 사용률은 높지 않다. 이외에도 디지털 혁명은 아직 모든 국가와 대다수 사람들의 생활에 영향을 미치지 못하고 있다. 지금 전 세계 인구의 약 40%만이 인터넷에 접속할 수 있으며, 초고속 인터넷에 의한 접속률은 겨우 15%이다. 즉 북미와 같이 인터넷이 발달한 지역에도 약 1.2억 인구가 인터넷이 없는 세계에서 생활하고 있다. 이와 동시에 효율적으로 인터넷 정보와 생산 정보를 응용하는 '디지털 능력'도 큰 차이가 있다. 개발도상국이 디지털 기술에서 얻는 이익은 선진국과 큰 차이가 있다.[131]

---

131) 世界银行. "2016世界发展报告: 数字红利", (2016-01-13)[2016-04-24].
http://www.wds.worldbank.org/e x ternal/default/WDSContentServer/WDSP/
IB/2016/01/13/090224b08405b9fc/1__0/Rendered/pdf/World0developm
0l0dividends0overview.pdf.

이 외에도 각국 인터넷에 대한 안전 위협과 리스크는 날로 커져가고 있고, 정치, 경제, 문화, 사회, 생태, 군사 등 분야로 침투되고 있다. 특히 발전도상국의 중요한 정보 기초시설이 취약하기에 인터넷 안전 방어능력이 약하여 국가적이거나 조직적인 고강도의 인터넷 공격에 대응하는 것이 어렵다. 세계적인 범위에서 개인정보의 침해, 지적 저작권의 침범, 인터넷 범죄 등이 자주 발생하며, 인터넷 도청, 인터넷 공격 등의 범죄행위는 전 세계의 공해가 되었다. 미성년자의 합법적 권익보호, 인터넷 범죄 타격, 공민사생활과 지식재산권 보호 등에 관한 국제공약과 사법부 간 협조시스템이 매우 부족한 상황이다.

3. 인터넷 주권에 대한 존중을 중요 조건으로 글로벌 인터넷 거버넌스 시스템이 더욱 공정하고 합리적인 방향으로 발전하도록 노력해야 한다.

오늘날의 국제시스템은 최근 500년 간에는 없었던 큰 변화를 가져오고 있으며, 국제세력 차이는 변화를 반복하고 있으며, 글로벌 도전은 많아지고 있기에 글로벌 거버넌스를 강화하고 글로벌 거버넌스 시스템의 변혁을 추진하는 것은 시대의 요구이기도 하다. 인터넷을 대표로 하는 정보기술의 쾌속적인 발전은 인터넷 공간을 육지, 해상, 영공, 우주 이후의 "5번째 영역"이 되었으며, 글로벌 거버넌스의 새로운 분야로 대국 겨룸의 새로운 전쟁터가 되었다. 인터넷 주권을 존중하는 것을 견지하고 상호 존중과 상호 신임하는 기초 하에서 대화와 협력을 강화하여 공동으로 글로벌 인터넷 거버넌스 시스템 변혁을 추진하여 인터넷 공간에서의 국제 거버넌스 새 규칙, 새 질서, 새 패턴을 형성하여 세계의 절대다수 국가의 공동 소망이 되어야 한다.

첫째, 인터넷 주권을 존중하는 것을 견지해야만 하는 것을 기본원칙으로 한다.『유엔헌장』의 주권평등 원칙은 현대 국제관계의 기본원칙이며, 나라 간 여러 분야의 교제에 적용되며, 사이버 공간에도 응당 이 원칙과 정신이 적용되어야 한다. 인터넷 주권은 국가 주권이 인터넷 공간에서의 연장이며 발전과 실천이다. 또한 현실 주권이 가상공간에서 합리적으로 반영된 것이다. 이 원칙의 실현은 인터넷 시대의 국제시스템은 중요한 역사적 과제이다. 중국이 인터넷 주권을 존중하는 원칙은 새로운 역사적 시기의『유엔헌장』과 국제 기본규칙, 국제시스템 안전과 안정 수호의 체현이며, 중국이 글로벌 인터넷 거버넌스 개혁에 미치는 중요한 공헌이며, 글로벌 인터넷 공간 거버넌스 질서개혁이 큰 변화를 가져왔다는 표식이다.

한마디로 말하면, 인터넷 주권은 국가가 독립 자주적으로 자국의 인터넷 공간을 관리하고 평등하게 인터넷 국제협력을 진행하고, 인터넷 국제 거버넌스에 참여하며, 상응한 권리를 공유하여 관련 의무를 이행하는 자격과 능력을 말한다. 인터넷 주권은 대외적으로 인터넷 발전과 관리양식의 독립, 국가안전과 인터넷 발전의 외부환경 유지, 그리고 내부적으로는 인터넷 공공정책과 법으로 인터넷을 다스리는 자주성과 양호한 인터넷 질서를 유지하고 깨끗한 인터넷 공간의 구축을 통해 근본적으로 국가이익과 공민의 합법적 권익을 수호하는 것을 말한다. 인터넷 관련 법률·법규의 제정과 정책의 공표, 정부 관리와 행정 집행, 사법 관할과 쟁의 해결, 글로벌 거버넌스와 국제협력 등은 인터넷 주권행사의 방식이다. 법률적으로 보면 인터넷 주권이 없으면, 각 나라는 자국의 인터넷 발전 방향을 선택하고, 자국의 인터넷 관리 양식을 제정하며, 자국의 인터넷 공공정책을 제정하는 등 면에서 진정으로 법에 따라 인터넷을 관리하고 자유와 질서의 균형, 발전과 번영을 보장

받지 못하게 되는데, 이렇게 되면 인터넷이 진정으로 인류에게 유익한 것이 될 수 없는 것이다.

특별히 지적해야 할 점은 인터넷 주권에 대한 존중을 강조하는 것은 국제 인터넷 공간을 분할시키는 것이 아니라, 인터넷 공간의 운명공동체를 구축하는 기초와 전제조건이며, 인터넷 공간 운명공동체의 인터넷 주권 보장인데, 이 두 가지는 변증 통일의 관계이다. 주권평등의 기초 하에서 인터넷 발전이 빠르고 느림, 기술의 강약을 떠나 각국의 참여권, 발전권, 거버넌스권은 모두 평등해야 하며, 효과적인 보장을 받아야 한다. 우리는 응당 각국에서 자주적으로 선택한 인터넷의 발전방향, 인터넷의 관리양식, 인터넷의 공공정책과 국제 인터넷 공간의 거버넌스에 평등하게 참여하는 권리를 존중하고, 인터넷 패권을 탐하지 않고, 기타 국가의 내정을 간섭하지 않고, 기타 국가의 안전한 인터넷 활동을 위협하는 활동에 참여하지 않고, 방임하거나 지지하지 않는다.

둘째, 평화안전 수호를 견지하는 것을 목표와 임무로 한다. 안전하고 안정적이며 번영된 인터넷 공간은 전 세계적으로도 큰 의미가 있다. 인터넷 공간은 나라 간 싸움의 전쟁터가 되지 말아야 하며, 더욱이 범죄가 일어나는 온실이 되지 말아야 한다. 각국은 응당 공동으로 세계평화의 보호자·수호자가 되어야 하며, 인터넷이 인류에게 복지가 되도록 노력하여 인류에게 상해를 주지 말도록 해야 한다. 인터넷은 응당 사람들과 나라들이 화목하고 평화롭게 지내는 공간이 되어야지, 서로 질책하고 대항하며 공격하거나 심지어 분쟁과 전쟁을 진행하는 공간이 되지 말아야 한다. 동시에 인터넷은 세계평화를 촉진하는 공간이 되어 세계를 더욱 아름답고 조화롭게 만드는 공간이 되어야 한다. 인터넷이 범죄와 테러리즘이 활동하는 주요 공간이 아닌 세계에 안전과 안정을 가져다주는 공간이 되어야 한다. 인터넷을 이용한 공포, 음란물, 마약, 돈세탁, 도박 등의 범죄행위를 반대하고, 이런 행위가 나타나지 말도록 경계해야 한다. 동시에 인터넷 안전을 보호함에 있어서 이중 표준이 있어서는 안 된다. 상업기밀을 절도하는 행위나 정부사이트를 겨냥한 해커공격은 응당 관련 법률과 국제공약으로 단호하게 처벌해야 한다. 각국은 자기의 인터넷 안전을 보호해야 할 권리가 있으며, 한 나라의 안전을 위해 다른 나라의 인터넷 안전을 희생해서는 안 되며, 일부 국가만 안전하고 다른 국가들은 불안전해서도 안 되며, 다른 나라의 안전을 희생하여 자신의 절대 안전만을 도보해서는 더욱 안 된다.

셋째, 개방 협력의 촉진을 견지하는 것을 전제 조건의 기초로 한다. 개방은 인터넷 교류 협력의 기본 전제이며, 개방협력이 없다면 그것은 오늘날의 인터넷이 없다는 것과 같은 것이다. 글로벌 인터넷 거버넌스 시스템을 완전히 하고 인터넷 질서를 보호하려면, 반드시 "동주공제(同舟共济), 호신호리(互信互利)"의 이념을 견지하고, "제로섬 게임, 승자 독식"의 낡은 관념을 버려야 한다. 각국은 응당 인터넷 분야의 개방과 협력을 추진하고, 개방의 의미를 풍부히 하며, 개방의 차원을 높여 더 많은 소통과 협력의 플랫폼을 구축하여 정보의 자유적이고 규칙적인 유동을 촉진하고, 세계 우수한 문화의 교류와 상호 참고를 추진하여 더욱 많은 이익 교집합, 협력 성장점, 원-윈의 새로운 면을 창조하여, 다른 점은 미뤄두고 공동으로 인정하는 범위에서 협력하고 오해를 풀고 믿음을 강화하여 서로가 인터넷 공간에서 우세를 보완하고 호리공영을 실현하여 공동으로 발전해야 한다.

넷째, 양호한 질서구축을 견지하는 것을 확실히 보장해야 한다. 인터넷 공간은 세계 각국 인민 공동의 정신적인 안식처이다. 시진핑 주석의 말처럼 맑은 날씨와 양호한 생태환경을 가진 인터넷 공간이 인민의 이익에 부합되고, 연기로 뒤덮이고 생태가 악화된 인터넷 공간은 인민의 이익과 어긋난다. 어느 누구도 공격과 욕설과 테러와 색정과 폭력이 넘치는 공간에서 생활하려고 하지 않는다. 인터넷 공간은 현실사회와 마찬가지로 자유를 제창하고 질서를 유지해야 한다. 자유는 질서의 목적이며, 질서는 자유를 보장해준다. 질서가 없이 자유는 존재하지 않는다. 차와 사람들로 붐비는 거리에서 차량도 사람도 모두 자유롭게 이동하기를 희망한다. 이런 상황이 바로 질서를 구축하고 자유를 규제해야 하는 원인이다. 우리는 사상을 교류하고 의사를 표명하려는 네티즌들의 권리를 존중해야 하며 법에 따라 양호한 인터넷 질서도 형성하여 더욱 많은 네티즌들의 합법적인 권익을 보장해야 한다. "법이란 치의 시작이다.(法者, 治之端也)" 법에 따라 인터넷을 관리하는 질서를 건립하고, 인터넷 공간의 법치를 추진하고, 법에 따라 인터넷을 다스리고, 법에 따라 인터넷을 사용하여 네티즌들이 법치를 존중하고, 자각적으로 수호하며, 굳건히 보호하도록 하여 인터넷이 법치 하에 건강하게 시행되도록 해야 한다. 마찬가지로 양호한 인터넷 질서를 구축하려면, 반드시 인터넷 윤리, 인터넷 문명건설을 강화하고, 도덕적으로 인도하고, 긍정적 에너지를 대대적으로 발양하여 인류문명의 우수한 성과로써 인터넷 공간에 영양을 제공하고 인터넷 생태를 복원해야 할 것이다.

4. "인터넷이 세계 각국 인민들에게 행복을 가져다주어야 한다"는 것을 목표로 하는 사이버 공간의 운명공동체 구축에 중국의 지혜와 중국의 역량을 지원해야 한다.

사이버 공간은 인류 공동의 활동 공간이며, 사이버 공간의 미래는 응당 각국 인민들이 공동으로 장악해야 한다. 세계 각국은 응당 소통을 강화하고, 공통된 인식을 확대하며 협력을 심화시켜 공동으로 인터넷 안전 위협에 대응해야 한다. 공동으로 인터넷 공간의 공평과 정의를 보장하고 글로벌 정보혁명이 가져다준 기회와 성과를 공유해야 하며, 공동으로 인터넷 운명공동체를 구축하여 인터넷 공간을 인류의 생존과 발전의 새로운 공간으로 발전시키고 인터넷 발전성과가 인류의 복지에 기여할 수 있게 해야 한다.

첫째, 인터넷 공간의 상호 존중과 믿음을 증진시켜야 한다. '화이부동'[132]은 중국 고대 정치 철학의 중요한 이념이며, 글로벌시대에 나라와 나라 간의 관계를 처리하는 기본 준칙이 되었다.

마음이 맞으면 파트너이고, 구동존이[133]하는 관계도 파트너가 될 수 있다. 세계 각국은 응당 진솔한 소통으로 의심을 해소하고, 믿음을 증진시키고, 인터넷 거버넌스 경험교류와 협력을 강화하고, 각국이 인터넷 발전방향과 인터넷 관리양식, 인터넷 공공정책을 자주적으로 선택할 수 있는 권리를 존중해야 하며, 국제 인터넷 공간 거버넌스에 평등하게 참여하며, 공동으로 인터넷 공간의 국제규칙 제정을 추진하여 인터넷 공간질서를 수호해야 한다. 또한 기업, 민간조직, 기술단체, 학술계, 국제조직과 기타 이익관련 조직이 더욱 큰 작용을 할 수 있도록 지원해야 한다. 복잡하게 엉킨 국제 인터넷 안전에 대한 위협에 국제사회는 응당 공동으로 노력해야 하며, 인터넷 공간에서의 국가 주권을 존중하고 공동으로 인터넷 범죄와 테러활동을 징벌하여 인터넷 공간과 중요한 정보기초시설을 위협하고 교란시키고 공격당하고 파괴당하지 않도록 해야 한다. 또한 인터넷 공간에서의 국제 반테러 공약 제정

---

132) 화이부동(和而不同) : 남과 사이좋게 지내기는 하나 무턱대고 어울리지는 않는다.

133) 구동존이(求同存異) : 일치하는 점은 취하고, 의견이 서로 다른 점은 잠시 보류한다

을 추진하여 공민의 개인정보 안전과 같은 합법적 권익을 실질적으로 보호하여 공동으로 인터넷 공간의 평화안전을 수호해야 한다. 중·미 양국은 모두 인터넷 공격의 피해국이며, 인터넷 안전에 공동의 관심사가 있다. 중·미 양국은 응당 이견을 좁히고 의문을 해석하여 믿음을 증진시켜야 하며, 법률과 관련 국제 공약에 따라 함께 인터넷 해커의 공격과 인터넷 상업기밀을 절도하는 범죄와 싸워야 한다.

글로벌 인터넷 거버넌스 과정에서 중국은 인터넷 대국이 응당 져야 할 책임을 져야 한다. 중국은 응당 "4가지 원칙"과 "5가지 주장"을 기초로 양자간·다자간의 국제교류와 대화를 강화하여 차이를 인정하며 같은 점을 찾아 이해를 도모하여 '최대공약수'를 형성해야 한다. 이 외에도 중국은 적극적으로 유엔, 국제전기통신연합, 상하이협력기구, 브릭스 국가 등 차원에서의 인터넷 교류와 협력에 적극 참가하여 ICANN 등 국제적 개혁을 추진하며 공동의 인식을 확대하고 협력을 강화해야 한다. 동시에 우리나라는 응당 세계 인터넷 대회 등 활동을 지속적으로 주최해야 하며, 중국과 세계가 소통하는 국제적 플랫폼과 국제 인터넷 공유와 공동 관리의 중국 플랫폼을 구축하고 진심어린 소통을 통해 분쟁을 해결하고 공통 인식을 통해 공동 구축과 공동 향유를 실현해야 한다.

둘째, 인터넷 기초시설의 호연호통을 추진해야 한다. 인터넷의 본질은 상호 연결이며 정보의 가치는 상호 소통에 있다. 선진적인 정보 기초시설은 정보화 발전의 토대이다. 때문에 정보기초시설 건설을 강화하여 정보의 원활한 소통의 길을 마련하여 다른 국가와 지역, 단체 간의 정보격차를 줄여야만 정보자원이 대량으로 용솟음쳐 나올 수 있다. 2016년 7월, 중국이 발표한 『국가 정보화 발전 전략 강령』 내용의 지도하에 우리나라는 육지, 해양, 하늘, 우주를 망라한 국가정보기초시설 건설을 다그치고 보급 서비스를 완전히 하고 인터넷 발전이 낙후한 지역을 돕는 계획을 시행하여 13억이 넘는 중국 인민들이 인터넷을 통해 세계를 이해하고 정보를 장악하며 빈곤에서 벗어나고 생활을 개선하여 행복을 누리게 해야 한다.

"책략을 제정함에 있어서 응당 우선 먼저 세상 사람들을 고려해야 한다." 우리나라는 국가이익이 있는 곳마다 정보화 되어야 한다는 원칙을 견지하고 각계와 함께 자금과 기술 투자를 확대하여 클라우드 컴퓨팅, 빅 데이터, 사물인터넷 등 분야의 연구 개발과 응용을 보급하여 공동으로 글로벌 인터넷 기초시설 건설을 추진하며 인터넷 기초 자원을 최적화시켜야 한다. 이 외에도 '일내일로' 건설을 중심으로 관련 국가와의 인터넷 협력을 강화하고 인터넷 상호 연결과 정보의 상호 소통을 강화해야 한다. 구체적으로 말하면 우리나라는 '일대일로' 건설의 정보화 발전을 추진하고 해저케이블과 육지 국경 케이블 건설을 통일적으로 계획화여 연결과 소통을 활발히 하여 인터넷 실크로드를 건설해야 한다. 이 외에도 주변 국가와의 정보 기초시설의 연계 속도를 제고하여 중앙아시아를 지나 서아시아에 이르는, 남아시아를 지나 인도양에 이르는, 러시아를 지나 중동부 구라파 국가에 이르는 육상 통로를 건설하고 아메리카, 유럽, 아프리카를 이어 놓는 해저 케이블을 건설해야한다. 우리는 기초 전자 통신사와 중점 인터넷 정보회사 개발도상국의 정보 기처 시설 건설에 참여하도록 해야 하며 "정보요새"를 없애고 정보격차를 줄여 정보 자원이 충분하게 유통하도록 하여 더 많은 개발도상국과 인민들이 인터넷을 통해 더욱 행복한 생활을 하도록 해야 한다.

셋째, 디지털 경제를 발전시켜 호혜호리를 실현해야 한다. 지금 국제 금융 위기의 부정적인 영향은 여전히 존재하며 세계 경제의 회복은 험난한 과정이다. 수많은 국가는 발전 형식 변화를 완성해야하는 긴박한 상황에 처해있으며 중국 경제도 하행의 압력을 받고 있다. 이런 문제를 해결하는 관건은 혁신으로 발전을 꾀하는 것을 견지하고 새로운 발전의 경지를 개척해야 한다. 신속하게 발전하고 있는 정보기술과 한창 발전하고 있는 디지털경제는 각국에 천재일우의 기회를 마련해 주었다. 2008년 국제 금융위기 이후, 미국은 인터넷 우세를 이용하여 디지털경제를 대대적으로 발전시켰는데 애플, 구글, 페이스북 등 일련의 인터넷 기업들이 신속하게 성장하였고 세계적인 범위로 업무를 확대했다. 이는 미국이 먼저 위기를 이겨내고 경제 성장을 가져올 수 있는 버팀목이 되었다. 근년, 우리나라 디지털 경제도 활기찬 발전을 가져왔다. 국가 빅데이터 전략, "인터넷 + 행동 계획"의 실시와 함께 '공유경제'는 빠른 발전을 가져왔으며 인터넷을 기반으로 하는 여러 가지 혁신들이 우후죽순마냥 나타나고 있다. 차세대 정보통신기술과 경제사회 각 분야는 높은 융합을 자랑하고 있으며 우세적인 신흥 경영방식은 넓은 범위와 넓은 분야로 확장되고 있으며 정보화는 전체 요소 생산율에 적극적인 영향을 미치고 있다. 총체적으로 인터넷은 날로 경제 전형 업그레이드의 새로운 동력이 되어 우리나라 경제가 더욱 고급적이고 최적화된 분업, 합리적인 구조를 가진 단계로 발전하도록 한다.

중국 인터넷정보 경제의 번영은 각국 기업과 창업자들에게 광활한 시장을 마련해 주었다. 시진핑 주석은 중국 개방의 대문은 영원히 열려져 있을 것이며 외자를 이용하려는 정책은 변하지 않을 것이며 외국 투자기업의 합법적 권익을 보장한다는 정책은 변하지 않을 것이며 중국에서 투자하고 업무를 발전하는 각국 기업에 보다나은 서비스를 제공할 것이라고 했다. 이 약속을 지키기 위해 중국은 응당 각국과의 협력을 강화하고 다국적 전자 상거래와 정보경제 시범구역을 발전시키는 등 방법으로 세계적 범위에서의 투자와 무역을 발전시켜 글로벌 디지털 경제를 발전시키고, 인터넷과 각 산업 간의 깊이 있는 융합을 촉진시키고, 인터넷 공간에서의 정보유동의 자유와 질서를 보장하여 하루 빨리 전 세계 인터넷 시장을 연결하고 더 많은 취업 기회를 창조하여 유엔의『2030년 지속발전 의정』목표를 실현하며 글로벌 경제가 지속적으로 건강하게 발전할 수 있도록 지지하고 더 많은 나라와 인민들이 정보시대의 쾌속 버스에 탑승하도록 해야 한다.

이 외에도 중국과 러시아간의 인터넷 협력은 큰 시너지 효과를 가져왔으며, 앞날은 희망적이며 최근 인터넷 상업, 기술 합력은 착실하게 추진되고 있다. 실크로드 경제벨트와 유라시아 경제연맹 건설의 연결을 추진하여, 다국적 전자 상거래의 발전을 빠르게 하고 중국과 러시아의 협력 시범항목을 모색하고 건설하여 새로운 성장점과 가능성을 찾아야 한다. 중국과 EC는 서로 중요한 시장이며, 사이버 공간에서의 협력 가능한 잠재력도 매우 크다. 디지털경제영역에서의 협력을 강화하고, 스마트도시 · 인터넷 금융 등을 시범항목으로 하고, 기업의 빅데이터와 클라우드 컴퓨팅 분야의 협력을 강화하여 함께 호리공영의 중국과 유럽 간의 디지털 실크로드를 건설해야 한다. 중국과 미국 간 관계의 본질은 호리공영이다. 중미양국은 응당 적극적으로 디지털경제 협력계획을 연구하고, 신형기업이 적극적이고 공평하게 양측 시장에 진입하는 것을 지지하고, 빅 데이터 · 인공지능 등 기술혁신 협력을 진행하여 디지털경제가 중 · 미 협력의 새로운 성장점이 되게 해야 한다.

넷째, 인터넷에서의 문화교류와 상호 참고를 촉진시켜야 한다. 문화는 교류를 통해 더욱 빛나고 문명은 서로 참고하면서 풍부해진다. 인터넷은 인류의 우수한 문화를 전파하고 긍정 에너지를 선양하는 중요한 매개체가 되었다. 또한 인터넷의 높은 글로벌화, 전파의 간편화, 실시간 상호작용은 인류 문화의 축척과 계승, 교류와 혁신에 넓은 무대를 마련해 주었다. 우리는 응당 인터넷 내용의 건설을 진행하고, 적극적이고 발전적인 인터넷 문화를 발전시켜야 하며, 인터넷 전파에 적합한 사람들의 다양한 수요를 만족시킬 수 있는 문화상품을 개발해야 한다. 인터넷을 통한 국제교류의 장을 마련하고, 인터넷 문화교류의 공유 플랫폼을 구축하여 인터넷 전파의 우세를 발휘하도록 해야 한다. 디지털 형식으로 인류의 우수한 문화성과를 보호하고 계승하고 발양하여 세계 각국 인민들이 중화민족의 우수한 분화를 이해하고, 중국 인민이 세계 각국의 우수한 문화를 이해하게 하여 "먼저 자신의 아름다움을 찾고 다음 타인의 아름다움을 발견하고 감상하며, 서로 아름다움을 감상하고 찬미하여 마지막에는 일치와 융합을 형성케한다." 우수한 문화는 사람들의 정신세계를 풍부하게 하며 인류문명의 진보를 촉진시키는 우리 정신세계의 자양분이다. 청소년은 세계의 미래이며, 인터넷의 발전은 청소년을 만들므로 인터넷 내용은 청소년의 미래를 결정하는 것이다. 그렇기 때문에 수많은 청소년들의 인터넷의 수요를 중시해야 하며, 미성년자에 대한 인터넷 보호를 강화하여 인터넷이 청년들의 마음을 이어놓는 연결고리가 되고, 문명 · 녹색 · 건강한 인터넷을 만들어야 한다.

"뜻이 맞는 사람은 산이나 바다로 떨어져 있어도 멀다고 느끼지 않는다." 인터넷은 이미 전 인류 공동의 생활터전이 되었으므로 인터넷 공간의 운명공동체를 형성하는 것은 국제사회 공동의 책임이다. 세계 각국은 반드시 인터넷 주권을 존중하는 기본원칙 하에서 소통과 협력을 강화하여 공동으로 평화적이고 안전하며 개방적이고 협력적인 인터넷 공간을 구축함으로써 다자간 적이고 민주적이며 투명한 국제 인터넷 거버넌스 시스템을 건립하고, 한마음으로 함께 인터넷 공간의 운명공동체를 형성하며 공동으로 인터넷이 가져다준 도전에 대응하고 인터넷이 가져다주는 복지를 공유하여, 인터넷 발전성과가 세계 각국 인민들에게 더 많은 복지를 가져다주도록 해야 할 것이다.

제8장

글로벌 거버넌스에 대한 중국의 탐색 4:

'일대일로' 정책을 수립한 중국의 지혜

"대 시대는 큰 패턴을 필요로 하며 큰 패턴은 대 지혜가 필요하다." 시진핑 주석이 제기한 '일대일로' 제안은 유라시아대륙을 무대로 한 세계적인 큰 패턴이다. '일대일로' 건설은 21세기의 실크로드 정신을 만드는 것이며, 세계에 새로운 세계의 지도자형 국가인 중국의 매력을 발굴하고 전시하는 것이다. 함께 '일대일로'를 형성하는 것은 국제사회의 근본적 이익에 부합되며, 인류사회 공동의 이상과 아름다움을 추구하는 것을 보여주는 국제협력 및 글로벌 거버넌스의 새로운 형식에 대한 적극적인 탐색으로 세계 평화발전의 새로운 긍정적인 에너지가 될 것이다.

1

'일대일로'는 "실크로드 경제벨트"와 "21세기 해상실크로드"의 줄임말이다. '일대일로'는 세 가지 핵심 키워드를 가지고 있다. 첫째 키워드는 '21세기'이다. 우선 '일대일로'는 철도, 도로, 항공, 항해, 가스 파이프라인, 송전선, 통신망으로 구성된 종합적이고 입체적인 상호 연결되고 상호 소통하는 네트워크를 의미한다. 여기서 키워드는 '호연호통(互連互通)'으로 만물의 상호 연결, 인간과 기계간의 인터페이스, 천지일체를 의미하는 선명한 21세기 특색을 가지고 있다. 둘째 키워드는 '벨트'이다. 여기서 '벨트'는 '경제발전벨트'를 말하며, 다른 경제개발구·산업단지를 연결하여 경제회랑을 형성하는 것으로 중국 개방형식과 경험을 체현한 것이다. 2013년 9월 중국 국가주석 시진핑은 카자흐스탄을 방문하였을 때, 카자흐스탄 Nazarbayev University에서 「인민의 우의를 선양하고 함께 아름다운 미래를 창조하자」는 제목으로 중요한 연설을 했다. "유럽과 아시아 각국의 경제가 더욱 긴밀하게 연결되고, 상호 협력을 강화하고, 발전 공간을 늘린다면 우리는 혁신적인 협력방식으로 '실크로드 경제벨트'를 공동으로 건설하여 점·선으로부터 면을 형성하여 점차 지역 내의 큰 협력체를 형성시켜야 한다."[134] 이렇게 해서 '실크로드 경제벨트' 전략이 처음으로 제기되었다. 셋째 키워드는 '로드(도로-道路)'이다. 중국에는 "부유해지려면 먼저 길을 닦고, 빨리 부유해지려면 고속도로를 만들라"는 말이 있다. 하지만 중국에서 '로(路)'는 일반적인 길이 아닌 '도로'를 말하는데, 여기서의 '로'는 '도(道)'를 실현하는 방법의 하나이다. 오늘날의 '도'는 '운명공동체'를 의미한다. 『도덕경(道德经)』에는 "도는 하나를 낳고, 하나는 둘을 낳고, 둘은 셋을 낳으며, 셋은 만물을 만든다"는 말이 있다. 이로부터 '일대일로'는 간단한 '로'나 '벨트(대)'가 아니라 개방적이며, 포용적인 여러 갈래의 '로'와 '벨트'의 집합임을 알 수 있다.

따라서 '일대일로'라는 이름에서 선명한 중국적 특색을 엿볼 수 있으며, 동방의 지혜와 중국 양식의 충분한 표현이며, 실질적으로도 중국의 지혜와

---

134) 习近平. "弘扬人民友谊 共创美好未来: 在纳扎尔巴耶夫大学的演讲", 인민넷, 2013-09-08.

세계 지혜의 유기적인 결합을 보여주었다. 전체적으로 말하면 '일대일로'는 전면적인 대외개방은 필연적이며, 문명 부흥의 필연적인 추세이며, 포용적 글로벌화의 필연적 요구라는 것을 말해주며, 중국이 글로벌화 참여로부터 글로벌화를 만들어 가고 있음을 보여준다. 이는 중국의 "부흥, 포용, 혁신" 세 가지가 조화로운 "중국의 꿈"과 "세계의 꿈"의 주선율임을 알게 해준다. 구체적으로 말해서 '일대일로'의 위대한 제안은 중국 국내의 일체화를 실현하고 일대일로 주변 국가의 공동의 현대화를 추진 하고 포용성의 글로벌화를 개척하는 과정에서 충분히 중국의 책임과 중국의 지혜를 보여주고 있는 것이다.

'일대일로'가 내포하고 있는 중국의 지혜는 중국의 이념, 중국의 철학, 중국의 윤리, 중국의 책략, 중국의 전법, 중국의 경험, 중국의 경로, 중국의 방안 등 여러 방면에서 나타나고 있는 것이다.

1) 중국 이념 - 공상(共商, 공동 상의), 공건(共建, 공동 구축), 공유(共享, 공동 향유)

근대 이후의 서방 식민주의 · 제국주의 · 패권주의가 국제적으로 약탈하고 경쟁하는 협력 · 타협의 상황과 세계대전 이후의 대외원조 등의 이름으로 진행된 각종 국제협력의 형식과 달리 '일대일로'는 기존 중국과 주위 국가들의 다자간 체제에 의존하여 현존의 실행효과가 있는 지역협력 플랫폼을 비러 평화 · 발전 · 협력이라는 기치 하에서 주도적으로 주위 국가들과의 경제협력 파트너십을 발전시켜 제로섬 겨룸을 능가하는 공영주의로 "중국의 꿈"과 "세계의 꿈'을 융합시키려는 정책이다.

'일대일로'의 공정은 간단한 프로젝트가 아니고 '대사의(大寫意, 커다란 의미를 나타내는 방법 – 역자 주)' 기법으로 국제협력 제안을 실현하는 개방포용의 원칙 하에서 "공상(共商), 공건, 공유"의 이념을 제창하는 것으로 아래 몇 가지 방면으로 표현된다. 첫째, 중국과 주변 국가는 프로젝트, 자금, 기술과 표준의 연결고리를 찾아 공동으로 · 정치적으로 서로 신임하고, 경제가 서로 융합되고, 문화를 서로 포용하는 이익공동체를 형성케 한다. 둘째, 중국과 주변 국가가 함께 리스크를 감수하고 공동 거버넌스를 진행하여 중국과 일대일로 주변 국가들과 함께 책임공동체를 형성한다. 셋째, 중국과 일대일로 주변 국가들은 호리공영의 이념을 준수하여 공동 번영을 실현하고 성과를 위래 협조한다. 넷째, 중국과 일대일로 주변 국가들은 도전을 함께 이겨내며 위험을 감수하는 운명공동체를 형성한다. 중국이 제창하는 "공상(共商), 공건, 공유" 이념은 구체적으로 아래와 같은 방면에서 표현된다.

우선 중국이 제창하는 '공상(共商)'은 '일대일로' 건설과정에서 주변 국가들의 참여와 협력 사항에 대한 발언권을 존중하고, 각국 이익의 관계를 적절하게 처리함을 말한다. '일대일로' 주변의 크고 작은 국가들은 세력 · 빈부의 차이에 관계없이 모두 '일대일로'에 평등하게 참여할 수 있는 참여자이며, 적극적으로 방안을 제기하고 자국의 수요에 따라 다자간 협력 의정의 영향을 이용할 수 있다. 하지만 이 모든 것은 타국이 선택한 발전방식을 이렇다저렇다 간섭하거니 비판하지 말아야 한다. 양자 혹은 다자간의 소통과 협상을 통해야만 각국은 경제적 장점을 서로 보완하고 발전을 실현하는 전략의 접점을 찾을 수가 있다. 다음은 중국이 제창하는 '공건'이다. '상의'는 '일대일로'에 실질적으로 참여하는 첫 걸음이다. 그 다음은 "해외진출(走出去)" 사업이다. 한편 '일대일로' 주변국가들이 자금 · 기술 · 인재양성에 힘씀으로써 자주적인 발전 능력을 높이도록 격려해야 한다. 마지막으로 앞의 두 가지를 완성한 상황에서야만 '일대일로' 건설의 성과를 '일대일로' 주변국가들이 공유할 수 있다는 점을 강조해야 한다.

글로벌화의 새로운 시대에 '일대일로'는 "평화합력, 개방포용, 서로 배우고 서로 참고하며, 호리공영"의 옛 '실크로드'정신을 발양하고 계승한 것이며, 중국의 새로운 세계관인 "사해일가(四海一家-세상은 하나다.), 천하무외(天下无外-세상에 남이 없다.)"를 실천하여, 근대 이후 서방 식민시스템 및 지금의 미국 패권주의시스템으로 인해 세계가 흩어지고 분열된 국면을 교정하고, '일대일로' 주변국가의 공동 현대화가 서방에서 개척한 근대의 경쟁적 현대화를 초월하여 지구적인 평화와 공동 번영, 보편적으로 안전한 조화로운 세계를 만들어 가도록 촉진해야 한다.

2) 중국 철학 - 지행합일(知行合一, 참 지식은 반드시 실행이 따라야 한다)

중국 고대의 철학가들은 잘 알고 있어야 하며(지[知]). 또한 반드시 실천(행[行])도 중요시해야 한다고 했으며, 오직 '지'와 '행'을 통일시켜야만 '선(善)'을 실현할 수 있다고 했다. "치양지(致良知), 지행합일(知行合一)"은 왕양명(王阳明) 문화의 핵심 이념이다. '치양지'가 먼저이고, 그 다음이 '지행합일'이다. '일대일로' 건설도 중국의 이러한 철학적 이념을 보여주고 있다.

시진핑 총서기는 '일대일로' 건설사업 좌담회에서 이렇게 지적했다. "지금 100여 개의 국가와 국제조직이 참여했고, 우리는 30여 개의 일대일로 주변 국가들과 함께 '일대일로'를 건설할 협력 협의를 체결했으며, 20여 개 국가와 함께 국제 생산능력 협력을 진행하고 있다. 유엔 등 국제조직은 적극적인 태도를 보여주고 있다. 아시아인프라투자은행, 실크로드 펀드를 대표로 하는 금융협력도 부단히 강화되어 영향력 있고 상징적 의미가 있는 프로젝트들이 진행되고 있다. '일대일로'의 건설은 무에서 유로, 하나의 점으로부터 넓은 면으로 발전되었고, 예상보다 더 좋은 진척과 성과를 보여주었다."[135]

3년 동안 '일대일로'는 예상보다 빠른 진척과 성과를 가져왔다. 이는 '일대일로'가 지금의 세계의 주요 관심사와 역사적 문제에 대해 평화적으로 발전적으로 문제를 해결하고 있다는 점에서 표현되고 있다. '일대일로'가 성과를 얻을 수 있었던 것은 근대 서방의 방식이 해결하지 못하고 해결하기 싫어하는 세계평화와 발전상의 난제를 해결하고 있기 때문이다. 중국에는 "빈곤 때문에 도적이 되고", "적음을 근심하지 않고 불공평을 걱정한다"는 말이 있다. 지금 세계에는 혼란하고 무질서하다. 이는 "두 가지 빈곤" 즉 빈곤과 빈부격차인 개발도상국의 빈곤과 선진국의 빈부차이 때문이다.

그렇다면 '일대일로'가 빈곤문제를 해결하는 방법은 무엇인가? 21세기는 고속철도시대이며, 고속철도는 세계경제의 지리적 패턴을 재형성하여 세계적 범위에서의 도시화와 산업의 분업을 인도하고 있다. '일대일로'는 고석철도 건설을 대표로 하는 기초시설 건설을 통해 경제 발전의 단점인 연결과 소통의 문제를 해결하고, 글로벌화의 포용과 보편적 혜택의 발전을 추진하고 있다. 여러 개발도상국들은 '일대일로'의 이념을 인정해주며, 그들의 기초시설에 대한 중국의 투자를 환영하고 있다.

'일대일로'는 어떻게 빈부의 차이 문제를 해결하고 있는가? "아픈 것은 순환이 안 되기 때문이고 순환이 잘되면 아프지 않다." '일대일로'는 "동서의 경제와 해상, 육지의 연결"을 실현하여 내륙과 해양, 남북국가 간 및 개발도상국 국내 발전의 격차를 줄여 준다. 구체적으로 말하면 라오스를 대표로 하는 내륙 국가는 내륙으로 연결되는 국가가 되었다. 이렇게 '일대일로'는 내

---

135) "总结经验坚定信心扎实推进 让'一带一路'建设造福沿线各国人民", 『人民日报』, 2016-08-18, 01면.

류국가와 내륙지역 인민들의 대폭적인 환영을 받게 되었다. 또한 대규모적인 글로벌 산업사슬에 의해 재배치 됨으로써 이를 통해 '일대일로'는 경제의 신자유주의로 인해 글로벌화가 약한 집단의 발전이 느리다는 단점을 극복할 수 있도록 하였다.[136]

따라서 '일대일로'는 포용발전의 중국 방안이며, 동방의 지혜를 보여주고 있는 것이다. '일대일로'는 "치본(治本), 치란(治乱), 치미병(治未病)"을 통해 성장, 발전과 균형을 실현했으며, 세계경제가 단점을 극복하도록 했고, 글로벌 거버넌스에 중국의 지혜로운 정책인 '일대일로'가 그 성공 비결을 통해 공헌하고 있는 것이다.

3) 중국윤리 - 내가 서려고 하면 남을 먼저 세워주고, 자신이 도달하려고 하면, 남을 먼저 도달시켜주어야 한다.

『논어·옹야(雍也)』에는 이런 대화가 적혀있다. 자공이 물었다. "만약 백성들에게 여러 가지 좋은 일을 하고 대중들을 구제해주는 사람은 어떤 사람입니까? 이런 사람을 인자(仁者)라고 할 수 있습니까?" 공자가 답했다. "인자가 아니라 성인이라고 할 수 있지! 요순(尧舜)도 해내지 못한 일을 해낸 것이다. 인자란 바로 자신만 자리 잡으려 하는 것이 아니라 타인도 자리 잡게 만들고, 자신만 잘 살려하는 것이 아니라 다른 사람을 도와 함께 잘 살 수 있게 만드는 자이다. 다른 사람을 잘 생각하고 남의 입장을 잘 고려하는 것이 바로 인(仁)을 행하는 것이라 할 수 있다." 이 대화는 중국의 윤리관을 보여주고 있다. 개혁개방 이후 30여 년간의 발전을 거쳐 중국은 세계 제2의 경제

---

136) ① 王义桅. 『世界是通的: 一带一路的逻辑』, 북경, 商务印书馆, 2016.

실체가 되었고 '일대일로'와 아시아인프라투자은행을 통해 중국의 윤리관을 보여주고 있다.

'일대일로'는 세계와의 협력을 위한 중국의 제안이고 공공재이며 중국이 할 수 있는 일이며 응당 해야 할 일이다. 중국의 흥기는 기타 신흥국가의 흥기를 격려하고, 중국의 발전은 기타 개발도상국의 발전을 격려하고, 중국의 번영은 주변 국가들의 번영을 격려하고 있다. '일대일로'는 중국의 흥기를 동력으로 해서 유라시아대륙을 포함한 아프리카, 남태평양 지역의 흥기와 발전과 번영을 촉진시켜 주며, 21세기 혁신적인 지역협력 양식이 되었다. '일대일로'가 추진하려는 건설사업 좌담회의에서 시진핑 총서기는 이렇게 지적했다. "국가 간의 공상(共商), 공건, 공유를 견지하며, 평등과 상호 이익을 지키며, 중심을 잃지 않고 중점지역, 중점국가와 중점 항목에서 힘을 합쳐 발전이라는 최대공약수를 바탕으로 중국인민뿐만 아니라, 일대일로 주변 국가들의 인민들에게 행복을 가져다 줄 수 있도록 해야 한다. 중국은 중국과 함께 발전하려는 여러 나라들을 환영하며, 세계 여러 나라와 국제조직들이 함께 협력하기를 바란다."[137]

4) 중국의 책략 - 높은 목표를 두지만, 적어도 중간 목표는 달성한다.(取法乎上, 得乎其中)

"일대일로가 실현가능할까? 자금과 전략적 리스크, 안전문제를 극복할 수 있을까?" "일대일로는 수십 년의 시간이 필요한데, 혹시 중국 경제의 발전이 느려지면서 이 프로젝트가 부실 공사로 남지는 않을까?" …… 적지 않

---

137) "总结经验坚定信心扎实推进 让'一带一路'建设造福沿线各国人民", 『人民日報』, 2016-08-18, 01면.

은 국내외 인사들은 이러한 문제들을 제기하고 있다. 미국 사람들은 이를 '환각(illusion)'이라고 했다. 중국의 '일대일로' 제안은 "높은 목표를 두고 적어도 중간 정도의 목표는 달성할 수 있고, 중간 정도를 목표로 한다면 하위의 목표를 달성하게 된다"는 철학적 근거를 가지고 있다. 이런 『역경(易经)』의 지혜는 '일대일로' 건설 과정에서 충분히 표현된다.

'일대일로' 전략은 고립적이지 않고, 중국 대 전략의 전부가 아니다. '일대일로'는 중국 국내의 전면적이고 깊이 있는 개혁과 전면적인 개방에 입각한 정책이며, '일대일로'는 장강경제벨트(长江经济带), 경진기일체화(京津冀一体化-베이징, 톈진, 허베이성 일체화)와 함께 중국의 3대 발전 전략이다. 3대 발전 전략과 아시아태평양 자유무역구(FTAAP)는 중국의 "일체양익(一体两翼)" 대전략의 내용이다. 우리가 알아야 할 점은 고대의 실크로드의 번영과 안정은 중앙왕조의 강성과 통제력과 긴밀히 연결되어 있고, '일대일로'는 중화민족의 위대한 부흥을 알리는 "두개 백년"의 분투 목표와 긴밀히 연결된 것으로, 양자는 서로 의존하는 관계이며 서로의 희망이며 행동이다. 모두가 중화민족의 위대한 부흥의 꿈을 가지고 있는 것이다. '일대일로'의 높은 목표는 "글로벌화의 중국화"에서 "중국화의 글로벌화"를 실현하는 것이며, 중간 목표는 유라시아대륙의 시장을 건설하는 것이다.

5) 중국 전법(法): 동서방이 서로 돕고, 육지와 해상의 상호 연결

"동쪽은 만물이 싹트는 곳이고, 서쪽은 만물이 성숙되는 곳이다. 일을 시작하는 자들은 동남에서 시작하고, 성공하는 자들 대부분은 서북에 있다." 『사기(史记)·육국년표(六国年表)』에 나오는 이 말은 '일대일로'를 제창한 중국 지혜의 역사적 서술이다. 개혁개방은 동남에서 시작되었고, 서북에서 성과를 거두었다. 이는 '일대일로'가 명시한 전면적 개방이기도 하다.

　적지 않은 사람들은 '일대일로'를 미국이 아시아로 다시 복귀하려는 "서쪽 진출 전략"에 대응하려는 중국의 정책으로 여기고 있다. 사실 이는 "서방의 전법에 중화의 지혜"를 추가한 것으로 '일대일로'는 바둑과 같은 지혜로써 어느 한 점의 득실에 포커스를 맞추지 않고 전체 판국을 주의하며 동서가 서로 도우며, 육지와 해상의 효과적인 상호 연결의 실현을 목표로 하고 있다. 한국『중앙일보』에는 아래와 같은 독특한 견해의 보도가 실렸다.

　　바둑을 둘 때 상대가 던진 수에 끌려 다니는 바둑은 곧 패배를 의미한다. 중국은 아시아 무대에서 미국과의 대결을 피한다. 미국이 아시아에 집중한다면 중국은 아시아에서 슬쩍 손을 빼 세계를 상대로 나아가겠다는 계산이다. 미국이 아시아 지역에서의 중국에 대한 포위를 생각한다면 중국은 중앙아시아를 거쳐 러시아 · 유럽으로 이어지는 '실크로드 경제대(一帶)'와 동남아와 인도를 넘어 아프리카로 뻗는 '21세기 해상 실크로드(一路)' 건설을 통해 보다 넓은 지구촌 차원에서 미국을 포위하겠다는 전략이다. 서양의 체스는 상대의 킹을 잡는, 즉 완전한 승리를 노린다. 반면에 바둑은 상대보다 많은 집을 확보하면 된다. 비교우위를 추구하는 것이다. 헨리 키신저가 말했듯이 체스 플레이어가 정면 충돌을 통해 적의 말을 제거하려는 목적을 가진다면 바둑의 고수는 판의 '비어 있는' 곳을 향해 부단히 움직이면서 상대적인 우위를 확보하는 것이다. 서방 일각에선 중국의 '일대일로' 계획에 포함된 중앙아시아나 동남아 국가들의 빈곤과 정정(政情) 불안을 이유로 실패를 전망한다. 그러나 중국 입장에서 보면 이들 국가는 판의 빈 곳에 해당한다. 서양의 군사적 교리에서는 인구 밀집지역이나 수도, 핵심 경제시설에 대한 공격 및 방어를 강조한다. 그러나 바둑은 귀와 변에서 시작해 중앙으로 전개되는 포석을 중시한다. 시진핑의 일대일로 계획은 "세 귀에 통어복(通魚腹)이면 필승"이라는, 즉 세 귀를 확보하고 각 귀가 중앙을 통과해 이어지면 반드시 이긴다는 바둑의 격언을 따르고 있는 모양새다. 아시아 · 유럽 · 아프리카 세 대륙을 일대일로 계획을 통해 연결하면 반드시 이길 것이기 때문이다. 바둑의 또 다른 특징 중 하나는 지구전(持久戰)의 게임이라는 점이다. 중국은 늘 시간에선 자신이 유리하다고 생각하는 경향이 있다.[138]

6) 중국경험: 혁명 - 건설 - 개혁개방의 중국양식

상층에서의 설계나 구체적인 실천으로 보면 중국의 혁명 · 건설 · 개혁개방의 각 단계에 중국 특색의 방법 · 경험 · 중국의 특징을 가진 양식이 나타났다. 이는 '일대일로', "선으로 면을 이끄는" 상황을 형성하여 중국 국내시장의 일체화를 바탕으로 주변에 영향을 주어 유라시아 대륙과의 일체화라는 새로운 패턴 형성을 최종 목표로 하고 있다.

최근 들어 많은 개발도상국은 서방식에 날로 실망하고 심지어 절망하고 있으며, 중국식 발전에 날로 흥미를 느끼고 있다. 중국의 빈곤퇴치 · 치부 · 쾌속 발전의 기적에 큰 찬사를 보내고 있다. 중국은 대외원조를 하면서 정치적 조건을 추가하지 않아 서방의 지원에 의거하던 개발도상국의 부담

---

138) 刘尚哲. "酷似围棋的习近平外交", 한국 중앙일보, 2015-06-03.

을 줄어 주고 있다. 지금 중국의 투자형식은 서방과 다르기에 개발도상국의 단점을 보완해주고 있다. 우즈베키스탄과 같은 가난한 내륙 국가는 시장경제 하에서 국제금융 기구의 대부금을 얻기가 힘들다. 하지만 중국의 국가개발은행의 대부금을 받았다. 이는 "중국+시장"의 이륜구동이라는 중국양식의 매력을 잘 보여주고 있다. 중국 회사가 인도네시아 야완 고속철도 건설 수주에 낙찰될 수 있었던 원인은 인도네시아정부의 담보보다는 중국 국가은행의 지지가 있었기 때문이다. 이 외에도 중국 패턴은 아프리카에서 큰 성과를 가져오고 있다. 아프리카에서 중국이 처음으로 건설한 전기화(电气化) 철도는 설계·시공으로부터 운영까지 모두 중국의 참여하에 진행되었다. 케냐의 몸나철도와 몸바사항구의 건설도 중국의 참여로 건설되었다.

7) 중국의 방법: 전면적으로 계획하고 여러 방면을 고려한다.

10년도 되지는 않는 시간에 중국은 2만여 Km의 고속철도를 건설했다. 이는 세계 고속철도 총 건설 거리의 60% 이상을 차지하는 우수한 성과이다. 하지만 중국 국내의 경호고속철도(京沪高铁-베이징·상하이 고속철도)만 이윤을 창출하고 있다. 하지만 중국이 건설하는 고속철도는 전면적으로 계획하고 여러 방면을 고려하여 고속철도 건설이 철도 주변의 관련 산업 발전과 여행 및 부동산 발전에 미치는 적극적인 영향을 고속철도의 수확으로 간주해야 한다. 이는 서방 경제학의 관련학설을 초월한 것으로 경제의 긍정적인 외부효과를 실현한 것이다.

'일대일로' 사업좌담회에서 시진핑 총서기가 이야기 한 것처럼 '일대일로' 건설을 계기로 다국적으로 서로가 소통하고 연결을 전개하여 무역의 협력 수준을 높이고, 국제적 생산능력과 장비의 제조 협력을 높여야 한다. 본질적으로 효율적인 공급을 제고하여 새로운 수요를 촉진시켜 세계경제의 재 균형을 실현하려는 것이다. 특히 경제가 지속적으로 불경기인 상황에서의 거대한 생산능력과 건설능력의 해외 수출을 통해 주변 국가의 공업화와 현대화를 촉진시키고 기초시설의 수준을 제고해야 하는 긴박한 수요를 만족시키는 것은 오늘날 세계경제 형세의 안정에 유리하다.

구체적으로 시진핑 총서기의 요구에 따르면 '일대일로' 건설은 반드시 전면적으로 조화롭게 계획하고 육상과 해상, 내외, 정부와 기업을 통일적인 계획하에 해야 하며, 국내기업이 '일대일로' 주변 국가에 투자하는 것을 격려하고, '일대일로' 주변 국가들이 중국에 와서 투자하는 것을 환영해야 한다. 또한 '일대일로' 건설과 징진지(京津冀)의 협동발전, 창장경제대 발전 등 국가전략과 이어지고, 서부지역의 개발, 동북지역의 진흥, 중부지역의 굴기, 동부지역의 선 발전, 변경지역의 개발·개방을 결합하여 전면적인 개방과 동부·중부·서부의 연동적인 발전을 실현해야 한다.

8) 중국 방안: 호연호통

시진핑 주석은 2014년에 열린 "호연호통 파트너십 강화" 주최국 파트너 대화회의에서 '일대일로'를 아시아 비상의 두 날개로 비유한다면, 호연호통은 날개의 혈관과 경락이다.[139]

'일대일로'는 분가를 의미하는 것이 아니라 반복적으로 '5통'인 정책 소통, 시설 연결, 무역 원활, 자금 융통, 민심 상통으로 체계적이고 네트워킹한 것이며, 휴머니즘의 호연호통의 새로운 패턴을 의미함을 강조했다. 이는 중

---

139) 习近平. "联通引领发展 伙伴聚焦合作: 在'加强互联互通伙伴关系'东道主伙伴对话会上的讲话", 신화넷, 2014-11-08.

의(中医)학에서 강조하는 "임독이맥(任督二脉)"**140**을 소통시키는 지혜와 매우 비슷한 것이다.**141**

'일대일로'는 고금 중외의 사유를 계승하는 기초하에서 혁신과 융통을 진행하고 있다. 시진핑 총서기가 요구한 것처럼 경험을 종합하고, 흔들리지 말고, 성실하게 추진해야 하며, 정책 소통, 시설연결, 무역원활, 자금융통, 민심상통에 힘써 호리협력의 네트워크를 건설하고, 신형의 협력 방식과 다원화된 협력 플랫폼을 구축하여 함께 녹색의 · 건강한 · 스마트한 · 평화적인 실크로드를 건설하고, 나사못의 정신으로 차근차근 '일대일로' 건설을 추진하여 '일대일로' 건설이 '일대일로' 주변의 각국 인민들에게 행복을 가져다주도록 해야 한다.**142**

종합적으로 말해서 "평화협력, 개방포용, 호학호겸, 호리공영"의 실크로드 정신은 중국 역사 지혜의 결정체이다. '일대일로' 건설은 21세기 실크로드 정신으로 중국의 글로벌화 지혜를 발굴하여 전 세계에 보여줄 것이다. 『실크로드 경제 벨트와 21세기 해상 실크로드 공동 건설 추진 전망과 행동』에는 이런 내용이 있다.

"공동으로 '일대일로'를 건설하는 목적은 경제요소의 질서 있는 자유로운 유동, 자원 배치의 높은 효율과 시장의 융합을 촉진하여 '일대일로' 주변 국가들의 경제정책을 조율하고 더욱 넓은 범위의, 더욱 높은 수준의, 더운 높은 차원의 지역협력을 개시하여 공동으로 개방 · 포용 · 균형 · 보편적 혜택의 지역 경제협력 프레임을 구축하는 것이다. 공동으로 '일대일로"를 건설

---

140) 임독이맥 : 전신의 신체를 관장하는 중요한 기맥.

141) 王义桅, 『世界是通的 : 一带一路的逻辑』, 북경, 상무인서관, 2016.

142) "以钉钉子精神推进'一带一路'建设", 신화넷, 2016-08-17.

하는 것은 국제사회의 근본적 이익과 부합되며, 인류사회으 공동적인 이상과 아름다움에 대한 추구를 의미하며, 국제협력 및 글로벌 거버넌스의 새로운 양식을 적극 모색하여 세계의 평화발전에 새로운 긍정적 에너지를 더해준다."[143]

2

'일대일로'는 중국의 '독주회'가 아니라 '합창곡'이며, 성공의 관건은 21세기 합력의 새로운 방향을 제시하고 인류가 직면한 공동문제를 효과적으로 해결할 수 있는가 하는데 있는 것이다. 그렇기 때문에 "중국의 꿈"을 실현할 수 있도록 추진해야 할 뿐만 아니라 '일대일로'는 '일대일로' 주변 국가들이 공동으로 현대화하고 공동으로 문명의 부흥을 촉진시켜 각국이 직면한 발전문제를 해결 할 때 국제사회의 보편적 문제도 함께 해결하면서 공동으로 세계의 지혜를 만드는 것이다. '일대일로'는 21세기 '실크로드'정신을 발양함과 동시에 이를 이익공동체, 책임공동체, 운명공동체의 차원으로 끌어 올려, 유엔이 제정한 『2030년 지속 가능 발전 의정』과 세계의 지속적인 평화, 공동번영의 목표를 실현하기 위한 것이다.

2015년 9월 제70기 유엔대회 일반 토론에서 시진핑은 평등하게 대하고 서로 상의하고 서로 양해하는 파트너 관계를 건립하여, 공정한 정의와 공건공유의 안전 패턴을 형형하여 개방 혁신·포용호혜의 발전 전망을 도모하여 화이부동과 전부 받아들여 보존하는 문명적 교류를 촉진시키며, 자연과

---

143) "推动共建丝绸之路经济带和21世纪海上丝绸之路的愿景与行动"发布. 신화넷, 2015-06-18.

녹색발전의 생태시스템을 만들어 인류운명공동체의 전체적 구도와 총 방향을 형성해야 한다고 강조했다. 이는 풍부한 중화문명의 정신에 근거한 것이며, 세계 인민들의 공동 소망에 어울리는 인류 사회발전 진보의 트렌드에 따라 중국이 국제관계의 발전을 이끄는 호소력이 있는 본보기가 될 것이다.

러시아 잡지『도보(导报)』의 증간본에서는 일대일로에서 구상하는 글로벌 거버넌스의 새로운 이념에 관한 중국의 사고에 대해 이렇게 서술했다. "일대일로는 '중국의 길'이라기보다는 중국의 중요한 철학인 '도'에 가깝다. 중국의 '일대일로'의 '도'는 중국의 꿈과 세계 각국의 꿈을 연결시키고 중국의 지혜와 세계의 지혜를 결합하는 것으로 주로 '세 가지 가능성'의 원칙인 공유가능성인 공영주의, 지속가능한 세대 간의 균형, 그 지역에서 뿌리를 내릴 수 있는 내면화 가능성에서 표현된다."

1) 공유가능성: 공영주의

옛사람이 말하기를, 세상 사람들의 모든 눈으로 본다면 안 보이는 것이 없고, 세상의 모든 귀로 들으면 듣지 못할 것이 없으며, 세상 사람들의 마음으로 생각한다면 모를 일이 없다. '일대일로' 제안의 제기는 중국경제 발전형식의 전환 수단이며, 이를 "실현한다면 세상을 구제할 것이다"라는 중국의 책임감을 말해준다.

유럽, 아시아, 아프리카 대륙의 문명고국은 '일대일로'의 시작과 함께 공동 부흥의 서광을 맞이했고, 동서, 남북국가에 공영발전의 가능성을 제시했다. '일대일로' 제안 하에서 중화문명이 유럽·아시아·아프리카 대륙 문명 고국의 공동 부흥을 실현하는 방법을 탐색하는 것은 아래와 같은 "장재(张载)의 21세기 명제(命题)"라고 할 수 있다.

위천지입심(为天地立心)은 "평화협력, 개방포용, 호학호겸, 호리공용"의 실크로드 정신을 활성화하여 협력하여 윈-윈하는 것을 핵심으로 하는 신형 국제관계를 개척하여 21세기 인류의 고등 가치시스템을 탐색하고 인류운명공동체를 건설하는 것을 말한다.

위생민립명(为生民立命)은 각 나라가 자국의 국정에 알맞은 발전양식을 선택하여 '일대일로' 주변 국가들과 선진적이고 적합하며 일자리 창출과 친환경적이며 환경보호에 유리한 생산 협력과 공업화를 격려하고 지지하여 협력성과가 '일대일로' 주변국가 인민들에게 더 큰 혜택을 주며 공동발전과 번영을 실현하는 것을 말한다.

위왕성계절학(为往圣继绝学)은 인류의 영원히 지속가능한 발전을 실현하고 여러 가지 문명과 발전 양식의 상득익장(相得益彰)[144]과 미미여공(美美与共)[145]을 실현하여 중화문명과 유럽, 아시아 아프리카의 문명고국이 공동으로 부흥을 실현하는 아름다운 내일을 만들어 가는 것을 말한다.

위만세개태평(为万世开太平)은 인류문명의 공정과 정의로운 사업을 추진하여 '일대일로' 지역의 지속적인 평화를 도모하여 글로벌화 시대의 "천하대동"을 실현하는 것을 말한다.

21세기의 "장재의 명제"는 '공영주의(Win winism)' 실현을 우선시한다. 시진핑 주석은 윈-윈이즘을 이렇게 묘사했다. "전쟁이 아니라 평화, 대항이 아니라 협력, 제로섬이 아니라 윈-윈이 인류사회의 평화와 진보 발전을 위한 영원한 주제다."[146] 근대의 식민주의, 제국주의, 패권주의와 달리 '일대일로'

---

144) 상득익장(相得益彰) : 서로를 유익하게 하고 밝게 하는 아름다운 관계
145) 미미여공(美美與共) : 아름다운 문명의 공존.
146) 习近平. "铭记历史, 开创未来", 『人民日報』, 2015-05-08, 01면.

는 윈-윈이즘을 제창한다. 후안강(胡鞍钢) 교수는 윈-윈이즘을 이렇게 종합
했다. "(윈-윈이즘)은 식민주의, 제국주의, 패권주의 시대의 불공정성이 아닌
공정성, 차별이 아닌 평등성, 배타성이 아닌 포용성, 대항성이 아닌 비대항
성, 충돌이 아닌 조화로움, 지속 불가능과 단기적이 아닌 지속적이고 장구
한 특징을 가지고 있다."**147**

22개의 아랍 국가는 모두 '일대일로' 주변의 국가이며, 유럽과 아시아가 잇
닿은 곳에 위치한 종교와 문명의 다양성을 가지고 있고, 유구한 역사, 천부
적으로 독특한 자원을 가지고 있는 국가이기에 거대한 발전 가능성을 가지
고 있다. 지금 상황에서 아랍 국가는 자주적으로 자국 국정에 알맞은 발전
을 모색하고, 공업화 추진에 힘쓰며 일자리를 창출과 민생 개선에 노력하고,
지역의 평화와 안정을 촉구하여 지역과 국제업무에서 중요한 영향을 미쳐
야 한다. 유럽과 미국의 공업화는 일찌감치 완성되었기에 그들에게 있어 경
험의 참고는 별로 큰 의미가 없다. 하지만 중국의 공업화는 최근의 일로 아
랍국가들과 함께 협력할 수 있는 가능성이 크다. 어지러운 "아랍의 봄" 현상
은 서방의 민주를 그대로 옮겨오면 성공이 어렵다는 것을 증명해 주었다. 중
국의 성공은 중국의 패턴을 수출하지 않았으며, 객관적으로 아랍국가들이
자국의 국정에 알맞은 발전을 선택하도록 했다. 때문에 중국이 제기한 중국
과 아랍국가들이 공동으로 '일대일로'를 실현하고, 에너지 자원협력을 중요
시하며, 기초시설 건설과 무역투자의 편리성을 날개로 하여 핵에너지·우
주 위성·그린에너지 등 3대 첨단기술 분야를 돌파구로 하는 "1+2+3"의 협
력패턴과 생산능력의 협력을 강화하는 등의 제의는 아랍국가들의 적극적

---

147) 胡鞍钢. "'一带一路'经济地理革命与共赢主义时代", 『光明日報』, 2015-07-16, 11면.

인 호응을 얻었다.

　세계경제 패턴의 조정과 경제 글로벌화의 발전과 더불어 중국은 일반 소비품을 생산하던 세계공장으로부터 전 세계의 선진적인 장비를 제공하는 생산기지로 탈바꿈하고 있으며, 경제 산업의 구조도 빠른 조정을 거쳐 변화하고 있다. 아랍국가들은 천연가스 글로벌 공급업자의 단일한 역할로부터 경제의 다원화 발전을 적극 촉진하고 있다. 때문에 공동으로 '일대일로'를 건설하는 프레임 안에서 중국과 아랍국가는 발전전략을 접목시켜 중국과 걸프국가 간의 자유무역구역 담판과 중점 공업단지 건설을 촉진하여 천연가스 분야와 기초시설에서의 협력을 부단히 강화해야 한다.

　윈-윈이즘은 중국의 국제와 지역협력 이념에서 더욱 체현된다. 모두 받아들이고 보존하고 정통하는 것이 중화문명이 끊임없이 번영할 수 있는 비결이다. '일대일로'도 이런 전통을 빛내고 있으며 '양용(兩容)', '양분(兩分)', '일조(一抓)'사상을 계승하고 있다.

　"두 가지를 포용해야 한다"는 것 중 한 가지는 현지 기존의 프레임과의 '겸용'으로 다른 것을 만드는 것이 아니며, 다른 한 가지는 지역 외의 세력과의 상호 '포용'으로 러시아, 미국, 유럽 국가, 일본 등 지역 외의 세력을 배척하지 않는 것을 말한다.

　'양분'은 '분업'과 '책임'을 정확하게 구분하는 것으로 모든 것을 다 가지지 말아야 한다는 뜻이다. 금융투자에서 중국의 중앙은행이 모든 것을 책임지고, 중국 군부에서 모든 안전을 책임지는 것이 아니라, 현지 이익관련 측과 사회역량을 결합하여 이익관련 측에서 현실적으로 자신의 응당한 안전의무와 리스크에 대한 통제책임을 져야 한다는 것이다.

　'일조'는 실크로드의 종착점인 유럽을 주요 상대로 하여 중국과 유럽 간의 해양협력, 제3자 협력을 추진하여 공동으로 '5통'을 목표로 하여 '일대일로'의 위험을 관리하고 통제해야 한다.

'일대일로'의 건설은 점차 정부의 개발 지원과 개발적 금융 및 시장배치 등 방면의 상호작용을 결합하여 기초건설의 호연호통의 작용을 우선 분야로 하며, 개발도상국에 기초 공공재를 발전시켜 '일대일로' 주변의 각국 간 화물무역·서비스무역과 투자를 증가시키며 중국의 발전으로 주변국가의 발전과 세계의 발전을 도모한다.

이는 "올바른 길을 가는 자에게는 도와주는 사람이 많고, 그릇된 길을 가는 자는 도와주는 사람이 적다(得道者多助, 失道者寡助-)"는 중국의 지혜가 새로운 다자간주의의 세계적인 지혜로 변화된 것이며, 양측의 이익, 여러 측의 이익을 도모하던 개혁개방 초기의 지향은 전면적인 개방의 윈-윈이즘으로 도약하여 역사의 직심주의, 제국주의 패권주의를 초월하여 인류의 공평 발전, 평화 발전, 포용적 발전과 지속 가능한 발전의 실현을 도모하는 것이다.

2) 지속가능: 세대 간 균형

"고기를 주는 것보다 그 사람에게 고기 잡는 법을 가르쳐주라"는 중국 속담이 있다. 영어에도 이와 비슷한 말이 있다. "사람에게 물고기 한 마리를 주면, 그것은 그를 하루를 먹여 주는 것이고, 그에게 고기 잡는 법을 가르쳐주면, 그는 평생을 먹고 살 것이다."(When you give a man a fish, You feed him for a day, but when you teach him to fish, you feed him for a life time.) 이렇게 중국과 서방의 사유는 서로 통하는 바가 있다는 것을 알 수 있다. 하지만 지금의 문제는 누구나 고기를 잡을 줄은 알고 있지만 잡을 고기가 없다는 점이다! 동·서방세계나 남·북방국가 모두 인류의 지속가능한 발전문제에 직면해 있는 것이다.

인류문명의 차원에서 볼 때 지속가능한 발전은 문명의 자각, 문명에 대한 자신감의 뜻을 가지고 있다. 중국의 국제 발언권을 실현하는 것은 여러 사람들의 기대에 부응하는 것이다. 그렇기 때문에 '일대일로'는 마땅히 유엔의 『2030년 지속 가능한 발전 의정』에 포함시켜 세대 간의 균형을 맞추는 일에 주의해야 할 것이다.

문명의 차원에서 볼 때 나라와 나라 간 소통의 동력은 "문명의 격차"로써 선진문명이 낙후한 문명을 침략하고, 문명의 확장과 진보를 촉진한다. "문명의 격차"에 따라 나타난 잉여가치 탈취로 문명경쟁과 혁신이 나타났다. 아편전쟁을 거쳐 중국의 농업문명은 공업문명으로 바뀌었다. "문명의 격차"로 산생한 "문명 보너스"를 탈취하기 위해 8개국 연합군은 베이징을 침략했다. 이런 방식은 냉전 이후 인류가 진정한 글로벌시대에 진입해서야 일단락되었다. "세계는 평평하다"는 말은 "문명의 격차"가 사라졌다는 뜻이다. 고급문명이 저급문명을 약탈하는 시대가 지나갔기에, 헌팅턴은 "문명충돌론"이 문명을 움직이게 하는 법칙이 될까 두려워하기 시작했다. 물론 인류는 아직 "문명충돌"의 함정에 빠지지 않았다. 이는 제도 경쟁이 문명 경쟁을 대체하여 두 번째 차원의 국제관계의 운행규칙이 되어 직접적으로 문명의 혁신과 강인성을 시험하고 있기 때문이다.

서방 세계와의 백년 넘는 충돌을 거쳐 지금의 중국은 여러 방면에서 서방과 같은 출발점에 있고, 발전의 지속가능성 문제, 생태환경 문제와 같이 직면한 여러 가지 문제들도 동일하거나 비슷하다. 예전에 서방은 "서방의 문제"를 해결하기에 바빴고, 중국도 국가통일, 개혁임무 미완성 등 "중국문제"를 해결하느라 여념이 없었다. 지금 여러 나라는 모두 개혁을 진행하고 있다. 세계는 즈비그뉴 브레진스키(Zbigniew Brzezinski)가 말한 "글로벌 대각성 시대"에 처해 있다고 했다. 이런 시대적 배경에서 중화문명의 위대한 부흥뿐만 아니라 중화민족이 "인류를 위해 더욱 큰 공헌"을 할 수 있는 방법을 연구 토론해야 한다.

'일대일로'는 인류가 공동으로 관심을 가지는 중대한 문제로부터 지속가능한 발전이라는 보편적 의지에 입각한다. 오늘 날 지속가능한 발전의 의미는 생산력으로부터 기물적인 자원과 환경의 지속가능성, 제도적인 국제, 국내 제도의 지속가능성, 정신적인 생산과 생활이념의 지속가능성, 세대 간 지속가능성으로 확장되었다. 한마디로 말하면 지속가능한 발전, 지속가능한 생활, 지속가능한 사유 등 세 가지의 일체는 지속가능한 발전관의 시대적 의미이다.

다른 방면으로 볼 때 지속가능한 발전은 포용이며, 발전 차이의 평등, 대국 소국 간의 평등, 세대 간의 평등 등의 실현을 위해 노력하고, 서방의 타인을 포용하지 못하고 세대간 격차를 포용하지 못하는 현황을 변화시키고 이성과 이성의 한도, 과학과 과학의 한도를 규범화하며, 발전과 소비, 희망과 능력의 균형을 제대로 잡아야 한다.

중국은 자국의 지속가능한 발전을 실현하여, 인류의 지속가능한 발전에 중국의 방법을 제공하였다. 이는 현시대 중국의 제일 큰 국제 발언권이다. 당대의 중국이 문화적 각성과 문화적 자신감을 가질 수 있는 것은 중화민족의 영원한 발전 이념으로 인류의 지속가능한 발전관을 풍부히 하여 인류문명의 영원하고 지속적인 발전을 실현하고, 이론적인 중국의 발전양식(즉 중국 패턴)은 "인류문명사상의 위대한 행동"이고 "세계에 대해 중국이 역사적 공헌"을 했기 때문이다. 중국의 지속가능한 문제에 대응하는 경험과 기타 국가의 같은 점을 모색하여 지속가능한 발전은, 인류의 공동가치라는 점을 증명하여 인류의 영원하고 지속적인 발전 문명의 새로운 정규형식을 개척한다. 이는 '일대일로' 이론과 실천의 중대한 사명이다.

아시아인프라투자은행을 예를 든다면, 아시아인프라투자은행은 중국의 창의 하에 설립한 첫 번째 다자간금융기구일 뿐만 아니라, 개발도상국의 창의 하에 성립하여 선진국이 가입한 높은 표준의 국제금융기구의 성공적인 범례로써 지속가능한 발전이념을 여실히 보여준다.

예측한 바에 따르면 2010년부터 2020년까지 아시아 개발도상국의 기초시설 건설에 총 8조 달러가 필요하고, 연평균 7,000여 억 달러가 공급되어야 한다. 하지만 현재 다자간개발은행이 아시아에서의 매년 투자 규모가 겨우 100억에서 200억 달러 사이이다. 이런 상황에서 아시아 투자은행을 건설하여 더욱 많은 자금을 동원하여 지역 내 기초시설 건설과 상호 소통을 지원하는 것은 아시아 경제성장의 장구한 동력이 되고, 주변국가와 중국경제의 양적인 상호 영향에 유리하다. 동시에 아시아인프라투자은행은 남남협력과 남북협력을 위한 것이다. 지금 아시아인프라투자은행에는 아시아, 대양주, 유럽, 아프리카, 라틴아메리카 등 5대주에 57개의 회원국이 있는데, 여기에는 영국, 독일, 프랑스 등 선진국도 포함되어 있다. 아시아인프라투자은행은 회원국의 발전을 주요 목표로 하는데, 여기에는 대다수의 선진 회원국도 포함된다. 이러한 독특한 장점은 남남협력과 남북협력을 이끌어 낼 수 있는 중개역할을 하여 세계 균형발전의 실현을 촉진한다.

아시아인프라투자은행은 국제금융시스템 개혁을 격려할 뿐만 아니라, 21세기 글로벌 거버넌스의 새로운 길인 "Lean, Clean, Green"(정예, 청결, 녹색)을 개척했으며, "공개, 투명, 택우(擇優)"의 선발 관리원칙을 따라야 한다는 내용을 협정에 명확하게 기록하였는데, 이는 기타 주요 다자간개발은행과는 다른 혁신이다. 이는 아시아인프라투자은행이 변함없이 견지한 현대 거버넌스 이념을 반영한 것이다. 시진핑 주석이 지적한 바와 같이 "아시아인프라투자은행의 설립과 개업은 글로벌 경제 거버넌스 시스템 개혁의 완성에 중대한 의미가 있다. 이는 세계 경제 패턴의 조정과 변화의 추세에 따른 것이며, 글로벌 거버넌스 시스템이 더욱 공정하고 합리적이며 효과적인 방향으로 나아가는 것이 발전에 유리하다."[148] 이를 확실히 보장하기 위해 아시아인프라투자은행은 현재 있는 다자간개발은행의 거버넌스 구조·환경과 사회보장 정책, 구매정책, 채무의 지속가능성 등 방면에서의 경험과 방법을 참고하여 장점을 취하고 단점을 보완함으로써 높은 차원에서의 실행을 보장한다. 동시에 개방지역주의를 신봉하고 연합 융자, 지식 공유, 능력 건설 등 다양한 형식의 협력과 양적 경쟁으로 서로의 발전을 촉진시키며, 장점을 취하고 단점을 보완하여 공동으로 능력의 제고를 실현하여 다자간 개발기구와 아시아 기초시설의 상호 소통 및 지속가능한 발전에 대한 공헌을 제고시킨다.

동합적으로 지속가능한 발전은 공동발전에서 응용 가능하다는 의미가 있을 뿐만 아니라, 문명 공동 부흥의 필연적인 요구이다. 비록 지속적이지는 않았지만 고대의 실크로드는 천년의 역사를 가지고 있으며, 다른 민족과의 문화 교류, 융합의 희망을 지니고 있었다. 그런 점에서 오늘날의 '일대일로' 건설은 인류문명의 지속가능한 발전과 유엔 『2030년 지속가능한 발전 의정』의 시대적 사명을 가지고 있는 것이다.

---

148) 习近平, "在亚洲基础设施投资银行开业仪式上的致辞", 『人民日報』, 2016-01-17, 02面.

3) 내면화 가능-뿌리를 내리다.

'일대일로'는 "실크로드"의 중국화, 시대화, 대중화의 산물이다. 뿌리를 내리는 것은 대중화의 요구이며, 꽃을 피우고 열매를 맺는 것은 공유 발전해야 하는 문제의 당연한 결과이다.

'일대일로'는 어떻게 건설해야 할 것인가? 시진핑 주석은 '5통(五通)'을 제기했다. '5통'의 주요 이념은 공상(共商) · 공건 · 공유이다. 재차 강조해야 할 것은 '일대일로'는 기업의 "해외 진출"이 아니라 "해외 진입"이다. 즉 현지 국가의 발전 프로젝트와 결합해야 한다는 뜻이다. 이는 우리가 강박이 아닌 공동으로 상의한다는 전제 하에 상대방의 합리적인 수요를 만족시키고 그들과 함께 공동으로 건설을 진행하고, 상대방이 성공하는 기초위에서 서로 믿음을 갖는 안전 협력체제를 건설하여, 최종적으로 운명공동체를 형성해야 하는 것을 말한다. 이와 동시에 관련 서비스도 현지 민속 · 종교에 적응하여 "해외 진입" 실현하며, 현지인들이 희망하는 형식인 "현지에 뿌리를 내리는 것"을 실현하여야 하며, "유럽 생산, 유럽 소비", "아프리카 생산, 아프리카 소비"의 형식으로 현지시장에 진입하여야 한다. 이것이 기업에 미치는 '일대일로'의 요지이다.

그렇다면 이 과정에서 기업의 투자 금액은 어디에서 오는가? 이를 위해 중국은 "실크로드 기금"을 성립하여 새로운 투자방식으로 기업이 '일대일로' 건설에 참여하도록 격려하고 있다. 예전에는 BOT방식(건설-경영-양도/특허권)을 취했다면, 지금은 EPC(설계, 조달, 시공), 혹은 PPP 방식(즉 정부와 사회자본의 협력)을 취해 기업의 상품, 서비스, 이념 등이 "해외 진입"을 실현하도록 하여 '일대일로' 건설을 확실하게 추진하고 있다.

이 외에도 기업경영은 차별화 원칙을 중요시하며, 상품·서비스·이념 등이 다른 지역 인민들의 개성을 고려하고 현지의 풍속습관을 존중해야 한다. 예를 들면 이스탄불에서 지금 사용하고 있는 수로(水路)는 로마제국시기에 건설한 것으로, '일대일로'가 건설한 시설도 이천년 이후에도 사용할 수 있어야 한다. 성공의 원인은 여러 가지가 있지만 실패의 원인은 공통점이 있다. 유럽에서 아프리카의 방법을 사용할 수 없듯이 해외에서는 국내의 방법을 사용할 수 없다. 따라서 일부 기업의 "해외 진출" 실례를 분석하고, 기업 내부의 훈련을 통해 더욱 많은 기업이 성공하도록 해야 한다.

'일대일로'는 새 세기의 장정이라고 할 수 있다. '일대일로' 건설은 21세기에 중국이 협력하여 윈-윈한다는 이념을 전파하고, 기업은 글로벌 분업시스템에서 제일 잠재력이 있는 시장으로 이전하고 현지에 뿌리를 내려 꽃을 피우고 열매를 맺도록 인도하며, 글로벌화의 새로운시스템을 개척하고 공동 발전을 실현해야 한다. 물론 '일대일로'의 기회를 고려함과 동시에 정치·안전·경제·법률·도덕 등의 위협을 포함한 리스크도 평가해야 한다.

중국학을 연구하는 일본의 소에지마 다네오미(副島種臣)는 이런 말은 남겼다. "중국의 오래된 습관을 보면 종종 실행 가능한 방법만 있을 뿐 법을 행하는 사람이 없다. 또 절묘한 말만 있고 이를 행하는 일도 없다." 이 말의 뜻은 중국 사람들이 자주 실패하는 원인은 중국사람들이 일을 함에 있어서 방법만 있고 이를 집행하는 사람이 없기에 공론만 난무할 뿐 실제에 부합하지 않는다는 말이다. 이 말은 우리에게 경종을 울려주고 있다. 21세기에 제일 부족한 것은 인재이다. 박고통금(博古通今, 고금의 일에 정통한 것 - 역자 주)의 혁신을 영도할 인재가 필요하다는 말이다.

'일대일로'의 건설은 백년대계(百年大計)의 큰 사업이다. 리스크와 단점을 보완할 인재가 필요한데, 이들 인재는 국내뿐만이 아니라 주변 국가들의 인재도 포함된다. 따라서 '일대일로'의 주변 국가와 함께 여러 종류의 대학 · 직업학교 · 간부배양학원을 세우고 해외에 공자학원, 중국인 화교학교, 상회 등은 육성시설로 활용해야 하고, 서로 유대작용을 하여 인재 양성의 속도를 재촉토록 해야 한다. 『중화인민공화국 국민경제와 사회발전 제13차 5개년 계획 개요(中华人民共和国国民经济和社会发展第十三个五年规划纲要)』제51장인 "일대일로' 건설 추진"에는 "광대한 해외 교포와 귀화 화교, 화교 가족들의 서로 유대작용을 충분히 발휘해야 한다."고 명확하게 쓰여 있으며, 이를 통해 "정부와 민간이 함께, 다자간가 참여하는 인문 교류시스템을 구축해야 한다."[149]고 기록되어 있다. 물론 인재 양성에서 우선 사고방식을 변화시켜 시대와 더불어 발전하며 사람들이 자신의 모든 재능을 발휘하게 하여야만 '일대일로'의 건설을 잘해 낼 수 있는 것이다.

리콴유(李光耀)는 중국은 아직도 13억 인구에서 인재를 선발하고 있는 반면 미국은 전 세계 70억 인구에서 인재를 설발하고 있다고 말했다. 때문에 지금의 '일대일로'건설에서 우리는 '일대일로' 주변 국가의 44억 인구에서 인재를 물색하고 65개 나라의 지혜를 모아 개방 · 포용 · 협력하여 윈-윈하는 공영을 통해 세계의 지혜를 모아야 할 것이다.

'일대일로'는 중국에 시공간적 변화를 가져다주었다. 아편전쟁 이후 "세계를 바라만 보던" 중국은 "세계 주요 트렌드에 참여"하기 시작했다. 세계를 향해 문을 열던 중국으로부터 세계는 중국을 향해 문을 열기 시작했으며, 중국도 세계에 융합되면서 중국의 생산방식, 생활방식, 사유방식에 역대 급

---

149) "中华人民共和国国民经济和社会发展第十三个五年规划纲要", 신화넷, 2016-03-17.

영향을 미쳤다. 또한 글로벌화는 본토화로 발전하여 생산·서비스 산업 사슬의 현지화를 실현하였는데, 이는 '일대일로' 기업경쟁의 착안점이 되었다. 시간과 공간의 변화는 우리가 근대 역사에서 벗어나고, 서방의 영향에서 벗어나 '일대일로'의 논리에 대해 주목할 것을 요구하고 있다. 중국 사람들은 근대와 서방으로부터 벗어난다면, '일대일로' 주변국가와 인민들을 격려하는 역할을 하게 될 것이며, 서방의 이익이 아닌 모두에게 유리한 상황을 만들 문명의 공동 부흥과 국가의 공동 발전을 실현할 수 있을 것이다.

제9장
글로벌 거버넌스에 대한 중국의 탐색 5:
아시아인프라투자은행과 글로벌 금융시스템의 변혁

1. 서언

2008년에 폭발한 미국발 금융위기는 글로벌 금융시장과 실체경제에 큰 영향을 미쳤을 뿐만 아니라, 기존의 국제경제시스템과 경제성장 방식을 뒤돌아보게 했다. 특히 기존의 국제통화시스템에서 달러의 독식을 질타하고, 국제통화시스템의 다원화를 실현하기 위한 노력을 해야 한다는 내용이 제일 많았다.

유럽과 일본의 경제회복이 느리고, 신흥경제국가의 경제적 위치가 날로 상승하는 상황에서, 신흥경제국가의 국가이익을 고려하는 다원화 국제통화시스템을 구축하는 것이 글로벌 금융시스템 변혁의 주요 방향이 되었다. 아시아인프라투자은행의 설립은 이러한 노력의 현실적인 실천이다. 아시아인프라투자은행의 설립 제의는 시진핑 주석이 2013년 10월에 제기했다. 2014년 10월 첫 21개 국가는 베이징에서 『아시아인프라투자은행 성립 기획 MOU』 서명의식을 가졌다.

2014년 10월부터 2015년 2월 사이에 6개 국가가 새로 아시아인프라투자은행 가입을 신청했다. 그동안 미국은 시종 관망하는 자세로 일관하며 그들의 동맹국에게 아시아인프라투자은행에 참여하지 말 것을 요구했다. 따라서 아시아인프라투자은행 회원국 대부분은 개발도상국들이다. 2015년 3월 12일 영국이 처음으로 선진국이 가입하지 않는다는 금기를 깨고, 아시아인프라투자은행에 가입하였다. 영국을 시작으로 유럽의 기타 선진 경제실체와 한국, 오스트레일리아도 아시아인프라투자은행 회원국 신청 마감일인 2015년 3월 31일 전에 참가신청을 했다.

2016년 1월 16일 아시아인프라투자은행이 베이징에서 정식으로 개업했는데, 이는 세계에서 처음으로 개발도상국의 제안과 주도하에 성립된 다자간 국제 금융기구였다. 이렇게 개발도상국이 신형 글로벌 금융시스템을 구축하는 과정에서 중요한 첫 발자국을 내디뎠다.

지금까지 아시아인프라투자은행 회원국은 57개로 유럽 · G20 · 경제협력개발기구 등 전 세계 대다수 국가가 가입했다. 유럽부흥개발은행(EBRD), 세계은행(WB), 아시아개발은행(ADB) 등 같은 유형의 국제 금융기구와 비교할 때, 아시아인프라투자은행 회원국은 훨씬 많은 회원국을 보유하고 있는 셈이다. 이는 아시아인프라투자은행의 실력과 영향력이 어느 정도 보장되어 있다는 것을 증명해준다.

이 글에서는 지금의 글로벌 금융시스템의 결함 속에 아시아인프라투자은행의 설립이 현존하는 글로벌 금융시스템과 전체 세계경제 발전에 미치는 의미를 토론하고자 한다. 이러한 기초 위에서 우리는 아시아인프라투자은행이 미래 발전과정에서 직면할 수 있는 현실적인 문제와 해결 방법을 토론하려는 것이다. 본 장은 서론 외에 4가지 부분으로 나뉜다.

첫 번째 부분에서는 현존하는 글로벌 금융시스템의 결함을 토론하고, 두 번째 부분에서는 아시아인프라투자은행의 설립이 글로벌 금융시스템 변혁에 미치는 작용을 토론하며, 세 번째 부분에서는 아시아인프라투자은행이 미래 발전과정에서 직면할 수 있는 문제를 토론하고, 마지막 부분에서는 결론과 정책 건의를 하였다.

2. 현존 글로벌 금융시스템의 결함

1) 달러 패권 하에서의 글로벌 금융 위험 축적

2차 세계대전 이후의 브레튼우즈체제는 국제 통화시스템에서의 달러 패권 지위를 결정했다. 브레튼우즈체제의 해체와 더불어 국제통화시스템의 "두개 고리"는 "단일 고리"가 되어 미국 통화정책 공간이 나타났다. 후(后) 프레튼우즈체제 시기에 달러의 국제통화 패권지위는 약해진 것이 아니라 어느 정도 강화되었다. 2008년에 미국발 금융위기가 전 세계를 강타했다. 금융위기의 발원지인 미국이 통화정책을 확장하면서 미국의 장기적인 신용에 악영향을 미쳤지만, 유럽과 일본의 경제가 위기를 이겨내려는 기미가 보이지 않고 있기 때문에 글로벌 금융중심으로서의 미국의 본원통화 지위는 별로 변하지 않았다. 이는 지금의 글로벌 외화시장 거래액의 각국 화폐 점유율과 본원통화 화폐 종류의 구조에서 정확하게 알 수 있다. (표1)

표1 글로벌 외화시장 거래액 비율 및 본원통화 화폐 종류의 구조(%)

년도	글로벌 외화시장 거래액 비율				본원통화 화폐 종료 구조			
	2001	2004	2007	2010	2001	2004	2007	2010
달러	89.9	88	85.6	84.9	71.5	66.0	64.1	61.5
워로	37.9	37.4	37	39.1	19.2	24.8	26.3	26.2
엔	23.5	20.8	17.2	19	5.1	3.8	3.8	3.8
파운드	13	16.5	14.9	12.9	2.7	3.4	4.7	4.0
스위스프랑	6	6	6.8	6.4	0.3	0.2	0.2	0.1

자료출처: 외화 거래액 1992년과 1995년의 데이터는 Triennial Central Bank Survey 1995, BIS, 1998년 이후의 데이터는 Triennial Central Bank Survey 2010, BIS. 화폐 구조 데이터는 IMF COFER 데이터베이스에서 인용했다.

표1에서 외화 거래액에서 차지하는 비중이나 국제 본원통화 화폐 점유율에서 달러의 패권지위를 알 수 있다. 외화 거래액으로 볼 때 새로운 세기에 들어선 후 달러와 관련 외화 거래액은 전체 외화 거래액에서 평균적으로 85%의 안정적인 점유율을 기록했다. 이는 유로와 엔 등 기타 화폐 거래액보다 엄청 높은 수치였다. 본원 통화화폐 구조에서 달러는 여전히 패권 지위는 차지하고 있다.

세계 본원통화 화폐에서 달러의 점유율은 2001년의 71.1%에서 2010년의 61.5%로 줄어들었지만 제2위의 유로와 제3위의 엔과 비교할 때 달러는 여전히 우세적 지위를 가지고 있다. 그리고 일본의 경제발전이 낙관적이지 않고 유럽의 국가채무위기가 유럽경제에 영향을 미치고 있는 상황에서 향후 일정기간 동안 달러의 우세적 지위는 강화될 가능성이 있다. 적어도 두 가지 요소가 본원통화 화폐에서 달러의 지위가 짧은 기간 내에 변화되지는 않을 것이라고 결정하고 있다. 하나는 기타 화폐가 지금의 국제 본원통화 화폐에서의 점유율이 적다는 점이다.

2010년에 비록 국제 본원통화 화폐에서의 점유율이 떨어지고 있다지만 여전히 61.5%를 기록하고 있다. 하지만 2위의 유로는 겨우 26.2%를 차지해 달러 점유율의 절반도 되지 않는다. 두 번째는 국제통화기금이 창설한 특별 인출권인(SDR) 등 일련의 통화에서 40%를 점유하고 있기에 달러 자신이 국제 본원 통화화폐에서의 점유율이 너무 하락되지 않을 것이라는 것을 결정 짓고 있다. 따라서 향후 짧은 기간에 유로·엔·인민폐가 국제화폐인 달러의 지위를 위협할 수는 없을 것이다.

국제 통화시스템에서 달러의 패권이 존재하는 한 국가 거시경제정책 제 정과정에서 본위화폐와 달러 환율의 안정을 주로 고려한다. 이와 대응되는 것은 바로 개발도상국에서 대량의 외화저축자산의 축적과 외화저축에서 달러 자산의 대폭 증가이다. 개발도상국의 달러 자산이 부단히 증가됨에 따라 글로벌 자산은 점차 미국으로 몰리게 된다.

이런 배경에서 고도로 발전한 미국 금융시장의 존재는 대량의 자금을 미국 국내 금융시장에서 전화시켜 외국 상인의 투자 혹은 주식투자의 형식으로 개발도상국으로 다시 들어간다. 하지만 주권 투자에는 리스크가 따르고 직접 투자의 실제 수입이 날로 감소하는 규칙의 작용 하에 개발도상국에서 미국으로 유입된 자본 모두 개발도상국으로 돌아가지 않고, 상당한 자금은 여전히 미국 본토에서 투자 기회를 찾고 있다. 때문에 미국시장의 자금 유동은 날로 번영하고 있다. 이런 상황은 미국의 패권 상황이 계속 지속되고 개발도상국의 환율 안정과 자산 보증 등 두 가지가 필요한 상황 하에서 미국의 국내 유동 환경의 번영은 지속될 것이다. 또한 유동적 환경 번영의 조건에서 자산 가격 거품의 형성과 파멸은 필연이 되고, 글로벌 금융리스크의 축적 및 실체 경제의 불안은 불가피하다. 부동산에서 시작된 미국 금융위기가 바로 이런 불안의 표현이다.

2) 중심국가의 구속력이 부족한 거시경제정책의 기율

통화정책 측면에서 후 브레튼우즈체제 시기에 미국정부는 통화정책으로 달러와 황금의 가격차 안정을 유지해야 하는 의무가 없게 되었고, 기타 개발도상국은 환율 안정의 수요로 인해 여전히 자국의 화폐와 미국 달러를 연결시켰다. 이런 상황은 미국 통화정책 공간이 철저하게 개방되어 미국은 황금의 환율의 영향을 고려하지 않고, 미국 국내의 경제조건의 변화에 따라 적합한 통화정책을 선택할 수 있게 되었다. 이렇게 되자 1온스에 38달러였던 황금은 2000달러로 급등하였다. 여기서 브레튼우즈 체제가 무너진 후 미국 통화정책의 규칙적 구속력이 결핍되어 있음을 알 수 있다.

재정정책 측면에서 지금의 국제 금융시스템은 비록 미국 재정기율의 결핍이 통화정책의 작용처럼 선명하지는 않지만, 중심국가 재정기율의 구성 체제가 여전히 부족하다. "케인즈(keynes)혁명"과 루스벨트의 새로운 정책 이후 소비가 주도하는 경제성장 패턴에서 사회의 효과적 수요가 부족한 상황을 대비하기 위해 미국정부는 1970~80년대 스태그플레이션 시기 이 외의 모든 시기에 확정성 재정정책으로 국내수요를 자극시켜 경제쇠퇴를 피했기에 미국경제에서의 재정정책의 지위도 부단히 상승했다.

하지만 문제는 폐쇄적인 조건에서 정부 재정정책의 운용은 개인투자를 배척하는 효과뿐만 아니라, 재정 균형 및 채무 수준이 부득이 하게 경제 월간예산 규제의 제약을 받게 하고 있다. 때문에 미국 재정정책의 성과는 상대적으로 제한적이며 개방 조건 하에서, 특히 달러 패권이 존재하는 상황에서 미국의 재정기율은 외부로부터의 구속이 크게 적어졌다. 소비 수요가 경제성장에서의 작용이 날로 강화되고, 개인투자가 경제성장에 미치는 공헌이 줄어드는 상황에서, 정부는 재정확장으로 수요를 자극함과 동시에 개인투자 '배척'의 부정적인 영향을 최대한도로 줄여야 한다. 하지만 외부적으로 국가통화가 달러를 주시하는 조건에서 재정확장으로 인한 통화가치 상승이 수출의 수요를 '배척'하는 상황도 약화된다.

특히 경상수지 흑자에 의한 외부의 국가 저축자산은 안전하고 안정적인 투자방법을 찾아야 한다. 전통적인 분석은 흔히 외화저축이 경제안정을 유지하고, 환율의 충격에 대처하는 작용을 분석할 뿐 저축자산 가치에 대한 보증 및 증가의 내재적 요구는 주의하지 않고 있다. 그렇기 때문에 미국 재정확장의 동력이 강화뿐만 아니라 외부의 국가 저축자산 증가도 중심통화 국가의 채무확장에 내적 수요를 산생하게 한다.

이런 측면에서 미국 국내의 재정기율 구속력이 결핍되어 있다고 하기 보다는 현재의 국제 금융시스템 내부에서 미국 국내 재정기율 구속력을 이완시킬 필요가 있는 것이다. 2000년부터 미국의 대외 경상 항목 적자가 날로 확대되고 미국의 재정 예산이 이윤을 창조하던 상황에서 적자를 기록하게 되면서 공공 채무 수준은 날로 상승하고 있다. 2011년 연말 미국의 공공채무는 5.75만억 달러였으며, 그 중 외부 채무는 0.38만억 달러로 2000년 초에 비해 4.52배와 3.32배 증가했다.

3) 신흥 시장국가의 작용과 지위는 현재의 국제 금융시스템에서 반영되지 않고 있다.

1990년대 중기 이후 세계경제에서 개발도상국의 지위는 빠른 속도로 상승하기 시작했다. 이는 아래 몇 가지 방면에서 나타난다. 1, 개발도상국의 경제성장 속도가 선진국가와 세계 평균수준보다 훨씬 빠르다. 역사적 수치를 보면 1980년도부터 지금까지 개발도상국 경제의 발전 속도는 세계의 평균 속도보다 1.1% 높았으며, 특히 아시아 개발도상국의 경제성장 속도는 세계의 평균수준 보다 3.9% 높다. 2, 개발도상국과 선진국 간의 경제 총량의 차이는 빠른 속도로 줄어들고 있다. 이는 개발도상국의 경제 성장률이 가져다 준 직접적인 결과이다. 중저 수입 국가의 경제 총생산량은 2012년에 처음으로 고수입 국가를 초과하여 전 세계의 50.8%를 차지했다.(그림 1 참조) 3, 개발도상국은 국제무역에서의 지위는 날로 중대해지고 있다. 개발도상국의 대부분은 외향적인 발전전략을 실시하고 있으며, 대외무역이 국민경제에서의 중요성을 매우 중요시한다. 중국을 대표로 하는 동아시아 국가들은 지금 국제무역의 중요한 흑자국들이다. 대량의 외화 저축량의 축적은 외부의 위험을 막아내는 능력을 강화시키고 있고, 채권자의 신분으로 선진국에 대한 통제작용을 어느 정도하고 있다.

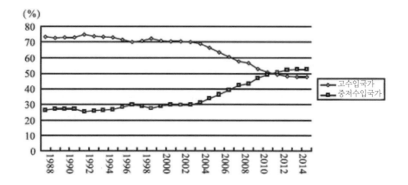

그림 1 고수입과 중저수입국가의 GDP가 전 세계에서 점하는 비율의 변화(1988~2014)

자료출처: 세계은행의 세계 발전지표 데이터베이스

비록 신흥경제국가의 경제적 지위는 경제 총생산량의 상승과 함께 제고되고는 있지만, 이러한 국가의 글로벌 금융체제 하에서의 지위는 여전히 낮고, 그들의 경제적 실력은 금융 분야에서 충분히 나타내지 못하고 있다. 신흥경제국가의 경제가 비교적 늦게 시작되고, 지금 세계에서 제일 중요한 국제 금융기구가 선진국이 주도하고 있기 때문에 신흥국가는 각 국제금융기구에서의 발언권이 큰 제약을 받고 있어, 선진국의 경제적 실체와 맞설 힘이 없으므로 피동적으로 각항의 결의를 받아들일 수밖에 없으며, 국제금융기구에 참여하여 얻는 이윤은 매우 제한적이다. 심지어 미국은 국제금융기구에서의 주도권을 이용하여 투자 혹은 지원에 정치적 조건을 부가하여 직접적으로 신흥국가를 간섭하고 있다.

IMF의 상무이사 의석수와 투표권은 2010년 개혁방안이 정식으로 발표되기 전의 예를 든다면, 상무이사 의석수는 24개였다. 그중 미국, 일본, 독일, 프랑스, 영국이 각각 하나씩 차지했고, 나머지 19개 의석은 각 지역에서 선발하여 러시아를 포함하지 않은 유럽이 9개, 아시아가 7개, 아메리카가 5개, 아프리카가 3개였다. 비록 일부 유럽국가의 경제실력이 크게 하락되었지만 여전히 많은 의석을 차지하고 있다. 반대로 신흥경제국의 상황은 이와 정반대인데 이는 확실히 불합리하다.

2008년 금융위기가 발생한 후 브릭스 국가를 대표로 하는 신흥국가는 각종 경로와 플랫폼을 통해 당시의 글로벌 금융 거버넌스 프레임을 다시 평가할 것을 강력하게 요구했다. 그중 주요한 의제가 바로 국제 금융기구에서 신흥경제국가의 점유율이 심각하게 작다는 문제를 해결하는 방법인데, 이를 통해 신흥경제국가가 글로벌 금융의 체제규칙에서의 발언권을 높이려 했다. 현실에서의 실천으로부터 볼 때, 금융위기 이후 IMF는 2008년과 2010년에 두 차례에 걸쳐 회원국의 투표권 점유율을 조정했다. 그중 2008년의 개혁방안은 2011년에 완성했는데 이번 개혁을 통해 선진국은 57.9%, 신흥경제국은 42.1%의 투표권을 가지게 되었다. 2010년의 개혁 방안은 과대평가된 나라의 6% 이상의 투표권이 과소평가된 국가로 넘겨져 최종적으로 선진국은 55.3%, 신흥국은 44.7%의 투표권을 가지게 될 것이다.

2008년의 개혁방안에 비해 2010년의 개혁방안은 선진국의 투표권 점유율을 일정하게 하향 조정하고 신흥국의 점유율을 상향 조절했다. 특히 2008년 3.65%로 제6위였던 중국의 점유율은 2008년의 개혁을 거쳐 6.06%로 올라 미국과 일본의 뒤를 이어 제3위가 되었다. 하지만 문제는 미국의 소극적인 태도 때문에 이 방안은 실제로 실행되지 않고 있으며, 신흥경제국가의 지분이 과소평가되는 상황은 향후 오랜 시간동안 큰 변화가 없을 것으로 예상된다.

3. 글로벌 금융시스템과 세계경제에 대한 아시아인프라투자은행의 의미

위에서 서술한 글로벌 금융체계의 결함을 논의하는 기초 위에서 이번에는 아시아인프라투자은행의 설립이 글로벌 금융시스템과 세계경제에 미치는 의미를 중점적으로 논의하고자 한다.

1) 아시아인프라투자은행의 설립은 아시아 경제의 일체화를 촉진한다.

세계에서 인구가 제일 많고 육지면적이 제일 큰 대륙인 아시아는 유구한 역사를 자랑하고 찬란한 문명을 창조했다. 하지만 공업혁명 이후의 오랜 기간동안 아시아는 시대의 발전에 동참하지 못했으며, 경제발전의 수준은 서방국가들에 비해 심각하게 뒤처져 있다. 오늘에 이르기까지 비록 아시아의 경제발전 수준이 날로 제고되고 있다고는 하지만, 중국, 일본, 한국, 싱가포르 등 몇몇 국가를 제외한 대다수의 아시아 국가는 상대적으로 낙후하다. 경제 총생산액이 비교적 큰 중국이라고 해도 경제에서는 국제 가치사슬의 중저급 등급에 집중되어 있다.

아시아의 전반적 발전을 제약하고 있는 주요한 요소는 아시아 지역내부의 경제일체화 정도가 비교적 낮다는 점이다. 면적이 큰 아시아의 일부 국가는 완전한 내륙국이다. 때문에 지리적 열세는 아시아 지역경제 일체화의 천연적 장애물이고, 주요 국가들은 지역 협력 주도권에서 의견 차이를 가지고 있으며, 이런 경쟁은 아시아 지역경제 일체화에 인위적인 장애물이 되고 있다. 지금 아시아경제 일체화가 심각하게 지체되어, 아시아 각국의 경제발전은 제한적이다. 이는 개발도상국의 국제적 발언권을 제약하고 있으며, 진정으로 협력과 서로에게 이익이 되며 공동으로 발전하는 적극적인 국면이 나타나기 어렵게 하고 있다. 아시아인프라투자은행의 설립은 아시아경제의 일체화를 어느 정도 촉진해 준다.

첫째, 아시아인프라투자은행은 아시아 국가에 기초시설 건설에 대부금을 제공하여, 그 나라 국내 경제성장의 기초조건을 개선해주며, 아시아지역 내부의 공동발전을 촉진시킨다. 많은 아시아 국가의 국내 기초시설은 매우 낙후하여 경제발전이 필요한 기초가 부족하다. 아시아인프라투자은행은 이런 국가의 기초시설에 필요한 자금을 제공하여 관련 국가의 공업발전의 기초를 단단히 발전시키고, 제조업과 교통운수업 등 관련 업종의 발전을 추진함과 동시에 아시아 각 국의 경제발전 격차를 감소시키는데 유리하며, 아시아경제 일체화에 든든한 경제적 기초를 마련해주고 있다.

둘째, 아시아인프라투자은행은 기초시설 건설을 지원하는데, 이는 아시아 국가들 간의 소통을 촉진시킨다. "철공기(鐵公基-철도, 도로, 비행장, 다리, 항구, 수리, 파이프라인 등)"건설이 부단히 진행되면서 운송비용은 대폭 줄어들어 아시아지역 내부의 나라간 사람·상품·자본의 유동은 날로 빈번해지고 있다. 이는 지역 내 생산의 분업에 유리하며, 각국의 경제를 긴밀히 연계되게 하여 지역의 금융·통화와 경제협력의 조건을 창조해 준다.

셋째, 아시아인프라투자은행은 인민폐의 사용을 격려하고 추진한다. 이는 신형 아시아 통화시스템에 유리하다. 아시아지역의 통화 사용상황은 비교적 복잡한데 달러를 주로 하지만 인민폐(元), 엔(円), 원(圓) 등의 화폐가 있다. 달러가 주도적 작용을 하고 있기에 아시아경제는 달러와 미국 경제의 제약 등에 의해 영향을 크게 받으며 여러 가지 주권 화폐가 있기에 빈번한 환전 원가가 산생된다. 그렇기 때문에 아시아의 공동이익에 적합한 신형의 아시아 통화체계를 구축하는 것은 미래의 아시아지역 경제발전에 지극히 중요하며, 아시아인프라투자은행은 이 방면에서 유익한 시도를 하게 될 것이다.

2) 아시아인프라투자은행은 회원국의 협력과 공동참여를 중시한다. 이는 아시아국가와 전 세계의 공동이익을 반영한다.

지역적 다자간 투자 융자 플랫폼인 아시아인프라투자은행은 지역국가가 보유하고 있는 주식 자본이 일정한 수준에 도달하도록 하게 하는 것은 국제 관례에 부합된다. 이는 아시아인프라투자은행의 모든 결책이 전 아시아지역의 경제이익을 절대로 위배되지 않게 하고 있기 때문이다. 지역국가 지분의 최저치를 60%로 규정한 아시아개발은행과 비교할 때 아시아인프라투자은행은 아시아지역의 국가가 75%의 지분을 차지하도록 규정하여 더욱 강력하게 아시아의 국가들을 보호할 수 있다. 아시아개발은행에서 미국과 일본은 공동 1위로 모두 15.6%의 투표권을 가지고 있다. 이렇게 되어 지역 밖의 선진국이 아시아 지역의 금융사무를 주도하는 상황이 나타났다. 따라서 아시아인프라투자은행은 아시아의 각 개발도상국의 이익을 보호하는 능력이 더욱 강한 것이다.

이 외에도 아시아인프라투자은행의 설립은 중국이 처음으로 추진한 것으로 중국이 당연히 아시아인프라투자은행 사무에서 주도권을 가지게 된다. 하지만 아시아인프라투자은행은 중국의 주도권을 보장하는 한편 아시아의 후진국의 발전을 지지하고 도움을 주는 것도 중시하고 있다. 여기서 강조해야 할 것은 지역 외의 회원국가의 각 금융기구와도 전면적으로 협력하고 있다는 점이다.

예를 들면 아시아인프라투자은행에서 중국이 이미 납부한 금액은 전체의 30.34%이며, 투표권은 26.6%이다. 중대한 프로젝트는 75%의 지지를 받아야 하기 때문에 중국은 잠시 거부권을 가지게 되었다. 하지만 회원국 수가 날로 증가함에 따라 중국의 투표권은 점차 25% 이하로 줄어 들 것이다. 중국은 일방적으로 자국의 이익을 강조하지 않을 것이며 각 회원국의 호리공영을 제창할 것이다.

아시아인프라투자은행에는 "중국패권"이라는 문제가 존재하지 않을 것이다. 또한 아시아인프라투자은행은 배타적 규정이 거의 없으며 각 회원국은 가입 시기, 투자액, 지역에 관계없이 프로젝트 융자, 업무 구매 등 여러 방면에서 동일시하고 공평하게 경쟁한다. 이로부터 아시아인프라투자은행은 비록 중국의 주도하에 성립되었지만 이기적으로 중국의 이익만을 수호한 것이 아니라 회원국 간의 평등협력과 공동 참여에 힘쓰고 있다. 이는 진정으로 국제화의 우수한 투자·융자 플랫폼이다.

지금 아시아인프라투자은행의 회원국에는 중국이 대표가 되는 개발도상국이 있을 뿐만 아니라 영국, 프랑스와 독일 등 전통 선진국도 포함되어 있어 폭 넓은 다원성과 포용성을 가지고 있다. 동시에 아시아인프라투자은행의 회원국 중 수많은 나라들은 기타 금융기구에 가입하고 있어 아시아인프라투자은행과 기타 국제금융기구가 중첩되어 있다.(표 2) 이는 아시아인프라투자은행과 기타 국제금융기구 간의 소통과 조정에 유리할 뿐만 아니라, 이는 아시아투자은행의 포용, 개방의 마인드가 어떤 것인지를 보여주는 것이며 글로벌 공동의 이익에 관심을 두고 있다는 특징을 보여주는 것이다.

표2 아시아인프라투자은행 회원국이 기타 국제 금융기구 참여 상황

국가 혹은 지역	ADB	IMF	WB	G7	G20	APEC
오스트레일리아	√	√	√			√
방글라데시	√	√	√			
브라질					√	
캄보디아	√	√	√			
중국	√	√			√	√
이집트		√	√			
핀란드		√	√			
프랑스		√	√	√		
그루지야		√	√			
독일		√	√	√	√	
아이슬란드		√	√			
인도	√	√			√	√
인도네시아	√				√	√

국가 혹은 지역	ADB	IMF	WB	G7	G20	APEC
이란		√	√			
이탈리아		√	√	√	√	
이스라엘		√	√			
카자흐스탄	√	√	√			
대한민국	√	√	√		√	√
키르기스스탄		√	√			
라오스	√	√	√			
룩셈부르크		√	√			
몽고	√	√	√			
미얀마	√	√	√			
네팔	√	√	√			
네델란드		√	√			
뉴질랜드	√	√	√			√
노르웨이		√	√			
파키스탄	√	√	√			
포르투갈		√	√			
카타르		√	√			
러시아		√	√		√	√
사우디아라비아		√	√		√	
싱가포르	√	√	√			√
스페인		√	√			
스위스		√	√			
타지키스탄	√	√	√			
터키		√	√		√	
아랍에미리트		√	√			
영국		√	√	√	√	
우즈베키스탄	√	√	√			
베트남	√	√	√			√

자료출처: 刘曙辉. 从全球正义的视角看亚投行. 经济研究参考, 2015 (71): 81-87.

3) 아시아인프라투자은행은 미국 금융 패권을 효과적으로 제약하는 역량이다.

처음에 아시아인프라투자은행을 설립한 목적은 아시아 지역의 기초시설 건설을 위한 것으로 아시아의 경제발전을 촉진시키기 위함에서였다. 하지만 미국이 자신의 패권적 지위를 유지하기 위해 노력하고, "아시아로 복귀"라는 전략을 실시하고 있기 때문에 아시아인프라투자은행은 부득이 대국 간의 경쟁에 참여하지 않을 수 없게 되었다. 두 가지 방면으로부터 아시아인프라투자은행이 오늘날 미국의 금융패권을 효과적으로 제약할 수 있는 역량이라는 것을 알 수가 있다.

첫째는 국제 금융시스템의 재건을 통해 미국의 금융패권을 제약하고 있다는 점이다. 미국의 금융패권은 지금의 글로벌 금융시스템에서 주도적인 작용을 할뿐만 아니라, 주요 국제금융 기구와 신용평가 기구에 대한 통제에서 표현된다. 심지어 아시아개발은행이라는 지역 금융기구도 실질적으로 미국 금융의 통제 하에 있다. 아시아인프라투자은행의 성립은 신형의 국제금융 규칙의 제정을 통해 미국이 주도하는 글로벌 금융시스템의 상황을 변화시킬 가능성이 있다. 우선 아시아 인프라투자은행은 처음으로 개발도상국의 주도하에 성립된 금융기구인데 이는 선진국이 금융기구를 주도하는 상황을 타파했다. 다음은 아시아인프라투자은행의 건립은 인민폐의 국제화를 촉진시켰으며, 아시아 국가의 천성적인 달러 의존상황을 감소시켰다. 마지막으로 중국을 대표로 하는 개발도상국은 아시아인프라투자은행의 설립은 금융기구에서의 경영관리 경험을 축적하는 데에 유리하며, 점차 아시아 금융시스템을 주도를 하여 최종적으로 국제금융기구에서 중요한 영향을 미치는 것이다. 모종의 의미에서 아시아인프라투자은행은 중국을 대표로 하는 개발도상국이 현행의 국제금융시스템 변혁을 이끄는 초석이 될 수 있을 것이다.

둘째는 유라시아 경제협력 발전을 촉진하는 것은 미국의 금융패권을 제어할 수 있다는 점이다. 유럽국가는 아시아인프라투자은행의 기획과 건립에 열정과 관심을 보였다. 영국, 프랑스 독일, 이탈리아 등 전통 선진국을 포함한 18개 유럽국가는 아시아인프라투자은행의 첫 회원국들이다. 유럽의 국가들이 적극적으로 참여하는 원인은 아시아인프라투자은행의 주요 서비스인 아시아 기초건설의 발전전망을 낙관적으로 보기 때문이며, 위안화의 역외 경쟁력을 고려했기 때문이다. 아시아 국가들의 발전수준이 비교적 낮아 기초시설 건설이 필요한 지역이 넓다. 하루 빨리 경제적 침체에서 벗어나려는 국가에 있어서 이는 방대한 잠재적 수요시장이며, 유럽 경제가 회복할 수 있는 중요한 기회이다. 아시아인프라투자은행의 성립은 유라시아 국가의 호리협력, 협동발전을 촉진시키는데, 이는 세계경제의 다극화를 촉진시켜 미국 한 나라의 독재적 패권 국면을 약화시킬 수 있는 것이다.

4) 아시아인프라투자은행은 세계은행과 아시아개발은행의 유익한 보충이다.

아시아인프라투자은행의 초대 행장인 진리췬(金立群)은 "중국 발전 포럼 2015년 연차총회"에서 "아시아 기초시설 투자은행은 세계은행·아시아개발은행의 대체가 아닌 보충이며, 현유 국제금융 질서를 전복시키는 것이 아닌 완성이며 추진이다"라고 말했다. 아시아인프라투자은행은 각국의 장점을 충분히 이용하기 위해 마련된 플랫폼이다. 예를 들면 유럽과 중동국가의 방대한 자금, 미얀마와 베트남의 풍부한 노동력, 오스트레일리아와 브라질의 자연자원, 중국과 독일의 건설과 제조능력 등 장점을 통합하고 조정을 거쳐 완전한 산업 사슬을 형성케 하여 각국 경제의 협동성장을 촉진시킨다.

중대한 사항은 중국이라는 한 국가의 뜻이 아닌 각 회원국 간의 깊이 있는 협상을 통해 공개적이고 투명한 방식으로 결정하는 글로벌적이며 개방성을 가진 아시아인프라투자은행을 건설하는 것이 바로 아시아인프라투자은행을 건립하는 기본 정의이다.

아시아인프라투자은행의 성격은 세계은행·아시아개발은행과 같은 다자간 개발성 금융기구이다. 경영에서 아시아인프라투자은행은 투자·융자 항목을 취급하기에 세계은행·아시아개발은행과 어느 정도 경쟁관계가 있다. 특히 양질의 항목에서 경쟁은 더욱 치열할 것이다. 하지만 전체적으로 볼 때 아시아인프라투자은행은 세계은행과 아시아개발은행의 유익한 보충이며 협력 가능성은 매우 크다. 세 은행 모두 국제 금융시스템 변혁의 공동 역량이기 때문이다.(표3)

표3 아시아인프라투자은행과 아시아개발은행의 비교

	아시아 인프라투자은행	아시아 개발은행
본부 소재지	중국	필리핀
행장	진리췬	역임 행장은 모두 일본인이었다
등록자금	1,000억 달러	1,650억 달러
회원국 수	57개국, 그중 37개는 아시아·태평양지역 국가	67개, 그중 48개는 아시아·태평양지역 국가
아시아 국가의 점유 지분	75%	60%
목표	기초시설 건설에 자금지원	빈곤 없는 아시아·태평양지역 건설

자료출처: 陈绍锋. 亚投行: 中美亚太权势更替的分水岭? 美国研究, 2015 (3): 14-33.

이 외에도 세계은행과 아시아개발은행의 운영방식은 정부가 주도하는 것으로 주로 상업적 이익에 중점을 주고 있지만 어느 정도 정치적 색채도 띠고 있다. 하지만 아시아인프라투자은행은 정부가 추진하는 동시에 개인의 자본을 이용하는 것을 중시하며 개인 자본이 항목에 참여하는 것을 격려한다. 이는 투자이윤을 고려함과 동시에 민생과 사회적 효율을 중시함을 의미한다. 투표권 방면에서 세계은행과 아시아개발은행은 주식 매매를 통해 투표권을 갖게 됨으로 결정권은 각국의 경제실력이 결정한다.

그 결과는 패권국가의 요구가 쉽게 통과되고 선진국은 큰 제약을 받게 될 것이다. 중국은 비록 아시아인프라투자은행에서 최대의 투표권을 가지고 있다고 하지만 한 표의 거부권을 쉽게 사용하지 않을 것이며, 새로운 회원국이 가입하면 주도적으로 투표권 지분을 줄이겠다고 했다. 개발도상국가와 선진국은 동등한 지위를 가지고 있으며 공동으로 자금을 투자하고, 규칙을 제정하고, 리스크를 함께 분담하고 있다. 이는 아시아인프라투자은행이 세계은행·아시아개발은행과 다른 기본적인 특징이다.

아시아인프라투자은행은 은행 경영체제와 경영목표에서 국제 금융기구의 유익한 보충이 될 수 있으며, 실제 성립과정에서 중국은 기타 금융기구와의 협조와 협력을 매우 중시하며, 전통 국제 금융기구의 조직구조·경영규칙 등 방면의 경험을 바탕으로 전통 금융기구의 치명적인 단점을 피하려고 노력하고 있다. 아시아인프라투자은행이 정식 영업을 시작하는 것과 함께 이후의 경영관리에서 각종 현실적인 문제에 직면하게 된다.

아시아인프라투자은행은 IMF, 세계은행, 아시아 투자은행과의 소통과 협력을 강화하여 개방·포용의 지역간 금융기구를 건설하고 지역경제와 글로벌 경제의 발전을 추진한다는 원칙에 따라 미래의 글로벌 금융시스템 변혁을 위해 유익한 탐색과 시도를 할 것이다.

4. 아시아인프라투자은행 설립과정에 존재하는 곤란과 도전

비록 아시아인프라투자은행의 설립은 아시아경제, 세계 금융시스템과 전체 세계경제에 중대한 의미가 있다. 하지만 미래의 아시아인프라투자은행 성립과정에는 큰 곤란과 도전이 존재한다.

1) 아시아지역 경제조건의 거대한 격차는 아시아인프라투자은행 건설의 난이도를 높여준다.

아시아인프라투자은행의 관리하고 조정하는 사업은 EC에 비해 복잡하다. 57개 회원국 중 37개 나라는 아시아 국가로 지역국가는 65%를 차지한다. 아시아는 넓은 영토를 가지고 있으며 인구도 많다. 또한 각국의 경제발전 수준·문화·종교 등에서도 큰 차이를 가지고 있다. 선진국인 일본·싱가포르·한국을 제외한 모든 아시아 국가는 개발도상국이다. 거대한 경제조건의 차이는 아시아 공동이익의 현실적인 곤란이 되었다.

세계은행에서 발표한 "세계발전지수"(World Development Indicators, WDI)에 따르면 2014년 경제총액에서 중국·일본·인도는 각각 1, 2, 3위를 차지했는데 이들의 경제총액은 기타 국가보다 훨씬 많았다. 동남아와 서아시아 지역에서 일부 경제적 실력이 강한 국가가 있고, 중부아시아 지역의 경제발전은 상대적으로 뒤처져 있다. 경제발전 수준을 판단하는 기준인 1인당 생산량에서 일본은 여전히 선두에 있으며, 한국·사우디아라비아 등 나라의 1인당 생산량도 여전히 높은 수준을 기록하고 있다. 중국과 인도를 포함한 인구대국은 상대적으로 낮은 발전수준에 있다.[150] 총체적으로 볼 때 아시아 지역 내부의 전체적인 경제조건은 큰 차이를 가지고 있다.

이런 차이는 대외무역에도 존재한다. '그림 2'는 2014년 아시아 주요 국가의 수출입 무역 상황 도표이다. 중국 · 일본 · 한국의 수출입 총액은 아시아 지역에서 앞자리를 차지하는데 이들 세 나라의 수출이나 수입 총액은 모두 기타 국가보다 높다.

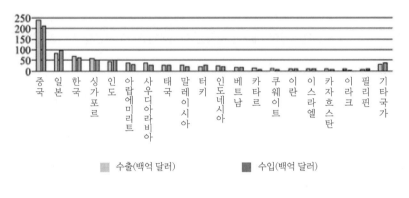

그림2 2014년 아시아 주요국가의 수출입 총액

자료출처: 유엔 Comtrade 데이터베이스

아시아지역의 경제조건과 대외무역은 거대한 격차를 가지고 있다. 그렇기 때문에 아시아에의 기초시설 항목의 건설은 투자의 '통일 격식'이 없기 때문에 아시아인프라투자은행은 각 국가와 각 지역을 자세하게 분석하고

---

150) 2014년 아시아 각국의 GDP 통계는 2015년에 비해 전면적이다. 대문에 우리는 여기서 2014년의 수치를 선택했다. 그중 조선, 시리아, 예멘의 수치가 결여되어 있는데 이 세 나라의 수치는 WDI수치를 인용했다.

깊이 있는 연구를 거쳐 현지 상황에 적합하고, 여러 측의 이익을 고려한 최적의 방안을 제정하여야 하는데 이 과정은 험난한 과정이다. 그렇기 때문에 "빈곤이 없는 아시아"를 건설하는 것은 여전히 길고 먼 어려운 과제이다.

2) 아시아인프라투자은행의 발전과 더불어 여러 나라와 경쟁해야 하는 압력을 받게 된다.

57개 나라가 아시아인프라투자은행에 가입했다. 여러 국가가 아시아에서 자신의 이익이 있기에 그들은 아시아인프라투자은행에 가입했다. 다시 말해서 아시아지역의 기초시설 건설을 촉진하고 빈곤을 줄이기 위해서 뿐만이 아니라 자신의 이익을 위해서이기도 하다는 말이다. 한편 아시아인프라투자은행에 가입하지 않은 나라도 아시아인프라투자은행의 발전에 큰 영향을 미치고 있다.

우선 아시아인프라투자은행의 발전은 지역 외에 있는 미국세력의 제약을 받고 있다. 아시아인프라투자은행 설립 초기 미국은 이를 의심하고 반대했다. 사실상 오랜 시간 동안 미국은 중국의 흥기를 의심하고 편견을 가지고 있었다. 미국 정계와 학술계는 보편적으로 날로 강대해지는 중국은 군사 역량을 공개하지 않고, 날로 강세를 보이고 있는 중국의 외교정책은 동아시아 지역형세의 안정에 불리하다고 여기고 있다. 그렇기 때문에 미국은 "아시아·태평양지역의 재균형"이라는 이름으로 "뉴 실크로드" 등의 계획을 앞세워 아시아경제 사업에 개입하고 중국 주변에서 주밀하게 군사를 배치하며, 암암리에 기타 국가를 부추겨 중국의 영토·영해의 안전을 위협하려고 한다. 미국의 이러한 행동은 중국과 주변국가 간의 우호적인 정치환경을 파괴하고 아시아인프라투자은행 및 '일대일로' 전략의 진행에 많은 장애물을 만들어 주었다.

다음은 지역 내 국가인 일본은 아시아인프라투자은행의 발전을 저해하고 있는 잠재적인 역량이다. 비록 일본이 아시아인프라투자은행에 가입하지 않은 원인이 아시아인프라투자은행의 거버넌스 구조, 이사회 성립, 채무의 지속가능성과 환경보호 등의 문제에 아직 의혹이 남아 있기 때문이라고 공식적으로는 말을 했지만, 사실은 아래와 같은 두 가지 원인 때문에 가입하지 않은 것이다. 첫째는 지역 주도권 쟁탈에서 "동년배 효과"가 있어, 중국이 그들의 아시아에서의 금융 지위에 위협이 될까 우려하기 때문이다. 둘째는 정치적으로 미국에 크게 의지하고 있기에 미국의 압력을 받고 있기 때문이다. 지역 내와 지역 외에서 오는 영향으로 인해 미래 아시아인프라투자은행은 일본 측으로부터 오는 더 많은 저해와 압력을 받게 될 것이다.

마지막으로 이미 아시아인프라투자은행에 가입한 국가도 어느 정도는 아시아인프라투자은행의 발전을 저해할 수 있다. 사실상 중국과 전략 파트너 관계인 러시아도 아시아인프라투자은행에서의 중국의 영향력이 그들의 유라시아 연맹(중국은 이 연맹에서 배제되었다.)의 건설에 영향을 미칠까 봐 걱정하고 있다. 이 외에도 중국과 영토분쟁 문제가 있는 인도도 날로 침투되고 있는 중국 역량에 경계심을 가지고 있기에 탐탁치 않게 여기고 있다. 그들은 인도양에서의 영향력을 공고히 하고 있으며, 그들도 "모삼 프로젝트(Project Mausam) + 향료길"을 추진하고 있다.[151] 카자흐스탄, 우즈베크스탄, 터키 등 지역별 강국들도 그들의 문화요소로 인해 그들이 위치해 있는 중아주랑(中亚走廊)에 중국과는 다른 이익에 대한 요구가 있다. 비록 한

---

151) 이 전략의 의미는 광의의 인도양 세계에 있으며 핵심은 문화와 역사를 유대로 고대의 "향료길"을 복구하여 환(环)인도양 지역의 협력을 도모하기 위함이다.

국은 아시아인프라투자은행에 참가했지만, 미국의 "아시아 태평양 재균형" 전략의 중요한 버팀목의 하나이기 때문에, 한국은 여전히 미국의 정치에 따라 움직이게 될 것이다.

그렇기 때문에 아시아인프라투자은행의 프레임 내에서 중국은 기타 회원국, 특히 기타 대국의 이익을 고려해야 하고, 자신의 초심과 근본 이익을 위배하지 말아야 한다. 베이징대학 경제정책연구소 소장 천위위(陳玉宇)는 이렇게 말했다. "중국과 같은 신참이 자신의 전략적 의도와 기타 개발도상국의 기초시설 발전의 수요와 이익의 결합, 능숙하게 자신과 국제질서, 그리고 게임규칙에 대한 결합을 적절하게 완성하는 과정에서 경쟁자가 많이 나타날 것이다. 따라서 중국은 이런 경쟁에서 부단히 이해득실을 따져보아야 한다."[152]

3) 아시아인프라투자은행은 현재 국제금융기구와의 경쟁에 직면해 있다.

아시아인프라투자은행 설립은 순탄하지만은 않았다. 투자은행이 계획단계에 있을 때부터 수많은 질의를 받았다. 그중 제일 큰 논쟁은 아시아에는 이미 아시아개발은행이 있는데 왜 또 아시아인프라투자은행의 설립이 필요한가였다. 아시아인프라투자은행과 아시아개발은행 간의 경쟁구도는 은행이 설립되기 전부터 형성되었다.

아시아인프라투자은행은 아시아개발은행이 수많은 비난을 받는 상황에서 설립된 것이다. 어찌 보면 아시아개발은행이 비난을 받았기에 아시아인프라투자은행이 순리롭게 성립될 수 있었다고 할 수 있다. 아시아개발은행

---

152) 蔡婷贻, 王延春, 金焱. "亚投行前途", 재경넷(财经网), 2015-04-07.

은 적어도 세 가지 비난을 받았다. 첫째, 아시아개발은행은 미국과 일본의 통제를 받고 있다는 점이다. 미국과 일본은 아시아개발은행의 제일 큰 투자국으로 절대적인 투표권을 가지고 있으며, 아시아개발은행 역대 9명의 행장은 모두 일본인이었다. 둘째, 제한적인 융자 능력이다. 아시아개발은행은 2010년~2020년 사이에 아시아 각국의 기초 시설 투자 총액은 8조 달러로 예측하고 있다. 하지만 세계은행과 아시아개발은행은 매년 아시아에 최대로 200억 달러를 공급할 수 있는데, 그중 40%~50%만이 기초시설 건설에 사용될 수가 있다. 셋째, 각박한 융자조건이다. "워싱턴 컨센서스"의 영향 하에 일본, 미국 등 국가가 주도하는 아시아개발은행, IMF, 세계은행 등의 기구는 대부금 발급을 심사할 때 일정한 경제정치 조건을 부가한다. 이런 조건이 있기 때문에 신청국의 경제개혁 진행이 된다고 한다. 하지만 이는 이론적일 뿐이다. 이런 추가적 요구는 신청국의 실제 상황에 부합되지 않는다. 따라서 신청국은 대출금을 받을 수 없거나 지연되어 대출의 최적 시기를 놓치게 된다.

구체적인 기능과 업무영역으로부터 볼 때, 아시아인프라투자은행과 아시아개발은행은 어느 정도 업무가 중첩된다. 1966년에 설립된 아시아개발은행의 취지는 개발도상국 회원국의 빈곤을 퇴치하고 인민의 생활수준을 제고하며, "빈곤이 없는 아시아 · 태평양지역 실현"을 목표로 하고 있다. 기초시설 건설 외에도 아시아개발은행은 주로 에너지, 환경보호, 교육과 위생 등이 포함되며, 이는 정책 대화, 담보, 대출, 기술 지원, 지원과 기부금 등의 형식으로 아시아 지역의 발전을 촉진시키고 있다. 이런 기능으로부터 볼 때, 아시아인프라투자은행과 아시아개발은행은 별 다른 차이가 없기에 두 기구 간의 경쟁은 피할 수가 없다. 또한 아시아개발은행은 미국과 일본이 주도하고 있기에 아시아인프라투자은행과의 경쟁의 실질은 중국과 미국 · 일본 간 세력경쟁의 축소판이다.

아시아개발은행 외에도 세계은행과 유럽 부흥개발은행 등 기타 다자간의 금융기구도 아시아시장의 쟁탈에 참여하고 있다. 필리핀과 베트남은 세계은행이 동남아시아에서의 주요 지원 대상이다. 인도는 세계은행이 대출금을 제일 많이 제공한 나라이며, 아시아개발은행은 동남아시아 기초시설기금을 만들어 주로 동남아시아국가연합을 지원해 그들의 상호 소통을 실행하도록 지원해준다. 유럽부흥개발은행은 러시아와 우크라이나 기초시설 분야에 투자를 한 제일 큰 국제금융기구 투자자로 시장의 75%와 43%를 차지한다. 총체적으로 각 국제은행은 이미 기초시설 건설이라는 '먹잇감'에 대한 쟁탈전을 시작했다. 이런 상황에서 아시아인프라투자은행이 나타나게 되면서 이 경쟁은 더욱 치열해 질 것이다. 아시아인프라투자은행과 아시아개발은행 간의 협력과 경쟁관계와 마찬가지로 우리는 아시아인프라투자은행의 설립이 세계은행, 유럽부흥발전은행 등 다자간 금융기업의 영향력을 감소시키는 것이 아니라, 이와 반대로 다자간 개발성 금융의 전체적 역량을 증가시키고, 글로벌 경제발전을 추진시키게 될 것이라고 믿어 의심치 않는다. 아시아인프라투자은행 설립 제안이 제기된 후, 세계은행 행장인 김용(金墉)과 IMF 총재 크리스틴 라가르드(Christine Lagarde)는 아시아인프라투자은행의 설립을 적극적으로 지지하며 아시아인프라투자은행과 협력할 것이라고 했다. 상술한 다자간 금융기구의 중요한 주주인 중국은 적극적으로 아시아인프라투자은행과 여러 은행 간의 인재양성, 정보교류, 지식공유, 리스크 감소, 항목 융자 등 방면에서 협력하여 함께 지역의 기초시설 건설 융자 수준을 제고시켜 지역경제와 사회발전을 촉진 할 것이다.

5. 결련과 정책 건의

　면적이 세계에서 제일 크고 인구가 제일 많은 대륙인 아시아는 무궁무진한 잠재력을 가지고 있다. "부유해지려면 먼저 길을 닦아야 한다." 하지만 아시아 지역의 복잡한 상황과 국제 다자간금융기구의 복잡하고 까다로운 자금 신청 과정으로 인해 아시아의 기초시설 건설이 오랫동안 자금난에 시달렸다. 이런 상황에서 중국은 국제무대에서 자신의 의견을 피력하여 중국 정치경제의 새로운 서막을 열려고 되는데, 이것이 바로 아시아인프라투자은행을 설립한 전략이다. 이로부터 중국의 외교정책은 "도광양회(韜光养晦)"에서 "유소작위(有所作为)"[153]로 변하였고 국제 금융시스템 개혁을 위한 담대한 시도를 시작했다.

　이런 배경 하에서 우리는 글로벌 금융시스템의 결함을 보완하기 위한다는 점으로부터 출발해서 글로벌 금융시스템의 변혁과 세계경제의 발전에 미치는 아시아인프라투자은행의 의미를 상세하게 논의하고, 이를 기초로 해서 아시아인프라투자은행의 발전과정에서 직면하게 될 곤란과 위협을 논의해야 한다. 아시아인프라투자은행 설립의 시작 단계인 지금 아시아인프라투자은행이 성공적으로 운영될 수 있는가 하는 문제에 대해 중국은 아시아인프라투자은행은 현재의 다자간 국제기구의 우수한 점을 따라 배우고 그들의 교훈도 새겨들을 것이라고 여러 차례 강조했다. 특히 더욱 간결하고, 청렴하며, 녹색의 다자간 기구를 건립하여 호리공영의 발전을 촉진케 하는 것이 관건이다. 인민폐의 국제화를 추진함과 동시에 미국 패권주의의 폐

---

153) 유소작위'(有所作爲) : 할 수 있는 곳에서 능력을 발휘한다는 뜻으로 할 일은 반드시 한다는 의미.

단을 극복하여 국제업무를 처리하는 과정에서 중국이 지도자다은 풍모를 보여주어야 한다. 이 글의 마지막에 우리는 아래와 같은 대책을 건의한다.

첫째, 다자간 협력을 도모하여 아시아인프라투자은행의 융자방법을 풍부히 해야 한다. 미래의 아시아인프라투자은행은 다양한 융자방식을 취해야 한다. 기존의 투자기금과 정부에서 발행하는 장기채권 혹은 각종 융자방법 외에도 적극적으로 'PPP 방식'[154]으로 개인의 재력과 물력을 동원해야 한다. 더 나아가서 기타 국제조직, 투자융자기구 및 아시아인프라투자은행의 회원국이 아닌 정부와도 협력하여 아시아 기초시설 건설을 위해 더 많은 자금을 확보할 수 있어야 한다.

둘째, 허울뿐인 체제를 거부하고 중국이 주도하는 것을 견지해야 한다. 중국은 더 많은 국가의 참여를 유도하기 위해 중국은 한 표의 거부권을 포기할 것을 고려할 것이며, 회원국의 증가와 더불어 중국의 주주 점유율도 희석시키게 된다. 역사를 들여다보면, 방대한 국제조직에 강력한 지도자가 없다면, 모든 것은 형식적이고 허울뿐인 조직이 된다. 최근의 인도양·태평양 전략,[155] APEC포럼 등은 용두사미로 흐지부지하게 마무리 되었다. 이런 방면에서 중국은 반드시 아시아인프라투자은행에서의 지위를 고수하고, 아시아인프라투자은행의 확장을 신중하게 고려하여야 하며, 동시에 아시아인프라투자은행의 규장제도 제정을 다그쳐야 하는데, 특히 새로운 회원국의

---

154) PPP(Public Private Partnership) : 단순히 공공과 민간의 파트너십이라는 개념은 물론 이보다 구체적으로 '공공과 민간의 파트너십에 의한 공공 서비스의 민간 개방'이라는 개념이 더 강하게 사용되고 있다.

155) "인도양–태평양 전략"은 "아시아–태평양 재 균형"이 인도양 지역으로 확대된 것으로 두 대영의 융합을 실현하려는 것이다. 이 전략은 미국, 일본, 인도, 오스트레일리아 등 나라의 적극적인 환영을 받았지만 각 나라의 요구가 부동하기에 이를 진정으로 실현한다는 것은 쉬운 일이 아니다.

가입 요구를 엄격하게 우선적으로 제정해야 한다. 마지막으로 중국은 응당 자신의 연맹시스템 구축을 시도하여 브릭스은행, 실크로드기금 등 '친구 기구 카드'를 사용하여 지역이나 글로벌 규칙 제정에 참여하여 아시아인프라 투자은행의 플랫폼을 바탕으로 대국의 실력을 보여주고, 책임감이 있는 중국의 형상을 수립하여 자신의 국제적 영향력을 부단히 제고시켜야 한다.

셋째, 협력과 학습과정에서 아시아인프라투자은행의 특색 있는 거버넌스 프레임을 구축해야 한다. 거인의 어깨에 서 있기에 아시아인프라투자은행은 기회적으로 장점이 있다. 아시아인프라투자은행은 응당 적극적으로 세계은행, 아시아개발은행 및 IMF와 폭넓은 협력을 통해 경험을 쌓아야 한다. 물론 아시아인프라투자은행은 이런 다자간금융기구의 체제를 간단히 복사하는 것이 아니라, 이를 바탕으로 개혁과 혁신을 해야 한다. 1998년 아시아 금융위기가 발생했을 때 수많은 개발도상국은 IMF에 대한 불만이 더 많아 졌다. 그들은 국제조직은 개발도상국에 지원을 할 때, 시장을 개방하고, 체제를 개혁하라는 등의 선진국 사유에 따른 각박한 조건을 제시한다고 했다.[156] 그렇기 때문에 상술한 다자간 기구의 심사제도를 버리고 자신의 대출금 발부 평가시스템을 건립하여 대부금의 발부뿐만 아니라 사용과 회수도 엄격하게 심사해야 한다. 또한 상황에 따라 문제를 구체적으로 분석하여 대부금 신청 국가의 상황에 따라 결정해야 한다. 이와 같은 일련의 시스템은 아시아인프라투자은행의 설립초기에 완미한 평가능력을 구비하지 못할 것에 대비하여 단기간 내에 우리는 외부의 도움이 필요하다. 예를 들면 국제

---

156) IMF가 1998년 아시아 금융위기를 위해 내놓은 "처방"은 적합하지 않았다. IMF는 기타 금융위기에 처한 나라에서 재정을 줄이기를 요구했는데 이는 더 엄중한 손실을 초래하여 아시아의 재정위기 관련 국가들이 모두 장기적인 침체에 빠지게 되었다.

적으로 이름 있는 제3자 신용평가기구(Standard Poor's, Moody's, Fitch)와 협력하여 함께 자신의 평가기구를 구축해야 한다. 동시에 우리는 변화 가능한 거버넌스 구조를 실현해야 한다. 아시아인프라투자은행의 거버넌스 구조는 워낙 개방적이고 민감한 조정이 가능하기 때문에 회원국의 개방 정도를 심화시키면서 함께 변화해야 한다. 이 외에도 중국은 아시아인프라투자은행의 발기자이고 지도자이긴 하지만, 일방적으로 업무를 주도하는 상황은 피하고 "이익 공유, 발전 공영"의 기본방향을 지켜야 한다. 이렇게 하는 것이 바로 글로벌 금융질서와 거버넌스 구조 변화를 위해 해야 하는 공헌이다.

넷째, 여러 측의 이익을 조정하고, 투자 위험을 엄격히 통제해야 한다. 투자 위험은 투자 환경에서 오며 회원국 내부에서도 온다. 아시아 각국의 대외투자 능력이 부단히 커지면서 투자 위험도 부단히 상승하게 된다. 일부 나라는 경제가 하락되어 대부금을 갚을 능력이 없게 되거나 투자환경이 상대적으로 약한 경우가 있다. 예를 들면 정국의 불안정, 저효율의 정부와 독재정부, 정부의 부패로 인한 신용 저하, 재산권의 보호를 받지 못하는 등의 문제가 있다.

위험적인 투자를 할 때, 중국은 응당 아시아인프라투자은행의 프레임에서 적극적으로 기타 회원국과 협력하여 표준이 높고, 요구가 엄격하며, 광범위하게 인정되는 규칙과 질서를 구축하여 위험을 엄격하게 통제해야 한다. 이 외에도 아시아인프라투자은행에 참여한 나라 중 신용등급이 B 이하인 나라들이 적지 않다. 이런 국가는 정국이 불안정하고 지연 정치에 의한 충돌, 종교에 의한 민족 모순이 부단히 발생하는 등의 문제가 있다. 이 때문에 아시아인프라투자은행은 문화·종교 등 의식형태의 다른 문제를 충분히 고려하고, 현지의 정치생태를 이해하고, 현지의 정치문화 환경을 이해해야 한다. 원래 복잡하던 아시아지역은 서방대국의 참여로 인해 더욱 복잡해졌고, 새로운 불확정성이 더해졌다. 중국은 처음으로 다자간기구를 관리하고 있기 때문에 임무는 여간 힘들지 않다. 유럽의 옛 자본주의 국가로부터 아시아의 낙후한 국가에 이르기까지 아시아인프라투자은행은 복잡한 신분의 회원국으로 구성되었다. 따라서 이익 조정보다는 문화의 융합이 더욱 어려운 상황이다. 중국이 '보스'의 신분을 잘 이행하고, 각 측의 이익을 적절하게 조정하며, 아시아인프라투자은행에서 중화문명의 포용성을 선양해야 하는 것은 필수적인 일이지만, 각 측이 구동존의(求同存異)를 실현하는 것은 실로 멀고 긴 일이다.

제10장
글로벌 거버넌스의 중국 탐색6:
무엇 때문에 중국이 G20을 구제했다고 하는가?

　지금 G20 회원국은 세계 경제 GDP의 90%를 차지하고, 세계 무역의 80%, 전 세계인구의 2/3를 차지하며, 전 세계 면적의 60%를 차지한다. 특히 신흥경제국의 가입으로 위기의 시기에도 G20은 세계경제를 이끄는 엔진 역할을 하고 있다. 하지만 세계경제가 부단히 변화하고 발전하면서 국제세력의 패턴도 부단히 변화되고 있기에, 국제관계의 형세도 변화 중이다. 때문에 G20도 세계 정치경제 형세의 기초가 변화에 적합하고, 적절한 발전의 혁신이 필요하다. 하지만 오랜 시간 동안 회원국들은 G20시스템화의 건설에서 공동적인 인식을 가져오지 못했다. 비정식 국제기구인 G20의 행동은 회원국 자원으로 실행되고 있기에, G20의 성명은 각 회원국에 법률적 구속력을 가지고 있지 않으며, 강제 집행의 요구가 존재하지 않는다. 이는 G20 제도화가 상대적으로 낮은 "소프트 매커니즘"임을 말해준다. G20은 글로벌 거시경제 정책을 조율하고, 경제의 강력한 지속가능한 성장을 실현하며, 국제 금융기구의 개혁을 추진하는 등 방면에서 능력 부족의 한계에 직면해 글로벌 경제 거버넌스에서 중요한 플랫폼의 지위가 냉대를 받고 있다.

1, 국제시스템에서 G20의 "신분곤경"

G20은 거버넌스 시스템과 거버넌스 능력에서 위협을 받고 있으며, 국제
시스템에서 G20의 신분도 애매한 상황에 처해 있다. 글로벌 경제가 늦은 속
도로 회복하고, 각국의 경제회복 속도가 서로 다르기에, G20 설립초기에 금
융위기 의제를 긴박하게 대하지 않고 "임시적"으로 대하던 체제도 곤란한
처지에 처하게 했다. 이런 입장은 G20이 비정식인 국제기구라는 신분으로
인해 국제시스템에서 어떠한 합법성과 공신력을 가지고 있지 않은 근본적
인 문제를 말해준다.

이 외에도 G20은 글로벌 거버넌스 시스템의 "기능 위기"에 직면해 있다.
"국제 경제협력 주요 포럼"이라는 타이틀을 가진 G20은 글로벌 경제 거버
넌스 시스템에서 "정상급 설계체제"의 지위를 이론적으로 말해주는데, 여
기에는 글로벌 금융시스템 개혁을 포함한 각종 글로벌 적인 경제 거버넌스
개혁이 G20을 통해 이루어짐을 의미한다. 사실상 지난 몇 년간 G20은 줄곧
이를 위해 노력했다. 하지만 G20의 각항의 승인을 추적 통계한 결과를 보면,
2008년 워싱턴 정상회담 이후 승인한 120개 조항에서 오늘까지 사실적으로
반영되거나 집행된 조항은 50%도 되지 않는다.

특히 IMF 개혁이 난항을 겪고 있는 상황에서 G20은 속수무책이었다. 또
한 "2% 더 성장"(즉 2014년 브리즈번 정상회담 성명에서 제기한 2018년 전에 G20
전체의 GDP가 2% 더 성장한다.) 목표에 실제적인 집행 수단이 없는 곤경에 빠
졌다. 이런 곤란은 지금 다른 국가집단은 모두 글로벌 거버넌스라는 화제를
토론하고 있지만, 효율적이고, 핵심 난제를 해결할 수 있는 고도의 구체적인
글로벌 거버넌스 시스템이 없다는 모순되는 상황이 존재한다는 것을 말해

준다. G20은 다른 국가 및 국가 간 조직의 이익과 요구를 통합할 수 있는 제일 효과적인 플랫폼이 될 수 있으나 이 플랫폼은 아직도 충분하게 구축되지 못했으며, 제대로 이용되지 못하고 있다.

국제 금융위기가 일어나고서부터 지금까지 세계경제는 여전히 짙은 안개 속에서 힘들게 앞으로 나아가고 있다. G20에는 비서처와 구체적인 규정이 없기에 오랫동안 사람들은 G20을 "별 볼일이 없는 기구"라는 별명을 가지게 되었고, 점차 주류에서 밀려나고 있다. 그러나 G20의 역사적 사명은 비정식적인 포럼으로 현재의 위기를 해결해 나가야 할뿐만 아니라, 21세기 국제 정치경제의 발전 · 변화와 더불어 장기적인 체제로 전환하여 글로벌 경제 거버넌스의 사명을 이행해야만 하는 것이다.

2. 중국은 G20 체제를 효과적으로 지속시킬 수 있는 관건적인 역량이다.

2008년 이후 G20 정상회담의 발전 과정은 글로벌 경제 거버넌스 운행의 축소판이라고 할 수 있으며, 이는 G20의 체제화 건설을 위한 중국의 적극적인 노력을 증명해준다. 최근 G20체제는 글로벌 경제의 불안정 극복과 성장에 중대한 공헌을 했다. 그중 2008년부터 2015년 사이의 7년 동안 중국은 전 세계 GDP 성장에 30%가 넘는 공헌을 해 글로벌 경제성장의 '엔진'작용을 했다. 책임감이 있는 대국으로써의 중국은 적극적으로 G20업무에 참여하였고, G20이 위기대응시스템에서 장기적이고 효과적인 거버넌스 시스템으로 변화하여, 국제경제를 인도하고 금융질서의 최적화와 재건을 추진하고, 글로벌 경제발전과 경제 거버넌스를 위해 중국의 주장을 제기하고 중국의 지혜를 통해 공헌했다. 역대 G20정상회담에서 중국의 노력을 볼 수 있으며, 중국은 글로벌 거버넌스 각 분야의 발전과정과 방향에 엄청난 영향을 미치고 있다.

1) 미국 워싱턴 정상회담(2008년 11월): 힘을 합쳐 협력하고, 함께 어려운 상황을 이겨내자.

2008년 G20 재무부 장관회의가 정상회담으로 승격되었고, 워싱턴에서 첫 장상회담이 진행되었다. 당시 중국 국가 주석 후진타오(胡錦濤)는『힘을 모아 협력하고, 함께 어려운 시기를 이겨내자』는 제목의 연설을 하여 국제사회가 거시경제정책의 조정을 잘 완성하고 국제금융에 대한 감독 관리를 심화시켜 함께 글로벌 문제에 대응해야 한다고 주장했다.

2008년의 글로벌 위기를 뒤돌아보면, 주요 선진국에 비해 중국의 금융시스템은 비교적 안정감을 보여주었다. 중국의 외화저축액(2008년 연말 기준)은 2조 달러에 달했으며 국내경제 총생산량도 방대하여 이번의 금융위기에서 받은 타격은 비교적 적은 편이다. 하지만 중국은 수수방관하지 않고 적극적으로 국내경제를 활성화시키는 대규모의 계획을 발표했으며, 국제사회와 함께 위기를 극복하기 위해 노력하면서 책임감 있는 대국의 모습을 보여주었다.

2) 영국 런던 정상회담(2009년 4월): 손을 잡고 협력하여 함께 곤경을 헤쳐 나가자.

런던 정상회담의 주제는 국제 금융시스템 개혁이었다. 이는 당시의 국제 금융 형세의 심각한 상황과 위험을 말해준다. 당시 국가 주석인 후진타오는 정상회담에서『손을 잡고 협력하여 함께 곤경을 헤쳐 나가자』라는 제목으로 연설을 했다. 세계의 경제성장이 회복되고 글로벌 금융의 안정을 지켜줄 수 있는 믿음을 가지고 협력을 강화하며, 깊이 있는 개혁을 추진하고, 보호주의를 더욱 반대하고, 개발도상국을 더욱 지지하는 등 다섯 가지 건의를 제기했다.

런던 정상회담에서 중국은 G20은 세계경제에 믿음 가져다주었고, 세계 각지의 인민들에게 새로운 희망을 가져다주었으며, 동시에 중국에도 발전의 기회와 희망을 주었으며, 중국은 세계경제의 성장회복을 위해 기여할 것이라는 신호를 전달했다.

3) 미국 피츠버그 정상회담(2009년 9월): 힘을 다해 성장을 촉진시키고, 균형 발전을 추진하자.

피츠버그 정상회담에서 2011년부터 G20 정상회담을 1년에 한 번씩 진행하기로 결정했다. 당시 국가 주석인 후진타오는 이번 정상회담에 참가하여 『힘을 다해 성장을 촉진시키고, 균형 발전을 추진하자』라는 제목으로 연설을 했다. 여기서 후진타오는 세계경제의 회복을 위한 세 가지 건의를 했다. 하나는 동요 없이 경제성장을 자극하고, 둘째는 변함없이 국제 금융시스템 개혁을 추진하며, 셋째는 변함없이 세계경제의 균형발전을 추진한다는 것이었다.

중국은 "강력하고 지속가능하며, 균형적인 성장 프레임"을 건립하고, "상호 평가 절차"의 정상적인 운행을 촉진시킬 것을 동의했으며, 국제사회는 응당 G20이라는 플랫폼을 충분히 이용해야 한다고 호소했으며, 지속적으로 거시경제정책 조정을 강화하여 정책의 발전방향이 전반적으로 일치하고, 시효가 있으며, 미래지향적으로 나아갈 수 있도록 기조를 유지할 수 있도록 해야 할 것이다.

4) 캐나다 토론토 정상회담(2010년 6월): 마음과 힘을 합쳐 미래를 창조하자.

당시 국가 주석인 후진타오는 토론토 정상회담에서『마음과 힘을 합쳐 미래를 창조하자』는 제목의 중요한 연설을 했다. 그는 연설에서 각국은 국제 금융위기로 인해 받은 영향력의 깊이에 다른 심각함과 복잡함을 진지하게 인식해야 한다고 호소했으며, G20이 국제금융위기에 대해 효과적으로 대처할 수 있는 국제경제협력 체제의 구축을 촉진하는 주요 플랫폼으로 변화하도록 해야 하며, 공평하고 공정하고 포용적이며 질서가 있는 국제 금융의 새 질서를 건설할 것을 촉구하며, 개방적이고 자유로운 글로벌 무역시스템 건설을 촉진해야 한다고 했다..

이 외에도 중국은 각국에서 발전을 중시하도록 노력해야 하며, 개발도상국의 자아 발전 능력을 제고시켜 세계경제가 빠른 시일 내에 강력하고 지속 가능하며 균형적인 성장을 실현할 수 있도록 노력해야 한다.

5) 한국 서울 정상회담(2010년 11월): 공동으로 발전을 촉진하는 일에 더욱 힘을 쓰자.

당시 국가 주석인 후진타오는 이번 정상회담에 참가하여『공동으로 발전을 촉진하는 일에 더욱 힘을 쓰자.』는 제목의 연설을 하였다. 이 연설에서 그는 세계경제의 강력하고 지속적이며 균형적인 성장을 실현하려면, 각국은 반드시 프레임 체제를 완전히 하여 합력발전을 추진하고, 개방무역을 제창하여 조화로운 발전을 추진하고, 금융시스템을 완전히 하여 안정적 발전을 추진하고, 발전 격차를 줄여 균형 발전을 추진해야 한다고 했다.

이 중요한 연설을 통해 세계경제의 강력하고 지속 가능하며, 균형적인 성장을 촉진케 하려는 중국의 주장을 천명했다. 동시에 세계에 중국의 발전성과와 세계와 융합하고 세계의 발전을 촉진시키려는 신념과 결심을 보여주었다. 이는 회의에 참가한 대다수 국가의 공통적인 염원이었으며, 전 세계 다수 국가의 발전 이익에 부합되는 것으로 대국의 책임감을 보여주었다.

6) 프랑스 칸 정상회담(2011년 11월): 힘을 합쳐 성장을 촉지네 하고, 협력하여 공영을 도모하자.

당시 국가 주석인 후진타오는 이번 정상회담에 참가하여 『힘을 합쳐 성장을 촉진케 하고, 협력하여 공영을 도모하자』는 제목의 연설을 하였다. 이 연설에서 그는 중국이 국제금융위기를 극복하고, 글로벌 경제 거버넌스를 강화하여 세계 경제의 강력하고 지속가능하며 균형 성장을 실현하려는 입장과 주장을 설명했으며, 국제사회에 성장을 보장하고 안전을 촉진시키겠다는 신호를 명확하게 전달했다.

이를 위해 후진타오는 아래와 같은 다섯 가지 건의를 했다. 첫째, 성장과 균형을 함께 고려하는 것을 견지해야 한다. 둘째, 협력을 통해 공영을 도모하는 것을 견지해야 한다. 셋째, 개혁에서 거버넌스를 완전히 하는 것을 견지해야 한다. 넷째, 혁신을 통해 부단히 나아가는 것을 견지해야 한다. 다섯째, 발전과정에서 공동으로 번영을 촉진시키는 것을 견지해야 한다.

이러한 건의는 글로벌 경제의 전반적인 상황을 고려한 것으로 중국과 기타 개발도상국의 이익에 부합될 뿐만 아니라, 선진국의 이익에도 부합된다. 세계경제가 중대한 위험에 처해 있을 때 중국은 내수를 늘이고 투자를 증가하여 경제성장을 유지함으로써 글로벌 경제의 회복에 적극적인 작용을 했다. 이런 작용을 통해 중국이 책임을 지는 대국으로서의 형상을 보여주었다.

7) 멕시코 로스카보스 정상회담(2012년 6월): 안정에서 진보를 추진하여 공동으로 발전을 촉진시키자.

당시 국가 주석인 후진타오는 이번 정상회담에 참가하여 『안정에서 진보를 추진하여 공동으로 발전을 촉진시키자』는 제목의 연설을 하였다. 이 연설에서 그는 성장을 보장하고 안정을 촉진시키는 구체적인 정책 주장을 전면적으로 서술하여 중국이 세계경제의 회복과 성장을 위해 적극적인 공헌을 하려는 의향을 표명했다.

중국이 주장한 "안정에서 진보를 추진하여 공동으로 발전을 촉진시키자"는 확실한 정책으로 이차원적인 흑백논리를 피했다. 이는 중국이 이를 목표로 발전하고 있으며, 글로벌 경제 회복의 중요한 추진력이 될 것이라는 메세지를 세계에 보내는 강력한 신호였다.

8) 러시아 상트페테르부르크 정상회담(2013년 9월): 공동으로 발전하고, 개방형의 세계경제를 수호하자.

국가 주석인 후진타오는 이번 정상회담에 참가하여 『공동으로 발전하고, 개방형의 세계 경제를 수호하자』는 제목의 연설을 하였다. 이 연설에서 그는 세계 각국은 응당 멀리 미래를 내다보고 발전 혁신, 성장 연동, 이익 융합의 세계경제를 건설하기 위해 노력해야 하며, 발전 개방형 세계경제를 굳건히 수호해야 한다고 호소했다. 이를 위해 국제사회는 응당 책임지는 거시 경제정책을 이용하여 공동으로 개방형 세계경제를 수호하고 발전시켜야 하며, 글로벌 경제 거버넌스가 더욱 공평하고 공정하도록 노력해야 한다고 했다.

　이외에도 시진핑 주석은 중국은 개혁을 추진하려는 결심을 변함없이 견지할 것이라고 강조했다. 그는 중국은 호리공영의 개방전략을 견지하고, 투자 · 무역의 체제개혁을 심화시키고, 법률제도를 건전히 하여 중국에 진입한 각국의 기업을 위해 공평한 경영과 법치환경을 마련하여 세계 각국과 함께 개방형 세계경제를 공동으로 건설할 것이라고 지적했다.

9) 오스트레일리아 브리즈번 정상회담(2014년 11월): 혁신발전을 추진하고, 연동성장을 실현하자.

　중국 국가 주석 시진핑은 세 단계의 회의에서 모두 중요한 연설을 했다. 연설에서 그는 세계경제의 성장 추진, 글로벌 경제 거버넌스 시스템 보완, 에너지 안전 등 의제에 관한 중국의 관점을 서술했다.

　시진핑 주석은 중국은 계속하여 경제성장을 유지하여 세계경제의 성장을 위해 더욱 큰 공헌을 할 것이라고 강조하였으며, G20이 아래 몇 가지 방면에서 노력을 할 것을 건의 했다. 첫째, 발전방식의 혁신. 각국은 발전이념 · 정책 · 방식을 혁신해야 하며, 거시경제 정책과 사회정책을 결합하여 시장의 잠재력을 충분히 발굴해야 한다. 둘째, 개방형 세계경제 건설. 각국은 다자간 무역시스템을 수호하고, 호리공영의 글로벌 가치사슬을 구축하며, 글로벌 슈퍼시장을 건설하고, 무역과 투자 보호주의를 반대하며, 도하라운드담판을 추진해야 한다. 셋째, 글로벌 경제 거버넌스를 완벽하게 해야 한다. 각국은 응당 공평하고 공정하며, 포용적이며 질서가 있는 국제금융시스템 건설에 노력하여, 신흥시장국가와 개발도상국의 대표성과 발언권을 제고해야 한다.

이런 주장은 현재의 상황에서 출발하여 미래지향적인 것으로 대국의 선견지명과 국제업사무에 적극 참여하며, 회원국의 응당한 의무를 실질적으로 이행하는 책임감을 보여주는 것이었다. 간략하게 말하면 중국은 자국의 발전을 실현함과 동시에 더욱 적극적으로 글로벌 경제업무에 참여하며 이를 위해 중국의 지혜와 중국 방안을 통해 공헌하고 있는 것이다.

10) 터키 안탈리아 정상회담(2015년 11월): 성장방법의 혁신, 발전성과의 공유

당시 국가 주석 시진핑은 안탈리아 정상회담에서 『성장방법의 혁신, 발전성과의 공유』라는 제목의 중요한 연설을 통해 체계적으로 깊이 있게 현 세계경제의 형세에 대한 중국의 견해와 주장을 설명했다.

시진핑 주석은 국제 경제협력의 주요 포럼인 G20은 목표를 명확히 하고, 방향을 명시하고, 지도력을 발휘하여 현재에 나타난 문제를 해결하여 안정적인 성장을 실현해야 하며, 항구적인 성장동력을 찾아 근본적인 문제도 해결해야 한다고 강조했다. 또한 예전의 성과를 구체화하여야 하며, 인식을 통일해야 하고, 국내에서 적당한 조치로 자신의 일을 잘 완성해야 할 뿐만 아니라, 성의 있는 협력을 통해 공동으로 도전에 맞서야 한다고 했다.

"어떻게 보는가?" "어떻게 해야 하는가?" 이 두 가지 문제에 대해 시진핑 주석은 글로벌 경제성장을 촉진시키기 위한 네 가지 '처방'을 내렸다. 즉 거시경제정책에 대한 소통과 조율을 강화하고, 개혁과 혁신을 통해 새로운 동력을 배양하고, 개방형 세계경제를 구축하고, 유엔의 『2030년까지 지속가능한 발전 의제』를 구체화하는 등 네 가지였다.

G20 안탈리아 정상회담에서 발표한 브리핑에서 회원국은 경제회복을 강화하고, 잠재력을 제고하며, 협력하여 안정적이고 건전한 거시경제정책을

협력하여 실시하며, 포용의 성장을 확실하게 보장하고, 무역과 투자를 추진해야 한다고 호소했다. 이는 중국의 관점과 입장을 충분히 반영한 브리핑이었다. 이 외에도 G20은 글로벌 경제의 포용적이고 안정적이고 건전한 성장정책 프레임을 제기했는데, 이는 중국의 "13차 5개년"계획과 이념 · 조치 · 주기 등 세 가지가 일치하는 것이었다. G20 정상회담이 이행해야 하는 사업은 "'13차 5개년'계획의 국제 버전"이라고 할 수 있다.

3. G20 항저우 정상회담: 중국의 지혜는 G20이 재 출항할 수 있도록 돛을 달아 주었다.

2016년 9월 4일부터 5일까지 G20 제11차 정상회담이 중국 항저우에서 진행되었다. 회의에서 시진핑 주석은 세계경제상황을 분석하고 "중국의 처방을 제시"했다. 8년 전 위험과 재난의 시기에 G20이 낭떠러지에 처해 있는 세계경제를 안정적이고 회복 가능한 상황으로 만들어 놓았다고 한다면, 8년 후 항저우에서 시작한 중국의 지혜는 세계경제가 더욱 강력하고 지속가능하며 균형적이고 포용적인 성장을 실현하는 바다로 나아갈 수 있도록 G20에 새로운 돛을 달아 준 것이었다.

항저우정상회담의 첫 전략 목표는 G20의 체제변화를 추진한 것으로, 위기대응 체제에서 장기적이고 효과적인 체제로 전환케 하고, 단기정책으로부터 중장기정책으로 전환시킨 것이었다. 정상회담 의제의 제정과 정상회담의 성과 설계에서 이를 알 수 있다.

우선 주제 설계에 있어서 "혁신, 활력, 연동, 포용"이라는 요소로 세계경제를 구축하고, 혁신적인 성장방식, 높은 효율의 글로벌 경제금융 거버넌스 구축, 강력한 국제 무역투자와 포용의 연쇄식 발전 등 4대 의제는 중국의 원대한 통찰력을 말해주었는데, 이는 단기적인 정책에 관심을 두던 G20을 장기적인 정책과 완전한 글로벌 경제 거버넌스 시스템 등의 방면으로 변화시켰다.

그 다음은 정상회담 성과에서 중국은 G20이『혁신성장 청사진』,『G20이 2030년까지 지속가능한 발전 의제 행동기획 구체화 방안』,『G20이 아프리카와 후진국 공업화를 지지하는 것에 관한 제의』,『글로벌 기초 시설, 호연호통연맹에 대한 제안』등을 제정하도록 추진했다. 이는 G20이 단기적인 국제 금융시장의 파동을 위해 피동적으로 움직이는 글로벌 거버넌스가 아니라, 중장기적인 계획과 거버넌스 사유를 통해 세계경제가 직면한 깊이 있는 구조적 난제를 해결하기를 바라는 중국의 염원을 말해주었다.

"세계 경제는 다시 한 번 관건적인 상황에 직면해 있다." 이는 세계 경제에 관한 시진핑 주석의 종합적 판단이었다. 지난 라운드의 과학기술 진보가 가져온 성장동력이 약화되고, 새로운 라운드의 과학기술과 산업혁명이 아직 형성되지 않은 상황에서의 과도기는 당연히 막연하고 흔들림과 의혹이 넘치나기 마련이다. 지난 라운드의 글로벌화 열기가 점차 식어가고, 글로벌화를 반대하는 목소리가 커지고, 영국의 EC 탈퇴, 혼란스런 중동의 형세, 요동치는 지연(地緣)정치, 이 모든 원인은 경제발전의 곤경이 미래의 경제발전에 대한 사람들의 우려와 근심을 확대시키고 있다.

이에 시진핑 주석은 세계경제가 직면한 위험에 대해 "5가지 중약" 처방전을 내렸다.

첫째, 거시정책의 조율을 강화하고, 힘을 합쳐 글로벌 경제성장을 촉진시키며, 금융의 안정을 수호해야 한다. 둘째, 발전방식을 혁신하여 성장 동력을 발굴해야 한다. 정책사유를 조절하여 단기정책과 중장기정책을 모두 중요시하여, 수요관리와 공급관리를 모두 중시해야 한다. 셋째, 글로벌 경제 거버넌스를 개선하여 체제를 굳건히 보장해야 한다. 부단히 국제통화금융 시스템을 개선하고, 국제금융기구 거버넌스 구조를 최적화하며, 글로벌 금융의 안전 네트워크를 개선하여 세계경제가 위험을 이겨내는 능력을 제고 시켜야 한다. 넷째, 개방형 세계경제를 건설하고, 지속적인 무역투자의 자유화와 편리화를 추진해야 한다. 새로운 보호주의 조치를 취하지 않는다는 약속을 철저히 지키고, 투자정책의 조율과 협력을 강화하여 실제적으로 무역 성장을 촉진시켜야 한다. 다섯째, 유엔의 『2030년 지속가능한 발전 의제』를 실시하여 포용발전을 촉진시켜야 한다. 이로부터 중국은 발전을 G20 의제의 중요한 위치에 놓고 적극적으로 유엔의 『2030년 지속가능한 발전 의제』를 적극 실시하기 위해 행동계획을 제정하였으며, 아프리카와 발전이 제일 늦은 국가의 공업화를 지지하는 등의 방식으로 글로벌 발전의 불평등과 불균형을 감소시켜 각 나라 인민들이 세계경제의 성장성과를 공유하기 위해 노력하고 있음을 보여주었다. 이렇게 되면 "글로벌 경제 거버넌스의 주요 플랫폼"의 역할을 하는 G20의 합법성은 더욱 많은 인정을 받게 될 것이다.

중국의 선도 하에 각국은 G20이라는 플랫폼에서 혁신적이고 활력적이며 연동하고 포용적인 세계경제를 건설하기로 다시 한 번 뜻을 모았다. 고대 로마의 철학자 마르쿠스 아우렐리우스 안토니우스는 이런 말을 남겼다. "인류는 동일법칙을 따르며, 일종의 정치국가에 속해 있다." 항저우정상회담을 거쳐 우리는 전 세계가 하나의 공동체가 된다면 이는 이익공동체일 뿐만 아니라, 운명공동체이기에 인식을 통일하고 함께 행동해야 한다고 할 수 있다.

항저우 정상회담은 글로벌 경제 거버넌스 제도화를 실현하는 새로운 출발점이 되었다. 40년간의 개혁개방을 거친 중국은 세계 각국과 공유할 수 있는 발전 이념과 경험을 탐색하였는데, 이는 중국의 자아 창조와 자아 공헌이라고 할 수 있다.

총체적으로 11차 정상회담의 발전을 통해, G20 체제는 점차 세계경제 거버넌스의 "승인시스템"을 형성하게 되었고, 부단히 실행하고 추진하는 시스템으로 거듭나게 되었다. 이 시스템을 바탕으로 2016년 G20 주최국인 중국은 연속성과 혁신성을 유기적으로 결합하여 기존의 정상회담 성과를 보여주는 한편 새로운 협력제안을 제기하여, 전 세계에 강대한 중국의 힘을 과시했다. 이런 힘은 중국이 경제사회 발전과 개혁개방 사업에서 축적된 자신심과 자긍심에서 나오는 것이며, 중국과 세계가 경제발전 성과와 치국이정(治国理政) 경험과 책임감에서 나온 것이었으며, 인류운명공동체와 이익공동체를 실현하기 위한 위대한 기백과 중국의 풍모에서 나온 것이었다. 대사를 도모하고 실질적인 일을 해야 한다고 시진핑 주석은 이렇게 지적했다. "20개국 집단은 세계 각국의 기대를 짊어지고 있어 큰 사명을 가지고 있다. 우리는 20개국 집단을 잘 건설하여 세계경제의 번영과 안정을 위해 기본방향을 제대로 확립해야 한다."[157] 그렇기 때문에 G20 항저우정상회담은 G20 협상시스템에 단기적인 위기대응 체제에서 중장기 정책 제정과 글로벌 경제 거버넌스의 전형 분수령이 되었다. G20에게 있어서 항저우 정상회담은 중국의 새로운 활력과 성의가 추가된 시점이었으며, 중국이 G20을 도와 G20의 "글로벌 거버넌스 주요 플랫폼"의 지위를 공고히 하도록 도와주는 시작점이었다.

---

157) 习近平. "在二十国领导人杭州峰会上的开幕辞", 신화넷, 2016-09-04.

제11장
글로벌 거버넌스의 중국 탐색 7:
국제관계의 법치화 추진

국제관계의 법치화를 추진하여 국내와 국제의 법치를 총괄함으로써 글로벌 거버넌스 시스템이 더욱 공정하고 합리적인 방향으로 발전하도록 하며, 우리나라의 발전과 세계의 평화를 위해 더욱 유리한 조건을 창조하는 것은, 시진핑 동지를 핵심으로 하는 중국공산당 중앙의 새로운 이념, 새로운 사상, 새로운 사상인 치국이념의 중대한 주제의 하나이다.

본 장에서는 간략하게 법률 글로벌화의 열풍 및 글로벌 거머넌스의 실천 발전을 회고하여 국제관계가 무력으로부터 외교, 외교로부터 법률로 전화하는 역사의 발전과정을 논하고자 한다. 이를 기초로 해서 체계적으로 국내와 국제 두 법률을 총괄하는 이론적 가치와 실천적 의미를 설명하여 국제관계 법치화를 촉진케 하는 현실적 기초를 분석하고자 한다. 이 외에도 이 장에서는 글로벌 거버넌스 네트워크 중 국제법치와 법치중국은 긴밀한 관계가 있으며, 두 네트워크는 어느 정도 중첩되는 상황이 존재하며, 넓고 복합적으로 서로 작동한다는 관점을 제기할 것이다.

법치 중국의 건설과 국제법치의 진행과정 및 기타 국가의 법치과정으로 조성된 풍부하고 복잡한 세계 법치시스템에서 두 네트워크는 서로 밀접하계 관련되어 있으며, 서로 영향을 주면서 세계에 중국의 법치이념과 과정을 명확하게 서술하고 홍보하며 소개해준다. 국제법치 건설에 적극 참여하여 국제관계의 법치화를 개조하고 선도하는 것은 국가 거버넌스 시스템과 거버넌스 능력 현대화의 주요한 임무의 하나이다. 국제법치의 개방성은 이 두 가지 형세를 총괄하는 기본 배경이다. 중국은 국제법치의 가치와 과정을 위해 응당 공헌을 할 수 있을 것이다. 이어서 이번 장에서는 반둥회의와 '일대일로'가 중국이 국내와 국제법치의 과정 및 내용을 총괄하는 사례로써 분석하고자 한다. 마지막으로 이번 장에서는 사고의 혁신과 이론 구축, 제도 보완, 인재 양성 등 방면으로부터 중국이 국제법치에 적극 참여하는 능력과 건설적 문제를 토론하고자 한다.

1. 법률의 글로벌화와 국제관계 법치화의 역사적 과정

1) 법률 글로벌화의 발전 추세

글로벌화는 지금 세계의 발전 추세이며 객관적인 추세이기도 하다. 세계적으로 광범위한 실천과정인 글로벌화가 인류사회에 가져다 준 것은 경제생활의 패턴을 근본적으로 변화시킨 것만이 아니다. 글로벌화는 세계의 경제, 정치, 법률, 문화의 패턴에 영향을 미치고 변화를 가져다주었다. 글로벌화의 영향은 모든 국가의 발전현황과 미래의 발전을 가늠할 수 없는 후과를 가져다주고 있다. 이와 동시에 글로벌화는 실천적 분야로부터 의식·사상 분야로 확산되고 있으며, 사람들이 문제를 사고하고 세계를 관찰하는 새로운 배경과 새로운 시각 프레임이 되고 있다.

1990년대 이후 냉전이 끝나고 전 글로벌적인 통일된 시각이 형성되면서 글로벌 무역과 투자의 자유화, 금융 글로벌화의 추세가 선명하게 나타났고, 다국적 회사의 역량은 날로 강대해져 신종 "레비아탄"**158**이 되고 있다. 글로벌화는 빠른 속도로 금융, 다국적 회사 관리, 노동표준, 기술표준, 지적 소유권, 정보 투명도 등 분야에 스며들었고 다국적 범죄, 반테러, 반부패, 반인도주의 범죄, 문화다양성 보호, 인재의 다국적 유동, 국제 인터넷, 환경 거버넌스, 인권 보호뿐만 아니라 심지어 우주공간에도 영향력을 미치고 있다. 이런 분야와 공동의 문제를 해결하는 것은 모든 국가와 모든 조직, 심지어 모든 사람들과 연관된 것으로 어느 한 나라의 힘으로 효력을 가져오기는 힘들다. 반드시 모든 국가의 공동의 노력이 있어야 하며, 규범적인 거버넌스 혹은 국가가 주권의 일부 권리를 국제사회에 '넘겨주어' 국가적 범위를 초월한 국제사회와 국제 비정부조직(NGO)이 국가를 초월한 권력과 국제사회이 권력을 사용하여 국제분쟁을 조정하고 국제 경쟁력을 강화하여 한 나라가 해결할 수 없는 국제문제를 해결해야 한다. 이는 국가권력의 분화이며 국제사회화이다.

글로벌 거버넌스의 어떤 분야든 예외 없이 법률문제가 존재한다. 그렇기 때문에 상술한 분야에 적합한 법률의 글로벌화가 형성되었다. 법률의 글로벌화는 전 세계가 모든 영역에서 통일된 규칙에 따라야 한다는 뜻이 아니라, 관련 다국적 분야에서의 활동을 제약함을 뜻한다. 글로벌화의 추세는 인류의 활동공간이 확대되고 있음을 말해주는 것뿐이지 대다수의 인류활동은

---

158) 레비아탄(리바이어던, Leviathan) : 구약성서 〈욥기〉에 등장하는 바다의 괴물. 레비아탄은 구약성서 〈욥기〉에서 악의 화신으로 묘사되는 바다 괴물로, 거대함과 힘을 상징한다. 비늘에 덮인 거대한 뱀이나 악어와 비슷한 모습으로 묘사되며, 등에는 단단한 돌기가 있고 코에서는 연기를 뿜어낸다.

여전히 국가와 본토의 영역 내에서 완성되고 있기에 주권국가를 대체할 수가 없다. 글로벌화의 법률 각도로 볼 때 지금의 법률 글로벌화 운동은 완전히 다른 두 가지 상반되는 추세가 있다.

하나는 국제법의 내국화이다. 이는 국제조직의 조약과 규장(規章)이 한 나라만 인정하고 있는 상황으로 한 나라의 국내에서만 법률의 구속력을 가지고 있는 규칙이다. 다른 하나는 국내법의 국제화이다. 이는 어느 한 나라 혹은 지역범위 내에서 통행되는 법률제도가 모종의 원인으로 인해 국제범위에서 유행되고 규칙이 유사해지거나 통일되는 추세를 말한다. 이렇게 되면 비국가화(非国家化)의 세 가지 파생 유형인 서브국가(亚国家)·국가·초국가(超国家)의 세력을 형성하는데 ,이 세 가지는 서로 제약하는 법률 관계적 패턴을 형성하고 있다. 따라서 우리가 한 나라의 법률 혹은 기타 사회의 변혁을 관찰 할 때는 그 나라의 국내요소만 주의할 것이 아니라 반드시 국제요소의 종합적인 영향도 고려해야만 한다.

2) 법치국가 발전의 역사적 단계

만약 글로벌화의 발전을 하나의 역사라고 한다면, 법치국가 발전의 글로벌 역사는 대체적으로 전현대(前現代)·현대·후현대(后現代) 등 세 개의 단계로 나눌 수 있다. 이와 상응하는 법률형식은 전 법치국가(前法治国家)·법치국가·후법치국가(后法治国家)로 나눠진다. 전 법치국가는 제국·봉건제국 등 두 가지 다른 형식이 포함된다. 제국시대에는 국가 간에 왕래하는 규칙이 존재했었으나 종교 연맹·제국·기타 보호국·납공국(纳贡国)·해외 행성·영지 간에만 국한되어 있다. 비록 유목민족과 관련된 몽고제국, 농업국인 중화제국과 해상국인 고대 로마제국 모두는 일종의 "국제관계"를 형성하였지만, 고대의 제국 · 부속국 · 납공국 사이에는 여전히 봉건제 국가 간에 존재하는 모종의 성문화되거나 성문화되지 않은 규칙이 존재했다. 하지만 이런 규칙은 독립적이고 주권 평등의 기초에서 건립된 것이 아니기에 현대적 의미의 국제법은 아닌 것이다.

현대의 법치국가는 17~18세기의 산물이다. 유럽 각국의 자산계급 혁명은 법치국가 건립을 국내에서 전제군주제를 반대하는 주요 임무로 여기고 있다. 1648년 유럽 열강들이 체결한 『베스트팔렌 조약』은 현대 국제관계의 새 기원을 열었으며, 현대적 의미의 국제법의 시작이다. 이 조약에서 처음으로 국제관계 중의 주권원칙을 명확히 했고, 서로의 주권을 존중하고 상대방에 대한 내정 불간섭이라는 현대 국제법의 중요한 원칙을 수립했으며, 국가의 경계를 인정하는 중요한 의미가 있다.

현대 법치국가의 발전은 두 개의 단계로 나누어진다. 첫 번째 단계는 중앙집권의 전제주의국가(약 1500년~1850년)이다. 여기에는 두 가지 특점이 있다. 첫째, 중앙집권과 서로 적응하며, 각국의 법률은 통일성을 가지고 있다는 점이다. 예를 들면, 영국의 보통법, 프랑스 파리의 관습법, 독일의 프로이센 통일 방법(邦法) 등의 법은 모두 이 시기에 나타났다. 둘째, 법률 기초의 다원성이다. 서로 투쟁하며 서로 제약하는 다른 정치세력인 군주 · 귀족 · 제3계급 간에서는 어느 측도 상대측을 이기지 못하고 서로 이용하고 타협할 수밖에 없는 상황인데, 이로써 새로운 형식인 법치의 산생에 사회적 전제조건을 마련해 주었다. 둘째 단계는 자유주의의 법치국가(약 1850년~1945년)이다. 그 특징은 법률의 통일성, 권력의 제한, 인권의 보장이다.

자유주의 법치국가는 서방국가의 내부 법률제도로 식민주의의 확장과 더불어 양대 법률체계의 양식은 서방 열강들과 함께 기타 정복한 땅에서 나타나기 시작했다. 하지만 이런 식민지의 법치는 자유주의 국가의 법치가 아니다. 소위 말하는 권력의 제한과 인권보장의 원칙, 법률 앞에서 모두 평등하다는 원칙, 주권 독립의 원칙 등은 식민지 법률에 반영될 수가 없었다. 식민지에는 무역평등이 없고 오직 경제적 약탈만 존재했으며, 정치적 독립은 없고, 종주국의 최종 결정권만 있으며, 평등한 인권보호가 없고, 신분의 불평등만 있었다. 소위 말하는 westphalian system이 확립한 현대의 국제관계 준칙은 종주국 간의 상호 주권 존중과 내정 불간섭만 있을 뿐, 식민지에 있어서의 주권 평등이나 전혀 국가라고 할 수 없는 상황이었기에 westphalian system의 범위에 속하지 않는다. 글로벌 각도에서 서방 자유주의 법치 국가와 기타 부속물인 암흑의 식민주의제도는 그 시대에 서로 의존하고 보충하는 양극성을 갖추고 있다.

후 법치국가는 제2차 세계대전이 끝난 후에 나타난 현상이다. 제도화와 법치화의 성질과 수준으로 말하면, 제2차 세계대전 이후의 발전은 두 단계로 나눌 수 있다.

첫 단계는 냉전시기이다. 제2차 세계대전 이후 각국의 법률제도는 다원주의 특징을 가지고 있으며, 민족주의, 복리주의와 사회주의 세 가지 주요 법치가 존재했다. 이 모든 법치의 발전은 자유주의 법치국가에 대한 위협이었다. 민주주의는 제2차 세계대전 이후 식민지 · 반식민지 국가들이 민족독립을 하면서 유행되었지만, 여전히 17, 18세기의 민족국가 · 법치국가로서의 발전방식을 따르고 있다. 민족국가의 독립은 식민지, 혹은 부속 국가라는 지위에서 벗어나 국제사회의 독립적이고 평등한 일원이 되었다. 한편 이러한 국가는 경제적으로 서방의 선진국에 의존하여 날로 강해지고 있으나 서방의 정치양식은 그들에게 사회적 평등과 번영을 가져다주지 못했다. 형식의 주권평등과 실질적 의존의 지위는 선명한 대조를 이룬다. 복리주의는 서방 자유주의 법치국가의 계속이다. 제2차 세계대전 이후 국가관제 수준의 변화와 더불어 관제(官制)의 강화여부는 법치국가의 새로운 도전이 되었다. 사회주의의 건립은 공산당이 영도하는 무산계급 독재정치의 기초 위에서 건립된 것으로 계획적으로 경제 · 정치와 사회생활을 관리하여 더욱 공정하고 평등한 사회를 구축하려 한다. 이는 개인 자유의 기초 위에서 건립된 서방의 법치양식과 실질적 · 형식적으로 다른 점이다.

두 번째 단계는 냉전시기 이후이다. 글로벌화의 영향으로 상술한 세 가지 법률양식이 정도상 다르게 자유주의의 법치양식으로 복귀하여 새로운 자유주의를 형성하고 있다. 서방국가의 복리주의 법률양식은 글로벌화의 압력 하에 복리국가 정책을 수정할 수밖에 없었다. 수출을 촉진시키고 경쟁력을 증강시키기 위해 부득이 국가의 간섭을 줄이고, 관제를 느슨히 하고, 복리를 삭감하고, 노동력의 보호 표준을 줄여야 했다.

사회주의 법률양식은 소련이 해체된 후, 중국은 새로운 역사적 조건 하의 계획경제 하에서 시장경제로 전환을 실현했으며, "사회주의 법치 국가건설"의 목표를 제기했다. 여기서 사회주의와 법치를 어떻게 결합하는가 하는 것은 이러한 법치국가가 성공할 수 있는가 하는 관건적인 요소이다. 이 외에도 민족주의 법률양식도 큰 도전에 직면했다. 더욱 많은 해외자금을 유치하기 위해 "양호한 투자환경 건립"이 필요하며, 법률과 사법의 개혁을 실현해야 하며, 법률의 공개성과 투명도를 높여야 하며, 서방식 법치와 사법의 독립을 실현해야 했다.

국제범위에서 보면, 제2차 세계대전 이후 냉전시기에 양대 대립적인 정치 · 경제와 군사집단인 바르샤바조약기구와 북대서양조약기구가 있다. 비록 외부적으로 첨예하게 대립하고는 있지만, 내부적으로는 높은 일체화를 실현하고 있다. 다만 일체화 형식이 다를 뿐이다. 하나는 경제호조위원회이고, 다른 하나는 유럽공동시장의 형식을 취하고 있다. 전자는 노예 형 행정관리인 소련과 그의 위성국가들은 예전의 대제국과 비슷했고, 후자는 평권형(平權型)의 시장교환인 미국과 그의 동맹국은 경제와 군사적 실력과 시장 시스템으로 이어져 있다. 제2차 세계대전 이후 새로운 제도화는 유엔을 대표로 하는 국제조직 역량이 강대해지고 있는데, 여기에는 전문적인 국제조직, 지역조직, 비정부 조직 등이 포함된다.

　냉전이 끝난 후, 국제관계의 제도화는 일련의 새로운 특점이 나타났다. 우선 정부 간의 조직은 비록 주권국가로 이루어지고 국제조직의 협의와 규정도 회원국의 동의를 얻었지만, 시대의 발전과 함께 국제조직은 날로 상대적으로 독립성을 가지고 있다. 회원국이 국제조직에 가입한다는 것은 자기 주권 범위 내의 일부 권리를 그들 상위의 공동체에 넘겨주는 것으로, 국제조직에 가입하면 그 규칙범위에서 주권국가는 반드시 국제조직 관련기구의 판결에 복종해야 한다. 이러한 추세는 세계무역기구와 EC의 발전과정에서 특히 선명하게 나타났다.

　다음은 비록 주권국가가 여전히 국제법의 중요한 주체가 되고는 있지만, 비정부조직도 국제법의 제정과정에서 날로 큰 작용을 하고 있다. 예를 들면 유엔, 세계무역기구, EC 등 주권국가로 형성된 국제조직은, 그들의 규정·결의 제정 과정에 관련해서 비정부조직의 의견을 청취하고 결의를 집행하는 과정에서 비정부조직은 응당 감독의 작용을 이행해야 한다. 마지막으로 구 유고슬라비아 국제형사재판소, 르완다 국제형사재판소와 국제형사법원의 성립과 반 인도주의 범죄와 관련해서 개인 책임을 추궁하는 과정에서 개인은 이런 유형 법률관계의 주체가 되고 있다. 공민 개인과 사회조직은 인권과 반 인도주의 범죄를 관련된 국제 혹은 국내 법원에서 자기 정부 지도자를 고발할 수 있으며, 모든 회원국은 이에 협조해야 할 의무가 있다. 하지만 신자유주의는 구 자유주의와 같은 착오를 범하고 있다. 법치국가가 후 법치국가로의 전환은 개인자유의 제한, 권력과 인권 보장의 기초 하에서 건립된 법치는 반드시 전체 공민의 기초생활의 보장을 보충적으로 하고 있다는 것을 말해준다.

복리사회와 사회주의 법률양식은 이 수요를 만족하기 위해 산생된 것이고, 이를 실현하려면 정부가 일련의 강력한 법률정책을 통해 사회 재부의 재분배를 완성해야 한다. 신자유주의는 이런 상황을 국가범위에서 글로벌 범위로 확대시키고 있다. 이들이 제기한 국가 참여를 줄이고, 무역 장애를 줄여 없애고, 경제 자유화와 비국가화의 주장은 세계적 범위의 남북차이를 해결하지 못하고, 격차는 더욱 심해졌다. 더욱이 세계적 범위에서의 산업 이전(개발도상국과 선진국 모두 포함)으로 수천만 가지 업종이 사라지고 생산량 감소문제가 나타났다.

경제 글로벌화의 기초 위에서 건립된 법치주장은 이런 기본문제를 확인하고 있다. 위에서 서술한 바와 같이 한 나라의 범위에서 시장경쟁으로 인한 현저한 빈부격차를 줄이려면 강력한 정부가 있어야 한다. 그렇다면 국제범위 내에서 우리는 "어떤 역량으로 남북의 격차문제를 해결하고, 글로벌화의 피해자에게 보상을 할 수 있는가?" "우리는 초국가적인 글로벌 조직과 글로벌 법령으로 이런 직무를 이행해야 하는가?"를 묻지 않을 수가 없을 것이다.

3) 국제관계 법치화의 역사: 무력으로부터의 외교, 외교에서의 법률

국제관계의 법치화란 무정부적인 국제관계시스템에서 법률 지상의 원칙과 법에 따라 권력을 통제하고 법률을 통해 권리를 수호하는 이념과 체제를 형성하여, 법치의 국제사회환경과 국제질서 패턴을 형성하는 것을 말한다.

국제관계는 무력에서 외교로, 외교에서 법률로 변화 발전되었다. 1625년 네덜란드의 법학자 그로티우스가 출판한 『전쟁과 평화법』에는 국제법 원리와 기본규칙을 체계적으로 서술하였다. 유럽의 30년 전쟁을 끝낸 1648년의 『베스트팔렌 조약』은 정치와 종교가 분리되고 주권 평등의 국제 왕래 패턴을 형성했으며, 이 조약을 기초로 하여 유럽사회 법률질서가 초보적으로 형성되었다. 이후의 국제관계 왕래는 더욱 넓은 범위에서 더욱 깊이 있게 진행되었고, 회의 외교는 국제관계의 조직화와 조약화를 잉태했다. 20세기 초 제1차 세계대전 이후, 파리강화회의에서 건립된 국제연맹, 제2차 세계대전 이후에 건립된 유엔은 국제사회의 조직화와 조약화를 발전시켰고 실제 행동으로 참여국과 국제법치의 건설을 호소하여 법치의 국제사회가 형성되기 시작했다. 역사의 발전은 국제관계가 무력과 무력 위협의 방식으로 문제를 해결하는 비율은 점차 줄어들고, 법률을 기초로 한 외교가 날로 많아지고 있다.

당대의 국제관계 법치화는 주로 국제관계 거버넌스 주체의 다차원성과 거버넌스 방법의 다양성으로 표현된다.

첫째, 국제관계 거버넌스 주체의 다차원성. 예전의 법률 이론은 거의 모두 국가법률 중심으로 이루어졌다. 국제법은 주권국가의 정부 간 조직에 의해 구축된 것이며, 비정부 차원의 법률은 국가 · 사회단체에 관련되는데 이는 정부의 법률을 조정하는 대상일 뿐이다. 반면 글로벌 거버넌스는 세계적 국제조직, 지역적 국제조직, 국가, 비정부조직 등 여러 차원으로 나뉜다. 세계적 국제조직의 권력은 국가권력의 수여와 전이에서 오고, 지역적 국제 조직의 권리도 국가 권력의 수여에서 오지만, 회원국과 지역 국제조직의 관계는 기타 유형의 국제조직의 관계보다 밀접하다. 바꾸어 말하면 이와 같은 수여나 권력의 전이는 국가주권 범위에서 (1) 고려하는 문제가 다국적이며, 회원국의 대책에 만족하지 못하는 경우, (2) 회원국의 조치나 공동체의 참여가 결여된 조치가 공동체의 요구와 충돌되거나 기타 회원국의 이익을 파괴했을 경우, (3) 공동체 차원의 조치가 규모나 효과가 회원국 차원에서의 조치보다 더욱 뚜렷한 이익을 가져왔을 때에 나타나게 된다.

국가는 여전히 현대 국제관계의 주요한 주체이다. (1) 비록 여러 가지 다른 형식의 국제조직이 존재하지만, 주권국가를 회원으로 하는 국제조직에서 주권국가는 중요한 작용을 한다. 국제조직이 반포한 모든 규정과 제도 혹은 결의는 모두 반드시 주권국가의 동의를 거쳐야 하므로 주권 원칙은 여전히 국제관계에서 제일 기본적인 원칙이다. (2) 비정부조직이 비록 국제와 국내 거버넌스의 많은 분야에서 중요한 작용을 하지만, 당대 어떠한 비정부조직이든 반드시 관련 국가법률의 단속을 받게 된다. 등록·등기로부터 활동개시에 이르기까지 모두 국가법률의 관제를 받는다. 때문에 문제는 국제조직, 비정부조직이 어떻게 국가의 작용을 대체하느냐가 아니라 국가주권을 인정하는 원칙의 기초에서 어떠한 방식으로 국내와 국제, 정부와 비정부 간의 거버넌스 연계를 완성하느냐이다. 다른 의미로 말한다면 글로벌 거버넌스가 국제조직과 비정부조직의 작용을 발휘하려는 것은 단순히 국가 거버넌스의 부족함을 보완하기 위함이지 국가 거버넌스를 대체하려는 것이 아니다. 비정부조직에는 다국적기업과 비영리적 비정부조직이 포함된다. westphalian system에서 국가는 국제법의 유일한 주체이며 비정부조직은 국가를 통해야만 국제관계에 참여할 수 있다고 했다. 하지만 당대 비정부조직은 국제법, 국내법의 형성과 실시에서 날로 큰 작용을 하고 있다.

둘째, 국제관계 거버넌스 방법의 다양성. 법률, 정치매매, 도덕, 상업습관, 정치 권세에 대한 대비, 담판 등은 국제관계 거버넌스 방법이며, 법률은 여러 가지 거버넌스 방법 중 하나이다. 법률·법정의무의 강제성, 권한 범위와 실제 능력의 많고 적음, 범위 확정성과 확실 정도는 이런 저런 차이가 있다. 일부 문제는 소프트하게 처리하면 괜찮고, 일부 문제는 강력하게 처리하면 좋은 효과를 가져 올 수 있는데, 이는 조건에 따라 결정해야 한다.

국제관계 벌률 거버넌스는 세 가지 다른 방면이 있다. (1) 글로벌 거버넌스 주제의 성질(즉 공공성)은 순수한 공권력·공권력과 개인권력의 어느 정도 혼합-순수한 개인권력 등의 종류가 있다. 그중 국가 권력, 서브국가조직 및 국가가 회원인 세계적·지역적 국제조직과 같은 일부 주체의 운용은 공권력이다. 국내 혹은 국제의 비정부조직, 영리성 다국적 기업과 비 영리성 비정부조직과 같은 주체는 개인권력의 성질을 띤다. (2) 글로벌 거버넌스 주체의 자치정도(즉 독립성)의 창에 따라 순수한 국가 간 조직-국가 간 조직과 초국가조직의 다른 정도의 결합-초국가조직 등이 있다. 국제조직의 권력은 비록 회원국 혹은 회원 권한 부여에서 오지만, 상대적인 독립성을 가지고 있고, 자아 결책 완성(입법), 행정과 법집행(분쟁 해결 기능) 등의기구가 있으며, 일부는 순수한 국가 간 기구로서 회원국 전부의 동의가 있어야 하기에 자기의 독립성은 없다. (3) 글로벌 거버넌스의 규범화, 제도화 정도(즉 규범성)에 따라 순수한 규칙이 없는 개별적 조정-규범적 조정과 개별성 조정이 어느 정도 결합된 조정-완전한 규범성 조정이 있다. 일부 분야는 규범화·제도화의 수준이 높아 일련의 규칙시스템이 있어 규범 제정, 해석과 적용 규칙을 가지고 있는 기구가 있으며, 일부는 규칙화 · 제도화의 수준이 낮아 문제를 처리하고 해결하는 규칙이 없어 문제가 나타날 경우 주로 담판, 협상 혹은 직접 보복의 형식으로 해결하는 기구가 있다.

2. 국내법치와 국제법치 총괄의 중요한 의미

국제 패턴에서 날로 뚜렷한 지위에 있는 대국으로서의 중국의 법치 건설, 법치 개념, 법치 이념 모두는 대외관계 문제를 고려하지 않을 수 없으며, 국제법의 위치를 토론하고, 법치 중국과 국제법치의 관계를 분석하지 않을 수 없다. 중국법치와 국제법치 두 가지를 총괄하는 것은 중국 이론시스템에서 국제법치의 정확한 위치 인식과 처리, 중국의 국체법치에 대한 참여와 실천에서 국제법 시스템의 충분한 이용에 중요한 작용을 한다. 중국이 객관적이고 전면적으로 중국에 미치는 국제법의 작용과 영향력을 인식할수록 더욱 깊이 있고 정확하게 중국과 국제법의 상호 관계를 이해해야 한다. 이는 중국의 국제법치 제정에 있어서 적극적 · 주도적 참여에 유리하며, 자신의 개혁개방 사업에 더 유리하고, 중국의 장구적인 번영과 안정적 발전에 유리하다.

1) 이론 의미: 국제법치와 국내법치의 상호 독립, 양자간 원리의 공통성, 단계와 임무의 공통성

지금 이론 학계와 실천 학계 모두 법치중국의 건설은 논리를 명확히 해야 할 필요가 있으며, 관념적인 기초를 견고히 해야 한다는 것을 확실하게 인지해야 한다. 이러한 기초 위에서 중국 특색의 사회주의 법치 이론시스템을 형성시켜 날로 심화되고 있는 글로벌화의 배경 하에서 법에 따라 나라를 다스린다는 점을 고려해야 함을 잘 알아야 한다. 이 외에도 국제사회는 서로 의존하며 하나의 운명공동체를 이루고 있기에 반드시 국제법·국제법치를 고려해야 한다.

우선 국제법치와 법치중국의 구조적 개별성을 명확하게 구분해야 한다. 중국이 법치와 법치건설을 위해 노력하는 것은 글로벌 법치과정의 일부분이다. 반면 글로벌 법치는 "국가와 국제의 법치"를 포함한 유엔의 여러 가지 문건에서 서술한 바와 같이 한 국가에서의 법치와 국가 간 법치 두 개 부분으로 구성되었다. 이로부터 국제법과 법치중국은 법치시스템의 서로 독립적인 서브시스템으로 양자 모두 자기의 특정한 규범 기초, 조직 구조, 절차 규칙과 운행 체제가 있기에 이 두 가지는 예속관계가 존재하지 않는다. 때문에 각자의 배경, 요구와 표현이 있다. 법치중국은 중국 내 거버넌스 방법의 법률화로 중국이 법률시스템 특히 헌법시스템에서 법률을 존중하고, 법률을 신앙하며, 법률에 복종하는 사회환경과 사회질서 운행패턴을 형성하여 정부의 권력 실행 구속을 주요 수단으로 건강하고, 공정하며, 효율이 높고, 청렴결백한 사회 운행시스템의 형성을 목표한다. 법치중국은 주로 국내의 거버넌스를 다루며 정부권력 남용에 대한 규제 방법, 공민의 권리가 정부의 권력남용으로 침범되지 않도록 하는 방법 등이 포함된다. 물론 공민의 외교 왕래 권리와 일정한 외국인의 권리가 관련되기는 하지만, 주로 국내 공민의 권리가 입법·집법·사법과 법 준수 등 방식을 통해 국가 거버넌스의 질을 제고하여 양호한 사회질서를 형성케 해야 한다.

다음은 국제법치와 법치중국 원리의 공통성을 파악해야 한다. 법치중국과 국제법치는 사상과 이념의 근원을 공유하고 있다. 법률개념은 국가에서 시작되었고, 법치의 개념도 국가에서 시작되었다. 비록 법치의 개념은 서방에서 시작되었지만, 서방의 사상, 가치관을 대표하는 술어는 아니다. 법치가 전체 인류 역사발전의 공동문명의 성과를 대표한다고 하기 보다는 다문화적 사상과 실천의 결정체이다. 법치의 개념은 아리스토텔레스 · 플라톤이 처음으로 법치를 인정하고 범주를 정하고, 중세기 신학에서 법률의 존엄을 설명하고, 계몽사상가가 상세히 밝히고, 다이시(戴西)[159]가 비교적 명확한 범주를 내리기까지 오랜 시간이 걸렸다. 비록 서방문화에 뿌리를 내리고 꽃을 피우고 열매를 맺었지만, 다른 사회제도 형태와 다른 국가구조 유형을 거치면서 비교적 큰 대표성을 가지게 되어 법치중국을 포함한 각국의 법치방향과 국제법치 탐색의 중요사상과 이론기초가 되었다. 법률 지상이나 권력 제한이나 모든 법치의 원리는 인류 지혜의 결정체이며, 세계문명의 공동된 인식이라 할 수 있으며, 법치중국과 국제법치가 공유하는 지혜이다. 법치는 복지의 제공을 기본으로 한다. 이 점은 국제법치와 국내법치의 공통된 이념이다. 법치중국의 건설은 반드시 인민들이 법치에 대한 공동된 인식을 가져야 하며, 인류법치의 공동원리와 반드시 부합되어야 한다.

　마지막으로 국제법치와 법치 중국의 비슷한 임무를 이해해야 한다. 당대의 국제법은 새로운 분야와 문제(예를 들면 인터넷 공격의 법률 제정)에는 명문규범이 없으며, 여러 전통적 문제에도 아직 적지 않은 분쟁이 있다. 법리 학가 H. L. A. Hart의 규범 분류방법에 따르면 법률은 초급규범과 파생규칙의 결합이다. 초급규범은 권리의무를 확정하고, 파생규칙은 관련 규칙의 규칙

---

159) 앨버트 다이시 : 영국의 헌법학자. 《추밀원》이라는 저술로 아널드 역사상을 받아 준재(俊才)로 칭송되었다. 법정변호사 및 칙선(勅選) 변호사, 옥스퍼드대학 교수를 지냈다. 저서 《법학논쟁에 관한 영국법 적요》, 《헌법 연구 서설》, 《19세기 영국에서의 법과 여론》은 모두 이 분야에서 중요한 고전의 지위를 굳히고 있다.

으로 규칙의 유효성과 형성·변화 및 소멸을 규정한다. 전체 국제법의 상태로 보면 초급 규칙은 비교적 발달했지만, 국제 법률규범의 지위는 아직 효과적으로 형성되지 않고 분쟁해결과 책임 제도도 결핍되어 있으며, 파생 규칙은 기본적으로 매우 박약하여 국제법은 매우 미성숙 상태의 단계라고 할 수 있다.

2) 현실의미: 법치화 되지 않은 국제관계가 중국에 준 아픈 기억

국제법과 국내 법치를 총괄하는 것은 국제법 시스템의 공평하고 합리적인 발전에 유리하다. 지금의 국제관계는 대국 정치의 주도 하에 법치의 발전 징조가 나타나고 있다. 구체적으로 국제법의 입법 수량이 많고, 관련 분야가 광범위하며, 내용의 세분화와 국제 법률 집행 기구와 절차, 국제사법의 질량과 권위, 국제적으로 법을 지키는 의식과 수준 등의 전면 상승 등 추세에서 이러한 발전 징조를 알 수 있다. 이 외에도 법치는 국제사회 관련 사무 처리의 주도적 언어가 되었고, 국제조직과 국제회의의 법치에 대한 열정과 사용 빈도도 선명하게 증가했다. 하지만 이런 현상은 법치 표면에만 머물고 있을 뿐 깊이가 있고 실질적이지는 않다.

국제법의 여러 가지 규칙이 공평과 정의에 부합되는가, 국제 조직기구가 안정적이고 건강하게 존재할 수 있는가, 국제시스템이 높은 효율로 원활하게 운행되고 있는가 하는 의문을 가지고 사고하고 관찰하고 분석할 필요가 있다. 중요하고 관건적인 많은 문제에서 국제법은 아직도 여전히 미정 단계이며, 기본 원칙과 이론에서도 적지 않은 논쟁이 있다. 그 중에서 제일 근본적인 것은 국제법의 '이원곤경(二元困境)'이다. 이러한 '이원곤경'은 구체적으로 국가이익과 인류공동이익의 충돌, 인권과 주권의 충돌, 국제체제와 국가임의(任意)의 충돌 및 "영구적인 평화"의 이상주의적인 보편적 규칙과 현실주의의 특수한 의지간의 충돌로 표현된다. '이원곤경'의 제일 심각한 문제는 국제법의 최종 목표의 확정에 있다. 국가시스템에서 나타난 단순한 '정부권력-공민권리'의 상호 관계에 비해 국제관계에서는 "국제체제-국가권력"과 "국가권력-공민권리"가 병존하는 상호관계가 존재하게 된다. 이때 국가주권과 독립을 핵심가치의 목표로 할 것인가, 아니면 사람들의 자유와 존엄을 핵심가치의 목표로 할 것인가 하는 문제가 생기는데, 국제법은 이런 문제에 대해 대부분의 상황에서는 엄숙하게 임해야 하며, 이를 회피하지 말아야 한다. 또한 이 문제는 국제법의 위치 선정과도 관련된다. 이러한 "이원곤경"은 필연적으로 국제법의 이념과 시스템에 영향을 준다. 즉 법률 지상 이외의 법치 본질은 권력 통제이다.

국제법치와 국내법치의 총괄은 중국의 국제 발언권 제고에 유리하다. 지금 중국의 하드 파워는 일정한 규모를 갖추었고, 세계 각국의 충분한 인정과 관심을 받고 있다. 하지만 자신의 소프트 파워 형성에서 여전히 진지하게 고려하고 해결해야 할 중요한 문제들이 있다. 중화인민공화국 건국초기부터 중국의 전문인사와 민중은 지도자들과 어떻게 하면 문학, 음악, 미술이 모두 새로운 발전을 가져올 수 있는가를 토론하였다. 물론 여기에는 제도관련 이론 혁신과 실천 발전이 포함되므로 국제법 방면의 이론 구축과 현실 언사도 포함되기 마련이다. 하지만 유감스러운 것은 중국과 국제법 시스템이 역사적으로 오랫동안 멀리했고, 특히 중국이 국가 핵심 이익에서 국제법의 부정적인 피드백을 받았기에, 중국은 국제관계와 국제법 분야에서의 소프트 파워는 전혀 형성되지 못했다는 점이다. 중화인민공화국 건립 이전에 서방의 열강들은 여러 차례 국제법의 명의로 중국을 침략하였으며, 새 중국 건립 이후에도 국제법 시스템은 장기간동안 우리에게 불리했다. 국제적 형세가 장기적으로 불리한 상황에서 형성된 발언권의 결핍, 발언시스템의 빈약은 중국의 더 빠른 발전을 저애하는 단점이 되어 중화민족의 위대한 부흥의 걸림돌이 되어 일정한 정도에서 중국의 발전을 방해했다.

중국은 국제사법부에서 적극 자신의 의견을 표명하는 자신감을 높이고, 국제사회에서 받는 오해와 왜곡을 줄여야 하며, 적극적이고 명확하고 효과적으로 국제법치에 관한 의견을 표명하여, 중국의 소프트 파워를 제고해 중국의 국제적 형상을 변화시키고, 중국의 국제적 명성을 형성하여 중국에 대한 국제사회의 이해와 지지를 크게 제고시켜야 한다. 이는 주변 국가들의 "중국위협론" 해소에 유리할 뿐만 아니라, 중국기업의 해외투자와 현지 국가와 민중들이 중국의 해외투자 행위를 정확하게 이해시키는데 유리하다. 이는 중국에 대한 국제조직, 비정부조직의 인상과 평가의 부단한 개선에 유리하며 국제시스템과 구조에서의 상승 압력을 줄여주게 될 것이다.

3. 중국의 국제법치 참여분야와 단계

1) 국제법치의 개방성은 중국이 적극 참여할 수 있는 기본 배경이다.

국제법은 폐쇄적인 자급자족시스템이 아닌 동적인 개방적 시스템이다. 비록 현대국제법이 탄생해서 지금까지 400년의 역사를 가지고 있지만 전쟁은 끊이지 않았고 분쟁도 부단히 발생했다. 이런 국제사회에서 안정적이고 건강한 국제법의 발전역사는 그리 오래지 않다. 국제법의 안정적 발전과정에서 적지 않은 부분은 서방국가(특기 유럽)의 실천경험과 사상전통을 기초로 했다. 이 외에도 국제법의 초급성은 우리가 국제법치의 기본문맥 정의를 이해하고 인식하는 기초이다. 규칙만 고려하면 여러 방면은 매우 분명하고 명확하다. 하지만 깊이 있게 실천문제, 입법문제를 고려한다면 아직까지 미처 해결하지 못한 여러 가지 분쟁과 실천 곤경을 발견하게 된다. 그렇기 때문에 이를 해결하기 위한 경로와 해결방안을 모색하고 토론해야 한다. 구성주의의 국제관계 이론에 따르면 국가는 피동적으로 국제환경을 받아들이는 것이 아니라 국제환경을 제조하고 구성한다. 따라서 이런 개방성은 중국에게 여러 가지로 중요하다. 즉 중국은 자신의 발언과 행동으로 외부환경을 만들어 국제법치의 형성과 발전에 중국의 방안과 건의를 제기하여 국제법치의 균형적이고 건강하며 공정한 발전을 촉진시킬 수 있다.

규칙 차원에서 국제법의 주요 기원은 조약·습관과 일반 법률원칙이다. 비록 사법 입법이 실천 조짐을 보이고 있지만, 아직 보편적인 인정을 받지 못하고 있다. 각국의 입법·사법 등 법치과정을 통해 국제습관은 증가되어 국제법치 형태를 형성한다. 오랫동안의 법치 실천에서 형성된 법조 경합, 일사부재리(一事不再理), 금반언(禁反言)**160**과 같은 각국의 공동원칙은 국제법에 응용되어 옳고 그름을 가르고 분쟁을 해결하는 중요한 척도가 되고 있다. 그러므로 중국은 자신의 법치 실천으로 국제법치 규범을 풍부히 할 수 있다.

많은 국제법 규칙의 구조와 내용을 보면 각항의 법치 목표를 명확한 정치와 수단으로 규정하지 않고 각국에 비교적 큰 입법과 행정 공간을 남겨주어 국가 차원의 규범을 수립하고 집행토록 하고 있다. 중국은 이런 규범을 수

---

160) 금반언(Estopple) : 어느 사실에 대하여 언명하거나 어느 것을 약속하여 상대방을 신뢰케 한 다음 그 후에 그 언명을 부정하거나 그 약속을 신뢰하여 행동한 상대방에 대하여 약속을 부정하는 것을 금지한다는 법률상의 원칙을 말한다. Firm Offer는 유효기한까지 취소할 수 없다는 것 등이 이 원칙의 대표적 적용 예이다.

립하고 집행할 때 자신의 완전한 법치제도를 건설해야 할 뿐만 아니라 국제법의 요구를 완성하고 보충해야 한다.

2) 중국은 국제법치의 가치와 절차를 위해 공헌을 할 수 있다.

법치중국의 문맥정의에서 현재의 국제법 주장을 쉽게 믿지 말고 맹목적으로 따르지 말아야 하며, 국제사회의 법치 입장과 주장을 감별과 분석을 하지 않은 상황에서 경시하거나 배척하지 말아야 한다. 국제법치의 이론 프레임에서 국제법은 응당 권력을 제한하는 역량이 되어야지 권력을 사용하는 도구가 되지 말아야 한다. 학자들은 국제법은 응당 도덕성을 가지고 글로벌 질서에서 입법과 정치를 구별해야 한다는 특성을 인식했다. 이 기초에서 학자들은 칸트의 국제법 이론은 국제법의 모든 요소를 회복하는데 유리하다는 점도 알게 되었다.

당대 국제법치에서 제일 주요한 문제는 국제법의 "이원곤경(二元困境)"과 가치 결책 문제이다. 국내법치에서 기본 가치는 비교적 명확한데, 개인의 기본권리 · 자유 · 이익을 존중하고 보호하며, 정부가 독단적으로 권력을 남용하여 침해를 입히는 것을 방치하기 위함이다. 비록 이 방면에서도 권력 사이에 충돌이 발생할 경우의 선택과 비교 문제, 어떤 상황에서 어떤 절차로 권리를 억제해야 하는가 하는 등 이론적으로 연구 조사할 부분들이 많지만, 개인의 기본 권리와 자유라는 핵심적 가치는 법치개념과 시스템에서의 기본적 지위는 부인하지 못한다. 각 국가가 진정으로 법치를 건설한다면 모두 인권을 제일 첫 자리에 놓고 우선 고려하게 된다.

국제법치의 영역에서 서로 경쟁하는 두 가지 기본 가치관이 동시에 존재하고 있음을 알 수 있다. 하나는 국가 주권인 국가의 기본 독립 · 존엄 · 자주·자유이고, 다른 하나는 개인의 인권인 각국 인민의 자유와 권리이다. 전통적인 국제관계시스템에는 전자의 권리만 있고 후자의 자리는 없다. 하지만 국제사회 조직화의 진보와 함께 인간의 자유와 권리도 더욱 중요시되고 있으며, 더욱 중요한 위치에 놓이게 되었다. 국제법도 두 가지 권리에서 어느 것을 우선 고려하는가 하는 양난의 상황에 처하게 되었고, 사람들은 일부 상황에서 이 두 가지 권리 중 어느 하나를 어렵게 선택해야만 한다. 주권과 인권의 가치가 국제 법률시스템에서의 긴장 상태가 바로 필자가 말하는 "이원곤경"이다.

상당히 긴 시간동안에 국제법은 어느 한 나라의 주권을 보호하고, 그 나라의 인권문제를 중심으로 하지 말아야 한다. 국제사회는 응당 국가의 거버넌스 중심 지위를 존중하고 협상·인도·협력의 방식으로 인권을 강화해야지 일방적으로 간섭하고 타격을 가하지 말아야한다. 중국은 장기간 문화를 기초로 하는 휴머니즘의 사회질서 관을 가지고 있었기에 서방의 인권주의 사회 질서관과 여러모로 다르다. 하지만 모두 양호한 사회시스템을 건설에 유익한 문화이념이며 모두 오랫동안 경제발전·정치번성·문화번영·사회진보·문화행복을 가져다주었다. 이는 휴머니즘의 사회질서시스템에 서방의 인권만 있는 것이 아니라 중국은 인권과 같이 중요한 의미가 있는, 적어도 보충적 의미가 있는 휴머니즘의 방식을 공헌할 수도 있다. 현재 대다수의 중국학자들은 서방의 인권사상과 제도에 대한 연구와 계승으로 만족하고 중국 자신의 인권 이론·인권 실천시스템을 충분히 중시하지 못하고 있으며, 이에 대한 자신심과 용기가 부족하다. 이것이 아마도 중국이 국제법치 및 글로벌 법치에서 중대한 돌파를 할 수 있는 분야가 될 수도 있다.

국제법치는 견고하고 실력 있는 조직기구와 실행 가능한 감독과 집행의 절차를 필요로 하지만 공평하고 정의적인 법률규칙이 더욱 필요하다. 국제 입법은 반드시 관련 규칙이 세계 각국 및 인민들의 공동적인 장구한 이익을 보장하는 매개체가 되어야지, 패거리를 형성하고 반대파를 제거하거나 심지어 모든 재앙을 남에게 덮어씌우고 의견의 다른 파벌을 없애는 도구가 되어서는 안 된다.

국제법은 반드시 높은 참여도가 있는 기초에서 제정되어야 하지 일부 규칙 제정이 "부자 클럽"에서 완성되지 말아야 한다. 국제법의 형성과 실행과정에서 특히 이익에서 큰 영향을 받는 나라를 고려해야 하며 관련 방면의 능력이 상대적으로 박약하고 결핍한 국가를 우선 고려해야 한다. 이와 동시에 국제 사법 · 준사법 절차에서 큰 발전을 가져오고, 국제 분쟁 해결방식이 날로 풍부해지는 상황에서 중국이 국제사법에 적극 참여하고, 정의를 형성하고 정의를 지지하고 정의를 추진하는 행위는 전체 국제법 개선을 위해 중요하고 확실한 한 걸음을 내디디게 하고 있다. 때문에 중국은 더욱 깊이 있고 체계적으로 국제법률의 운행절차와 실체 규칙을 이해하고 규범적인 사용방식을 이해하여 국제사법의 응용과 접수를 추진해야 한다.

3) 사례분석

(1) 아시아 · 아프리카의 반둥회의

1955년에 열린 반둥회의는 중국이나 세계에 있어서 위대하고 평범하지 않은 회의였다. 이 회의를 통해 그때 당시 아직 유엔에 포함되지 않은 중화인민공화국 정부가 대형 다자간 국제장소에 처음으로 모습을 보였다. 이번 회의는 광대한 아시아 · 아프리카 국가가 서방국가의 참여 없이 개최한 첫 번째 다자간회의였다. 반둥회의에서 중국은 단결되고 실속 있는, 구동존이의 자태로 다자간 국제사무의 무대에서 중국의 이름을 알렸고, 회의에 참가한 여러 나라와 세계 매스컴에 선명하고 깊은 인상을 남겼다. 이에 대한 토론과 분석은 이미 충분하고 풍부하기에 더 이상 설명할 필요가 없을 것이다. 하지만 이 회의에서는 여러 가지 귀중한 자원들이 미처 발굴되지 못했다. 에를 들면 이 회의의 토론 절차는 국제 거버넌스 시스템의 발전을 추진하는 작용을 했으며, 이 회의에서 통과한 결의는 소프트 국제법의 문건이 되어 국제사회 발전에 의미가 있었기에 여전히 깊이 있는 분석과 적극적인 평가를 할 필요가 있었다. 미래 국제법치의 계획과 개선 과정에서 반드시 반둥회의의 경험을 참고해야 하며, 적합한 행위방식과 정확한 가치이념을 수립해야 했다. 또한 이런 방식과 이념으로 실천의 발전을 인도해야 했다. 이제 이 회에서 강조하지 못했던 이념으로 다음과 같은 몇 가지를 지적하고자 한다.

첫째, 국제규칙 참여에 대한 적극적인 표현이다. 우리가 구조와 과정으로부터 국제관계와 국제법을 관찰할 때, 반둥회의는 특유의 이정표적인 지위를 점하였으며, 이 과정에서 중국은 관건적인 역할을 했다. 법률은 정치의 한 방면이며, 국제법은 국제정치의 한 방면이기 때문에 권력과 이익이 관여된다. 60년 전 세계 국제법 판도에서 서방국가는 중요한 위치를 차지하였고, 라틴아메리카 국가들도 괜찮은 자리에 있었지만, 아시아와 아프리카 나라들에게 주어진 공간은 매우 적었다. 이런 환경에서 반둥회의는 국제법에 주도적으로 참여하려는 아시아와 아프리카 국가의 뜻을 표명하였고, 국제 결책에도 영향을 미치려고 노력하였다.

둘째, 국가주권의 우선적 지위를 수립하는 것이다. 60년 전의 국제 패턴인 식민시대는 종말을 맞이했다. 하지만 식민사상은 여전히 존재했기에 국가 체계의 지속과 안정을 보장하는 것은 관건적인 임무였다. 반둥회의는 이 문제를 전문적으로 토론했으며, 특히 결의문에서 입장을 설명했다. 60년이 지난 오늘날 국제법치를 추진할 때, 여전히 조심스레 인권과 주권의 관계를 처리하여 상황 악화를 피해야 한다. 일부 이론가들은 "정부가 없는 거버넌스"라는 견해를 제기했고, 국제사회에도 "보호에 대한 책임"이라는 주장이 나타났다. 일부 국가는 내부 분쟁이 나타난 국가에 대 간섭해야 한다고 하고 있기 때문에, 주권 부정, 폄하 행동 불허를 반드시 중요한 자리에 놓아야 함을 재차 강조해야 한다.

셋째, 국제협력의 건설적 의미를 강조해야 한다. 반둥회의의 개발도상국 간의 긴밀한 단결과 전면적인 협력 주장은, 지금의 제3세계에도 계시적인 의미가 있다. 개발도상국의 작용은 세계적으로 날로 각광받고 있다. 브릭스 국가집단을 대표로 하는 신흥국가는 후 금융위기시대의 글로벌 경제의 안정과 회복을 위해 중요한 공헌을 했다. 이는 개방적이고 글로벌적인 다자간 국제체제는 글로벌 경제사회 발전의 제도적 동력이다. 그렇기 때문에 응당 현시대의 세계는 서로 의존과 협력 공영의 기본 패턴을 형성하고, 협력게임의 개념을 정확히 하고, 제로섬 게임, 심지어 마이너스섬 게임의 냉전적 사유를 버려야 한다.

넷째, 부흥발전권의 이념과 제도의 확립이다. 반둥회의는 개발도상국의 경제와 사회의 발전을 매우 중시했다. 이 주제는 오늘 날에도 여전히 높은 시대성을 가지고 있다. 인권을 충분히 존중하고 보장하는 것은 제2차 세계대전 이후 국제법이 거둔 상징적인 진보이며, 모든 국가가 공동으로 중시하는 핵심적 가치이다. 하지만 인권 합의에는 개인인권과 집단인권, 자유권과 발전권 간의 대립이 존재한다. 전체적으로 보면 서방국가는 개인 자유주의 입장에서 개인의 권리를 강조하고, 많은 개발도상국은 집단인권, 특히 집단

인권의 주요한 표현인 발전권에 중점을 두고 있다.

(2) '일대일로' 전략

2013년부터 구상하고, 2014년에 논증을 했으며, 2015년에 전면적 실시단계에 들어선 '일대일로' 전략은 경제적으로 대량의 상품 · 기술 · 서비스 무역을 의미하며, 기초시설의 건설 계기 · 직접과 간접 투자의 계기가 되며, 중국이 글로벌 거버넌스 방면에서의 새로운 탐색을 의미하며, 국제법치의 절차와 실체에 균형적이고 공정한 길을 개척하려는 시도이다.

국제법률시스템 · 법률문화의 다양화 촉진을 위해 중국은 줄곧 적극적으로 노력하고 있다. 중국이 여러 서방국가의 배척을 받아 국제체제에서 고립되었던 1950년대에 우리는 인도 · 미얀마 등 국가와의 왕래 과정에서 저명한 "평화공존 5원칙"을 제기하였으며, 이는 큰 영향을 미쳤다. 이 외에도 우리는 적극적으로 건설자의 자태로 1955년의 아시아–아프리카 국가회의(반둥회의)에 참가하였으며, 회의에서 "구동존이"의 주장을 제기해 주면 국가에 깊은 인상을 주었으며, 아시아 · 아프리카 국가들이 국제법률질서 일정을 주도하고 상의방식의 기초를 마련해 주었다. 중국 국제법학자 왕톄야(王铁崖) 선생은 30여 년 전에 이렇게 지적했다. "제3세계의 국제적 지위와 작용은 시간의 흐름과 함께 날로 중대해질 것이며, 국제법에 미치는 영향도 깊어지고 광범위해 질 것이다.

2013년에 제기한 "실크로드 경제벨트"와 "21세기 해상 실크로드"는 예전 노력의 새로운 버전이며, 아시아 · 아프리카 국가가 주도하는 명확하고 구체적 법률질서를 가진 확실한 일련의 시도이다. 이런 노력은 아시아 · 아프리카 국가가 국제 법률제도 발전 경험의 축적에 유리하며, 아시아 · 아프리카 국가의 국제법률체제 보완 능력을 증가시키고, 국제법치의 촉진과 보완에 대한 믿음을 증가시켜준다. 중국 지도자들이 이미 명백하게 설명한 바와 같이 '일대일로'전략은 기존의 지역적 경제무역 배치를 대체하려는 것이 아니라, 이런 배치와 각국의 경제발전 전략을 연결하고 조율하려는 것이다. 이런 연결과 조율의 의미는 매우 중요하다는 점에 주의해야 한다. 이런 연결과 조율이 없다면, 각 전략적 배치는 고립된 것이 되어 체계를 가지고 있지 않아 흩어진 모래와 같은 것이다.

만약 이를 연결시키고 조율한다면 강한 동력이 될 수 있으며, 목표가 명확한 대형시스템이 되어 자신의 영혼을 가지고 자신의 응집력을 가지게 될 것이다. 그렇기 때문에 정신 조율은 매우 중요하다. 상무부 · 발전과 개혁위원회 · 외교부가 2015년 3월 28일에 연합으로 발표한 『실크로드 경제벨트와 21세기 해상 실크로드 공동건설 추진 전망과 행동』에 따라 개방협력 · 조화포용 · 시장 활용 · 호혜공영의 공동건설 원칙을 견지하고, 정부와의 소통, 시설의 연통, 무역의 원활, 민심의 상통 등의 주요 내용을 양자 협력과 다자간 체제와 함께 실행하자는 공동건설 양식이 바로 '일대일로'의 정신인 것이다. 이 정신은 동방문화의 오래된 지혜를 담고 있으며, 중국의 장기적인 견지와 주장의 국제이념을 내포하고 있으며, 중화민족의 위대한 부흥과 세계 각국이 서로 장점을 취하고 단점을 보완하여 공동으로 번영과 부강을 실현하는 이상이 포함되어 있는 것이다.

4. 중국의 참여와 국제법치의 건설 능력

법치는 현대 문명국가를 평가하는 주요한 표준이다. 법치를 인정하고 존중하는 국가는 존경하고 믿음이 가는 국가이며, 그렇지 않으면 법률규범과 법치실행이 완전하지 않아 거버넌스 능력이 부족하고 문화실력이 부족한 국가로 간주된다. 학술계가 이미 인식하고 있었지만 상세히 밝히지 않은 현상은 정치와 공공 발언인 법치의 이론의 정당성이 광범위하고 보편적인 인정을 받는가, 못 받는가 하는 것은, 국가·사회집단이 국내에서 권위를 얻고 국제에서 믿음을 얻는가를 평가하는 중요한 표준이라는 점이다. 지금 중국은 법치를 건설하고 보완하는 단계에 있다.

서방의 사회와 역사문화를 기초로 하는 법치이론의 주류가 중국의 실천과 완전히 결합할 수 없고, 이런 이론이 중국의 관념과 입장을 잘 설명할 수 없다는 점을 잘 알고 있기에, 중국은 자신의 법치 발언시스템이 필요하며, 이를 이용하여 중국 자신의 문제를 해석하고 해결해야 한다고 생각한다. 이런 조건에서 사고해야 할 다음 단계의 문제는 이런 법치 발언시스템을 어떻게 형성해야 하는가 하는 것이다. 구체적인 방향·분야와 노선은 어디에 있는가? 이는 중국의 법치 발언권의 구조적 측면에서 반드시 직시해야 할 중요한 문제이다. 필자는 중국 법치의 발언권이 형성을 기대하려면 적어도 아래와 같은 몇 가지 방면으로 노력해야 한다고 생각한다.

1) 관념갱신

국내와 국제법치를 총괄하는 과정에서 중국은 우선 발언의식을 강화하고, "말보다 행동"이라는 인식으로부터 "말과 행동을 모두 중시"하는 것으로 변화해야 한다. 비록 중국정부와 전문가들이 국내와 국제법치 문제에서 여러 가지 노력을 했지만, 일부 주변국가, 심지어 아프리카, 아메리카, 유럽의 일부지역에서는 "중국 위협론"이 여전히 성행하고 있다. 특히 대외관계에서 중국의 행동과 관념은 종종 오해와 왜곡을 받고 있다. 이런 "중국 위협론"은 다양한 형식으로 표현되고 있으며, 그 근원은 20세기의 "중국 화근론"이다. 이런 상황에서 사람들은 진실한 중국을 이해하고 알 수 없게 했고, 외국정부와 대중들은 이런 가정 하에 중국을 바라보고 있기에 이는 중국의 발전에 큰 걸림돌이 되고 있다. 그런 의미에서 법치의 차원으로 "중국 이야기"를 들려주는 것은 여전히 어려운 임무이다. 중국법치의 발언권을 형성하려면 우선 관념의 변화와 제고가 필요하다.

관념은 행동방향을 인도하고 동력의 원천이 된다. 만약 발언의 관념이 없다면 어떠한 능력도 의식의 형태로 표현할 수 없다. 발언의 관념이 있다면 인재를 배양하고, 능력을 제고시키며, 구축에 힘쓰고, 적극적으로 표명할 수 있게 된다. 따라서 발언관념과 의식 표현은 중국 특색의 법치 발언시스템을 구축하는 주관적인 기초이다. 관념에서 중국문화는 "말보다 행동", "행동함이 말보다 낫다"는 것을 강조하고 있으며, 군자는 응당 "말은 신중하게 하고, 행동은 민첩하게 해야 한다"고 여기고 있으며, "듣기 좋은 말로 알랑거리는 사람은 어진 마음을 가지고 있지 않다"고 여긴다. 이런 관념은 응당 변화되어야 한다. 발언이 제도와 사회에 중요한 영향을 미치고 있는 지금 응당 "잘해야 하지만, 말을 더 잘해야 하며", "말과 행동을 모두 중시해야 한다"는 것을 추진해야 하며 "말이 아름답지 못하면 널리 퍼지기 어렵다"는 뜻을 제대로 이해해야 한다.

이와 동시에 중국은 응당 발언에 대한 믿음을 잃지 않고, "야랑자대(夜郎

大)"**161**와 "망자비박(妄自菲薄)"**162**의 성향을 극복해야 한다. 적극적이고 주도적으로 발언하여 관념을 표명할 때 우리는 응당 공개적이고 투명한 방식으로 자신감을 보여주어야 한다. "공개적이고 투명하게 표명"한다는 것은 분명하고 명확하게 우리가 이해하는 법치국가 · 국제법치의 세계 모습을 거리낌 없이 사리 근거가 충분하게 우리가 추앙하거나 찬성하고 용인하거나 반대하는 가치 내력을 설명하는 것을 말한다. 특히 중국의 실천방면에서와 법치방면에서 우리의 진보와 성과를 선전하고 법치 과정에서의 결함과 부족함을 통찰해야 한다. 이런 믿음의 기초가 곧 실사구시(实事求是)의 정신이다. 큰 일만 하기 좋아하고 뽐내기를 좋아하는 허풍을 반대해야 할 뿐만 아니라 스스로 비하하는 "셀프 디스"도 아니기 때문이다.

2) 이론 구축

국내와 국제법치를 효과적으로 총괄하기 위해 중국은 발언의 기초를 닦아야 하며, "법치 문명"과 "글로벌 거버넌스"의 공통점을 잘 파악해야 한다. 중국법치의 발언을 단련하고 표명하는 과정에서 제일 자주 나타나는 문제는 중국법치 발언에서 "중국특색"에 대한 발언이 어느 정도 설득력이 있으며, 기타 국가의 인식과 같은 부분이 얼마나 되는가 하는 문제이다. 이는 중국법치 발언과정에서 중국이 파악해야 할 제일 기본적인 문제이다. 이 문제에 대해 법학계에서는 중국법치의 목표 및 법치과정은 완전히 새로운 사물

---

161) 야랑자대 : 야랑이 스스로 크다고 여긴다는 뜻으로, 제 역량도 모르고 우쭐댐을 두고 이르는 말.

162) 망자비박 : 본 뜻은 자신의 존재를 잊고 풀로 만든 왕관 (초관)에 얇은 옷을 입다는 의미나 "자신을 지나치게 낮추는 것"을 비유한 말임.

이 아니며, 세계 여러 국가의 이론을 탐색한 기초 위에서 형성된 것이라고 보편적으로 이해하고 있다. 바꾸어 말하면 중국법치는 세계법치 지도의 구성부분이라는 것이다. 이런 의미에서 법치의 관념과 제도는 어느 정도 같은 발언이라고 할 수 있다. 국내 차원의 법치나 국제 차원의 법치, 외국의 법치나 중국의 법치 모두를 법치라고 부르기 때문에, 기본적인 공통점을 가지고 있기 마련이다.

이론적으로 볼 때 중국은 서방의 이론을 무시할 수는 없다. 이는 이런 이론은 선조들의 지혜와 이성의 결정체이기 때문이다. 실천으로부터 보면 중국은 다른 나라의 경험과 교훈을 완전히 무시할 수가 없다. 중국은 법치 발전과정에서 이를 경험으로 삼을 수 있으며, 참고하여 중국에 적합한 발전의 길을 모색할 수가 있다. 법치 발언에서 우선 법을 알아야 하며, 맹목적으로 행동하지 말아야 한다. 일부 실천자들은 법률을 연구하지 않았기에 기존의 규칙을 이해하지 못했다. "무식하니 두려울 것 없다"는 식의 경솔한 행동은 원래의 목표를 이루지 못하게 될 뿐만 아니라, 중국법치 발언시스템에 손상을 가져다 줄 수 있다.

국제관계의 법치화 전환을 위해 발언의 특색을 연마할 필요가 있으며, "도덕의 높이", "법리의 높이"로써 요구해야 한다. 법치의 공통 발언을 충분히 이해하고 숙련되게 사용하는 기초 위에서 우리는 우리의 개성을 찾아야 한다. 중국의 법치 발언은 응당 반드시 법치의 공통성과 중국의 개성이 결합되어야 한다. 공통점만 있고, 자신의 개성이 없으면, 법치문명의 발전에 알맞지 않으며, 존재의 가치도 없게 되어 날로 발전하는 대국의 응당한 국제적 책임과 국제권익 수호의 작용도 잃게 된다. 개성은 바로 중국 발언의 특색이다. 이런 특색은 남의 경험이나 방법을 기계적으로 적용시키거나 억지로 만들어 낸 '특색'이 아니며, 병이 없는데도 하는 신음이나 화려한 겉치레가 아닌 실천 경험과 사회 수요에 따른 것이어야 한다. 국내 · 국제 법률질서의 구축이나, 법률체제의 발전에 대해 중국정부와 학술계는 근현대의 경력과 지금의 환경과 조건 때문에 세계법치 발언 주류의 서방국가와 학자들의 이해와 요구와 다르다. 그렇기 때문에 특색이 있는 이념과 주장을 제기할 수 있다. 일련의 역사와 현실적인 문제를 충분히 인식한 후 중국특색의 법치 이론시스템을 점차 완성해야 할 것이다.

3) 인재 양성

국내와 국제 법치능력 건설 총괄의 본질은 중국의 발언을 표명할 수 있는 인재를 양성하는 것이고, 중국의 발언을 대변하는 사람들의 능력을 제고시키기 위함이다. 결국은 이런 능력 건설은 사람에 있으며, 이런 능력을 제고하는 것은 인재양성시스템이 결정하며, 우리가 "기초가 튼튼하며" "식견이 넓은" 대오를 건설할 것을 요구하고 있다. 능력적인 대오를 건설하는 목적을 달성하기 위해 아래와 같은 몇 가지 방면을 개혁하고 보완할 필요가 있다.

우선, 교육 교학방면에서 우리는 정확한 법치이념 · 중국 관념을 수립하고 발언의 표현방식과 법치의 변론 기교를 배워야 한다. 이를 위래 우리는 중서결합의 관용이념과 입장을 수립함과 동시에 뚜렷하고 명확하게 중국의 현실을 파악하여 지식을 보완하여 법치의 논리구조를 부단히 보여주어야 하며, 독립적인 사유능력을 배양하는 방법으로 법률규칙과 정치입장, 민족 이익 간의 관계를 깊이 있게 유지하여 사람들이 효과적으로 형식논리와 변증논리를 이용하여 설득력 있는 법률 변증구조의 법률학의 표현방식을 형성하여, 법치의 사유방식을 연마해야 한다. 이와 같은 구체적인 방법을 통해 인재 양성의 수준을 높여야 한다.

다음으로는 이론연구를 하는 학자의 각도에서 응당 그들이 이론적으로 다원적이고 자유로운 모색을 진행하여 독창적인 이론 모형을 제기하도록 격려해야 한다. 특히 이론계의 논증 능력을 제고시켜야 한다. 학술연구의 각도에서 학자들은 반드시 외국의 학설·제도·실천을 중국에 인입하고, 중국의 상황과 문제를 국외의 방식에 소개해야 하며, 세계적인 문제를 깊이 있게 분석하고, 중대한 곤경의 형성 원인과 해결 방안을 토론하는 방식으로 변화해야 한다. 중국학자들은 더는 정보의 전달자 혹은 언어의 번역자가 아니라 주도적으로 문제를 사고하며, 경합·혁신·이론을 제공해야 하며, 이론을 이용하고 충분한 논증을 거쳐 연구 결과를 얻어내는 사고자가 되어야 한다. 대책문제에서는 이론 연구자에게 필요한 정보를 충분히 얻을 수 있는 경로를 제공하여 그들이 실천의 앞장에서 계속 진행할 수 있도록 하여, 그들이 목표가 분명하며 실행 가능한 건의를 제기할 수 있도록 해야 한다. 객관적인 상황을 이해하지 못한 상황에서 분명하지 않은 정보들을 이용하여 토론하고 임시적인 대책을 건의하는 상황을 피해야 한다.

마지막으로 중국의 법치 실천을 위한 각도에서 볼 때, 교육계에서는 응당 착실하게 기본 지식을 쌓은 기초 위에서 모의 법정·모의 담판·법률 상담소 등 시뮬레이션이나 직접적인 단련 기회를 제공하여 직업능력 훈련을 진행해야 한다. 이론계에서는 응당 넓은 식견으로 중국이 직면한 법치실천 방면의 문제와 향후에 직면하게 될 전반적인 문제를 전반적으로 고려하고 이성적으로 판단해야 한다. 즉 문제를 해석하고 해결하는 핵심개념을 제공하고 중요한 판단과 명제를 제공해야 하는데, 이런 개념과 판단·명제는 정책

해석뿐만 아니라 정책에 대한 비판과 방향의 오류를 지적하는 것이 포함된다. 이 외에도 더욱 중요하며 더욱 급한 것은 중국법치의 이념과 입장에 엄밀한 논증을 제공하는 것이다. 이런 목적은 실천계에서 효과적으로 나타난 문제에 대응하고, 국내와 국제법치가 상대적으로 이성적인 궤도를 유지할 수 있도록 하여, 미리 나타날 수 있는 상황에 대비할 수 있도록 하는 것이다.

이론계부터 제일 좋은 것을 배우고, 제일 높은 수준으로 요구하여 선진적인 정보를 찾아 관념시스템을 깊이 있게 파악해야 한다. 실천계에서는 이론적 전략의 인도 하에 적절하게 자신의 관점을 표명하고, 실천계는 이론계와 밀접한 소통을 해야 하며, 이론계와 실천계의 충분한 소통은 이론과 실천이 서로 지지하며 양적인 소통으로 서로 격려할 수 있도록 해야 한다.

4) 제도 보완

국내와 국제법치의 총괄 능력을 제고시켜 국제법에서 중국의 입장을 수립해야 하며, 장기적으로는 건강하고 지속적이며 효과적인 제도에 의존토록 해야 한다. 그 중에서도 중요한 것은 이론과 실천의 제도적 소통이다. 학술계와 실천계의 소통과 교류ㆍ제도적 협력 등은 더욱 강화시킬 여지가 있다. 한마디로 지식인들은 독립적인 정신과 자유로운 사상으로 현실을 해독하고 비판하여 재건해야 하며, 국제법 실천 참여자와 국제법 이론 연구자들은 반드시 양자 간의 소통이 적은 정보의 격차를 줄이는데 노력하여 장기적인 추적이 적고 이론 연구자 자신들의 장기적인 관심이 부족한 실천 참여자 본신의 단점을 보완해야 한다.

강력한 정치적 역량과 비교할 때 학술은 연약한 면이 있지만, 생명은 상대적으로 장구하다. 양자를 유기적으로 결합해야만 윈-윈하는 작용을 가져올 수 있다. 정치적으로 관념은 학술의 건의에 따라 제기하는 것이 더욱 합리적이며, 정치적인 관념을 학술계에서 깊이 있게 논증하여 내용을 풍부히 하면 더욱 강한 생명력을 가지게 된다. 학술계는 사회의 전체 방향을 숙지하고 있으며, 정치는 주요문제에서 더욱 풍부한 연구과제와 실천 자료를 가지고 있어, 실천분야에 목표가 뚜렷한 의견과 건의를 제기하여 더욱 튼튼한 존재 기초와 더 나은 발전환경을 마련할 수 있는 것이다.

국내와 국제법치의 총괄은 표현과정이 있다. 여기에는 이론가의 표현과 실천가의 표현이 있다. 이론가는 표현과정에서 '통속화'와 '국제화'를 주의해야 한다. '통속화'는 보통 백성들이 이해할 수 있도록 하는 것이고, '국제화'는 세계가 이해할 수 있도록 하는 것이다. '통속화'는 천박함을 말하는 것이 아니며, 아무 생각 없이 함부로 내뱉는 말이 아닌 사실에 입각한 충분한 규칙을 이해한 조건에서, 간결하고 소박한 언어로 표현하는 참되고 진실적인 표현이다. '국제화'는 국제 동업계에서 통행하는 언어로 자기의 관점을 표현하여 국제적인 인정을 받는 것을 의미한다.

5. 결론

정확하게 관찰하면 병렬된 국제법치와 법치중국은 일부 중첩되는 부분이 있다. 법치중국은 국제법치의 모든 방면을 수용할 필요는 없지만, 여기에는 국제법의 관리도 자동적으로 포함되는 것이 아니다. 법치중국의 모든 것이 국제법치의 일부분인 것은 아니다. 이와 동시에 글로벌 거버넌스 네트워크에서 국제법치와 법치중국은 긴밀히 연계되어 있으며, 두 네트워크가 일부 중첩되어 있는 상황에서 넓고 복합적으로 서로 영향을 미치고 있다. 법치중국 건설과 기타 국가의 법치 발전과정은 풍부하고 복잡한 세계 법치시스템을 형성한다. 이 두 부분은 밀접하며 다중적인 연계가 있으며, 서로에게 영향을 미친다. 정태적(靜態的)으로 적은 부분이 중첩되고, 동태적(動態的)으로는 서로 격려하며 서로 작용하는 관계이다.

법치의 발전은 실천과정에서 중국이 깊이 있고 섬세하며 복잡한 노력을 하고 이론계가 토론을 하며 매체의 적절한 타이밍에 적절한 목소리를 낼 것을 요구한다. 이상의 공동노력으로 세계에 중국의 법치이념, 법치이상, 법치과정을 표현해야 한다. 중국의 사회 거버넌스 방식의 확정, 사회관계 방식의 법치화 과정에서의 관점·입장·의도의 체계적 개념과 판단이 되고 있는 중국의 법치 발언은, 중국이 국제사회에서 논쟁을 하고 이해를 받고 지지를 얻는 중요한 매체가 되며, 국내에서 대중들이 기본 국정을 이해하고, 국민들이 중국법치를 믿고 중국법치에 믿음을 갖게 할 수 있는 중요한 방식이다. 이런 의미에서 중국의 법치에 대한 발언은 중국 법치건설의 "명분을 바르게 한다(必也正名乎)"는 이름하에 중국은 적극적으로 국제법치의 발전에서 "기술자가 자기 일을 잘하려고 하면 반드시 자기 연장을 갈아야 한다"는 '연장'과 같은 것이다.

중국을 포함한 세계 대중들이 이해하고 받아들일 수 있는 발언을 연마하려면, 주관과 객관이 결합된, 전략과 전술이 결합된 입체적인 시스템이 필요하다. 그 중에는 적극적으로 참여해야 한다는 관념을 준비하고, 믿음의 기초를 닦아야 하며, 법치의 공동 술어를 통달하고, 숙련되게 운용할 줄 알아야 하는 등의 요소가 포함된다. 이런 요소를 통해 중국의 입장과 관념이 표현되고 유지될 수 있으며, 중국의 법치이론과 실천도 적당한 경로와 방식으로 밖으로 전달될 수 있으며, 교육과 직업, 이론과 실천을 결합하여 발언 건설의 인재 비축과 능력 건설이 완벽할 수 있는 것이다. 오직 이런 방면에서 모두 착실하게 완성해야만 중국의 법치 발언은 법치중국의 대지에서 뿌리를 내리고, 싹트게 하고, 꽃을 피우며, 열매를 맺을 수 있고, 세계법치의 문화에서 건강하고 지속적으로 번영 발전할 수 있는 것이다.

국제법치가 중국법치에 미치는 촉진작용, 국제법치가 중국에서의 집행과 실현은 국제법치가 중국법치에 미치는 중요한 역할이다. 국제법치시스템과 발전과정에 관심을 두지 않고 참여하지 않는 중국은 법치중국이 아니며, 중국의 입장을 포함하지 않고 관심을 두지 않는 국제사회는 불공평하며 불균형한 사회이다. 이런 추이와 대응되는 것은 내용이 풍부한 국제법치를 만들어 가는 법치중국이다. 따라서 국제법치는 법치중국의 중요한 외부조건이다. 하지만 이 외부조건은 고정불변이 아니라 동태적인 것이다. 이는 중국이 국제법치에 참여하여 외부조건을 만들어 갈 수 있음을 의미한다.

법치중국과 국제법치 간의 동적인 상호관계에서, 중국은 국제법치를 피동적으로 받아들이고 집행하는 집행자일 뿐만 아니라, 자신의 실천과 탐색으로 국제법치를 추진할 수 있으며, 자신의 합리적인 이론적 우세와 국가의 구체상황에 근거하여 국제법치의 균형적이고 건강하며 공정한 발전을 위해 더욱 큰 공헌을 하여, 국제법치의 방향이 중국의 영향으로 세계 각국이 더욱 공정하고 합리적인 법치환경에서 화목하게 지내고 조화로운 공존을 위해 공헌을 할 수 있도록 해야 하는 것이다.

부록
글로벌 거버넌스 부분에 대한 시진핑의 논술

1. 무엇 때문에 글로벌 거버넌스 시스템의 개혁이 필요한가?

1) 서로가 의존하는 가운데의 발전은 세계 각국의 운명을 긴밀히 연계시켜 놓았다.

세계의 각국은 서로 연계되어 있으며 상호 의존 정도는 여느 때보다 높다. 인류는 역사와 현실의 교차되는 하나의 지구촌에서 생활하고 있기에 "너 안에 내가 있고, 내 안에 네가 있는 운명공동체"를 형성하고 있다.

- 2013년 3월 23일, 모스크바 국제관계 학원에서의 연설

지금 세계 각국이 공동으로 협상하면 처리해야 할 일들이 날로 많아지고 있다. 세계 여러 나라는 국제체제를 설립하고 국제규칙을 준수하며 국제정의를 추구하는 것에 공동의 인식을 가지고 있다. 경제 글로벌화가 깊이 있게 발전함에 따라 세계 각국의 이익과 운명은 더욱 긴밀하게 연계되어 "너 안에 내가 있고, 내 안에 네가 있는 운명공

동체"를 형성하고 있다.

- 중국공산당중앙정치국 제27차 집체학습 시에 강조한 「더욱 공정하고 더욱 합리적인
글로벌 거버넌스 체제를 추진하며 우리나라의 발전과 세계 평화를 위해 유리한 조건을
창조하자」는 제목의 연설

2) 글로벌 위협을 더 좋은 방법으로 대응해야 한다.

수많은 문제는 국내에 국한된 문제가 아니다. 많은 도전과 위협을
한 나라의 능력으로 대응할 수 있는 것이 아니며 전 세계적인 도전에
세계 각국은 협력하여 대응해야 한다.

글로벌 위협이 날로 늘어남에 따라 글로벌 거버넌스를 강화하고
글로벌 거버넌스 체제개혁을 추진하는 것은 전체적인 발전 추세이
다. 이는 각종 글로벌적인 위협 대응에 관련될 뿐만 아니라 국제질서
와 국제시스템의 규칙과 방향 제정에 관련되며, 발전의 감제고지[163]
쟁탈과 관련될 뿐만 아니라, 국제질서와 국제시스템에서의 원대한
제도적 안배에서 각국의 지위와 작용과 관련된다.

- 중국공산당중앙정치국 제27차 집체학습 시에 강조한 "더욱 공정하고 더욱 합리적인
글로벌 거버넌스 체제를 추진하며 우리나라의 발전과 세계 평화를 위해 유리한 조건을
창조하자"는 제목의 연설

3) 글로벌 성장패턴의 새로운 변화에 적응해야 한다.

---

163) 감제고지(瞰制高地) : 주위가 두루 내려다보여 적의 활동을 감시하기에 적합한 고지.

글로벌 경제 거버넌스 시스템은 반드시 세계경제 패턴의 심각한 변화를 반영해야 하며, 신흥시장국가와 개발도상국의 대표성과 발언권을 증가시켜야 한다.

- 2013년 3월 20일, 브릭스 국가 매스컴의 연합 인터뷰

국제 경제규칙은 부단한 혁신을 통해 글로벌 성장 패턴의 새로운 변화에 적 응함으로써 책임과 능력이 부합되어야 한다. 우리는 공동으로 글로벌 거버넌스 시스템에서의 브릭스 국가 지위 상승을 위해 노력해야 하며 국제경제 질서가 신흥시장 국가와 개발도상국의 세력 상승의 역사 추세에 적응하도록 노력해야 한다.

- 2015년 7월 9일, 러시아 우파에서 진행된 브릭스 국가 제7차 정상회담에서 한 『함께 파트너 관계를 형성하여 아름다운 미래를 창조하자』의 제목의 주요 취지 연설

국제사회는 보편적으로 글로벌 거버넌스 체제변혁은 역사적 전환점에 처해 있다고 여기고 있다. 국제세력의 비교는 큰 변화가 있고 신흥 시장국가와 많은 개발도상국이 빠른 속도로 발전하게 되면서 이들의 국제적 영향력도 부단히 강화되고 있어 근대 이후 국제역량의 대비는 혁명적 변화를 가져왔다.

- 중국공산당중앙정치국 제27차 집체학습 시에 강조한 "더욱 공정하고 더욱 합리적인 글로벌 거버넌스 체제를 추진하며 우리나라의 발전과 세계평화를 위해 유리한 조건을 창조하자"는 제목의 연설

4) 각국의 인민은 응당 공평하게 세계의 경제성장이 가져다준 이익을 공유해야 한다.

우리는 인류운명공동체의 의식을 수립하여 각국 경제의 전면적이고 양적인 소통을 추진하고 글로벌 경제 금융 거버넌스를 보완하여 글로벌 발전의 불평등과 불균형 현상을 줄여 각국 인민들이 공평하게 세계의 경제성장이 가져다준 이익을 공유하도록 해야 한다.

- 2015년 12월 1일, 2016년 G20 정상회담 축사

오늘날 세계에서 일어나고 있는 각종 저항과 불공정은 유엔헌장 취지와 원칙이 시대에 떨어졌기 때문이 아니라, 이런 취지와 원칙이 효과적으로 실행되지 못하고 있기 때문이다.

- 중국공산당중앙정치국 제27차 집체학습 시에 강조한 "더욱 공정하고 더욱 합리적인 글로벌 거버넌스 체제를 추진하며 우리나라의 발전과 세계평화를 위해유리한 조건을 창조하자"는 제목의 연설

2. 공정하고 합리적인 글로벌 거버넌스 시스템이란 어떤 것인가?

1) 공동이익을 기초로 한다.

중국의 발전은 절대로 다른 나라의 이익을 대가로 하지 않는다. 우리는 남에게 손해를 끼치면서 자기 이익을 차리지 않을 것이며, 주변 국가에 해를 주는 일을 하지 않을 것이다. 우리는 세계평화와 발전의 대의에서 출발하여 현시대의 국제관계 처리에 있어서 중국의

지혜를 통해 공헌하고 건전한 글로벌 거버넌스를 위한 중국의 방안을 통해 공헌하여 21세기의 각종 도전에 대응하는 인류 사회를 위해 공헌해야 한다.

- 2014년 3월 28일, 독일 쾨르버 재단 연설 내용

중국은 다른 나라의 이익을 희생해서 발전을 실현하는 것이 아니라, 그들과 함께 공동이익의 성장을 도모할 것이다. 중국은 각국과 함께 곤란한 일이 있으면 함께 해결하려고 한다. 세계의 길은 다니는 사람이 많아지면서 만들어진 것이고 점차 넓어진 것이다.

- 2015년 10월 21일, 시티오브런던 시청에서 발표한 연설 『함께 개방포용을 선도하고 평화발전을 촉진하자』

2) 협력으로 의견 차이를 해결한다.

우리는 반둥정신[164]을 대대적으로 선양하고 새 시대의 의미를 부여하여 협력하여 윈-윈하는 정신을 핵심으로 하는 신형 국제관계 형성을 추진해야 하며, 국제질서와 국제시스템이 더욱 공정하고, 더욱 합리적인 방향으로 발전하도록 추진해야 하며 인류운명공동체 건설을 추진하여 아시아 · 아프리카 인민 및 기타 지역 인민들의 행복을 도모해야 한다.

---

164) 반둥정신 : 1955년 반둥회의에서 채택한 평화 10원칙을 중심으로 하는, 아시아 · 아프리카 여러 나라 사이의 연대정신. 중립주의와 협력을 기본으로 기본적 인권과 주권의 존중, 인종 평등, 내정 불간섭, 분쟁의 평화적 해결 등의 내용이다.

- 2015년 4월 22일, 아시아 아프리카 정상회담에서 발표한 『반둥정신을 선양하고 협력하여 윈-윈을 추진하자』는 제목으로 한 연설

글로벌 거버넌스 시스템은 전 세계가 함께 건설하고 모두 함께 공유하는 것으로 어떤 나라든 독점하지 말아야 한다. 중국은 이런 생각이 없으며 이런 선택을 하지 않을 것이다. 중국은 현행의 국제시스템에서 참여자, 건설자, 공헌자의 역할을 하며 유엔을 핵심으로 유엔헌장의 취지와 원칙을 기초로 한 국제질서와 국제시스템을 수호할 것이다.
- 2015년 9월 22일, 미국 『월스트리트저널』의 서면 인터뷰 중 글로벌 거버넌스 구조 보완 문제에 대한 답변

어떠한 국제질서와 국제 거버넌스 시스템이 세계와 세계 각국 인민에게 유익한가는 각국 인민들이 토론해야 할 문제일 뿐 어느 한 나라가 독단적으로 결정하거나 소수의 결정으로 단정 지을 문제가 아니다. 중국은 적극적으로 글로벌 거버넌스 시스템 건설에 참여하고 글로벌 거버넌스의 보완을 위해 중국의 지혜를 제공하도록 노력할 것이며 세계 각국 인민들과 함께 국제질서와 글로벌 거버넌스 시스템이 더욱 공정하고 합리적인 방향으로 발전하도록 추진할 것이다.
- 2016년 7월 1일, 중국공산당 성립 95주년 경축대회에서의 연설

3) 공동발전의 실현을 중시해야 한다.

국제사회가 있었기에 중국의 발전이 있을 수 있었으므로 응당 국제사회에 보답해야 한다. 중국은 국제협력의 선도자이며 국제 다자간주의의 적극적인 참여자이다. 중국은 확고부동하게 호리공영의 개방전략을 견지할 것이다. 중국 실력 의 증가와 함께 우리는 점차 실행 가능한 책임을 더 많이 질 것이며 세계의 경제성장을 촉진시키고 글로벌 거버넌스의 보완을 위해 중국의 지혜와 중국의 역량을 동원하여 공한하도록 노력할 것이다.

- 2015년 10월 21일, 시티오브런던 시청에서 발표한 연설 「함께 개방포용을 선도하고 평화발전을 촉진하자」의 내용

글로벌 거버넌스 시스템이 어떻게 변혁을 하던 우리는 언제나 적극적으로 참여하여 건설적인 작용을 할 것이며, 국제 질서가 더욱 공정하고 더욱 합리적인 방향으로 발전하도록 추진할 것이며, 세계평화와 안정을 위해 제도적 보장을 제공할 것이다.

- 2013년 3월 27일, 남아프리카 더반에서 진행한 브릭스 국가 지도자 제5차 회담에서 발표한 「손잡고 협력하여 공동 발전을 실현하자」는 제목의 요지 연설

중국이 선도하는 새로운 체제 새로운 제안은 분가하려는 것이 아니며, 어느 누구를 겨냥한 것은 더욱 아니다. 이는 국제체제의 유익한 보충과 보완이며 협력공영과 공동발전의 실현을 목표로 하고 있다. 중국의 대외개방은 중국만의 모노드라마가 아니라, 각 측의 공동참여를 환영하며 세력범위를 늘이려는 것이 아니라 각국의 공동발전을 지지하며 개인보다는 세계 각국이 공유할 수 있는 화원을 건립

하려는 것이다.

- 2016년 9월 3일, G20 상공 정상회담 개막식에서 「중국 발전의 새로운 출발점, 글로벌 성장의 새로운 설계도」의 제목으로 한 요지 연설

3. 공정하고 합리적인 글로벌 거버넌스 시스템이 도달해야 할 목표

1) 기본목표 - 개발도상국의 공동이익을 수호

중국 측은 라틴아메리카와 함께 유엔, 세계무역기구, 아시아태평양 경제협력조직, G20, 77개국 집단 등 국제조직과 다자간 체제 프레임 내에서 글로벌 거버넌스, 지속가능한 발전, 기후변화 대책, 인터넷 안전 등 글로벌적인 의제와 주요 관심문제에 대해 소통과 협력을 강화하며 여러 개발도상국의 공동이익을 수호하려고 한다.

- 2014년 7월 17일, 중국-라틴아메리카와 카리브 국가연합 정상회담에 참가하여 「함께 나아가는 운명공동체를 구축하기 위해 노력하자」는 제목으로 한 요지 연설

중국 측은 여러 섬나라들과 글로벌 거버넌스, 빈곤부축, 재해감소, 식량 안전, 에너지 안전, 인도적 원조 등 문제에 대해 소통을 강화하고 양자와 개발도상국의 공동이익을 수호할 것이다. 중국 측은 남남협력 프레임에서 섬나라를 위한 기후변화 대책을 지지하고 섬나라에게 에너지 절약물자와 재생 가능한 에너지 설비를 제공하고, 지진해일 예측, 해평면 검측 등 방면에서도 협력을 강화할 것이다. 중국측은 계속 적극적으로 태평양 섬나라 포럼, 태평양 섬나라 발전 포럼

등 섬나라 지역 협력체제에 참여하여 섬나라가 연합하여 스스로 세력을 강화하고 서로 도우며 지역 안정과 번영을 수호하는 것을 지지할 것이다.

- 2014년 11월 22일, 태평양 섬나라 지도자들 간의 집단 회견에서 한 취지 연설

우리나라의 국정으로부터 출발하는 것을 견지하고, 개발도상국의 입지를 견지하며, 우리나라의 이익 수호와 수많은 개발도상국의 공동이익 수호를 결합시켜 권리와 의무의 균형을 견지하며, 세계에 대한 우리나라 발전요구를 이해해야 할뿐만 아니라, 우리나라에 대한 국제사회의 기대도 이해해야 한다.

- 중국공산당중앙정치국 제27차 집체학습 시에 강조한 「더욱 공정하고 더욱 합리적인 글로벌 거버넌스 체제를 추진하며 우리나라의 발전과 세계 평화를 위해 유리한 조건을 창조하자」는 제목의 연설

국제 세력 격차의 변화와 글로벌 도전이 날로 많아지면서 글로벌 거버넌스를 강화하고 글로벌 거버넌스 시스템 변혁을 추진하는 것은 시대의 요구이다. 우리는 이 기회에 대세를 따라 국제질서가 더욱 공정하고 합리적인 방향으로 발전하도록 추진해야 하며, 우리나라와 여러 개발도상국의 공동이익을 더 잘 수호하여 "두 개 백년" 분투목표를 실현하고, 중화민족의 위대한 부흥을 추구하는 "중국의 꿈"의 실현을 위한 더 유리한 외부조건을 마련하고, 인류평화와 발전을 촉진시키는 숭고한 사업에 더 큰 공헌을 해야 한다.

- 2016년 9월 27일, 중앙정치국 제35차 집체학습 시에 강조한 「협력을 강화하여 글로

벌 거버넌스 시스템 변혁을 추진하며 공동으로 인류 평화와 발전의 숭고한 사업을 촉

진하자』는 제목의 연설

2) 최고목표 - 인류운명공동체의 구축

우리는 응당 혁신적이고 활력이 넘치며 연동(連動)이 가능하며 포용의
세계를 위한 경제 환경 구축을 위해 노력해야 하며, 혁신으로 발전과 구
조개혁을 추진하여 각국의 성장에 동력을 부여함으로써 세계경제가 활
력이 넘치도록 해야 한다. 우리는 인류운명공동체 의식을 수립하고, 각
국 경제가 전면적으로 소통하고 양호한 작용을 하도록 해야 하며, 글로
벌 경제 금융 거버넌스를 보완하고 글로벌 발전의 불균형과 불균형한 현
상을 줄여 각국 인민들이 공평하게 세계 경제성장이 가져다주는 이익을
공유하도록 해야 한다.

- 2015년 12월 1일, 2016년 G20 정상회담 축사

평등하게 대하고 서로 상의하고 양해하는 파트너관계를 건립하고, 공
정한 정의를 구현하여 함께 공유하는 안전한 패턴을 공동으로 건설하며,
개방혁신과 포용 호혜하며 발전하는 미래를 추구하고, 화이부동의 다양
한 문명교류를 촉진하여 자연적이며 친환경적으로 발전하는 생태시스
템을 구축해야 한다.

- 2015년 9월 28일, 제70차 유엔총회 일반 토론에서 『함께 협력하여 윈-윈의 새로운 파트

너관계를 구축하고 마음을 합쳐 인류운명 공동체를 만들어가자』는 제목으로 한 연설

4. 어떻게 글로벌 거버넌스 시스템 개혁을 추진해야 하는가?

1) 신흥국가의 대표권을 확대하고 대다수 국가의 염원과 이익을 균형적으로 반영해야 한다.

글로벌 경제 거버넌스 시스템은 반드시 세계경제 패턴의 심각한 변화를 반영하여 신흥시장국가와 개발도상국가의 대표성과 발언권을 증가시켜야 한다. 신흥시장국가와 개발도상국은 글로벌 경제 거버넌스 시스템이 더욱 완벽하고 세계의 생산력 발전 요구에 더 부합되고, 세계 각국의 공동발전에 더 유리하기를 바라고 있다.
- 2013년 3월 20일, 브릭스 국가 매체 연합 인터뷰 내용

국제통화기금의 거버넌스 구조개혁을 추진하여 신흥시장국가와 개발도상국의 대표성과 발언권을 증가시켜야 한다.
- 2015년 7월 9일, 러시아 우파에서 진행된 브릭스국가 지도자 제7차 회답에서 「함께 파트너 관계를 건설하고 함께 아름다운 미래를 창조하자」는 제목으로 한 요지 연설

글로벌 거버넌스 시스템에서의 불합리한 부분 개혁을 추진하고, 국제통화기금, 세계은행 등 국제 경제 금융 조직이 국제패턴의 변화를 실제적으로 반영하며, 특히 신흥시장국가와 개발도상국의 대표성과 발언권을 증가시켜 국제경제 협력에서 각국의 권리 평등, 기회 평등, 규칙 평등을 추진하고, 글로벌 거버넌스 규칙의 민주화 · 법치화를 추진하여 글로벌 거버넌스 시스템이 더욱 균형적으로 대다수

국가의 염원과 이익을 반영하도록 노력해야 한다.

- 중국공산당중앙정치국 제27차 집체학습 시에 강조한 「더욱 공정하고 더욱 합리적인 글로벌 거버넌스 체제를 추진하며 우리나라의 발전과 세계 평화를 위해 유리한 조건을 창조하자」는 제목의 연설

2) 개발도상의 대국은 응당 적극적으로 제도 발언권을 제고시켜야 한다.

중국과 인도는 자신의 발전으로 세계의 경제성장과 글로벌 거버넌스를 위해 기여를 해아하며 기후변화, 식량안전, 에너지안전, 인터넷 안전 등 세계적인 문제해결을 위해 수많은 개발도상국의 이익을 대표하여 방법을 제공해야 한다.

중국은 인도와 함께 중국-러시아-인도, 브릭스 국가. G20, 상하이 협력기구 등 다자간시스템 프레임 내에서의 전략 협력을 하고자 한다. 중국은 인도가 국 제연합 안전보장이사회를 포함한 유엔에서 더욱 큰 작용을 하려는 희망을 지지 한다.

- 2014년 9월 18일, 인도 세계사무위원회(Indian Council of World Affairs)에서 한 「함께 민족 부흥의 꿈을 찾자」는 제목의 연설

자유무역지대 전략을 가속화하는 것은 중국이 국제무역규칙 제정에 적극 참여하고 글로벌 경제 거버넌스의 제도적 권력의 중요한 플랫폼을 쟁취하여 우리는 방관자ㆍ수행자가 아닌 참여자ㆍ인솔자가 되어야 한다. 자유무역지대 건설을 통해 우리나라의 국제 경쟁력을 증가시켜 국제규칙 제정에서 중국의 목소리를 더 크게 하고, 더 많

은 중국의 원소를 주입시켜 우리나라의 발전이익을 넓히고 수호해야 한다.

- 2014년 12월 5일 중국공산당중앙정치국 제19차 집체학습 시에 강조한 「자유무역지대 전략을 가속화하고 개방형 경제의 새로운 시스템 건설을 가속화하자」는 제목의 연설

글로벌 경제 거버넌스와 공공재 공급에 적극 참여하여 글로벌 경제 거버넌스에서 우리나라의 제도적 발언권을 제고하며 보다 넓은 이익공동체를 구축하자.

- 2015년 10月29일 중국공산당 제18차 중앙위원회 제5차 전체회의에서의 브리핑

3) 글로벌 거버넌스 협력은 세계를 안정시키는 안정제 역할을 한다.

협력은 이익을 실현하는 유일하고도 정확한 선택이다. 협력을 하려면 서로의 이익과 관심사를 고려하여 협력의 최대공약수를 찾아내야 한다. 중미양국의 협력을 이끌어내면 세계의 안정을 실현하는 안정제가 될 것이며, 세계평화를 실현하는 촉매제가 될 것이다. 중미 충돌과 대항은 두 나라와 세계에 재난만 가져다 주게 된다. 중·미 양국이 협력 가능한 분야는 매우 많다. 우리는 응당 글로벌 거버넌스 시스템의 보완을 촉진토록 해야 하며, 함께 세계의 안정적인 성장을 촉진시키고 공동으로 글로벌 금융시장의 안정을 수호해야 한다.

- 2015년 9월 22일, 미국 워싱턴주 시애틀시에서 진행된 워싱턴주 정부와 미국 우호단체 연합으로 진행된 환영회에서 발표한 연설

4) 주변 외교는 글로벌 거버넌스 시스템 개혁의 출발점이다.

중국은 시종일관 주변국가와의 관계를 전반 외교의 가장 중요한 자리에 놓고 주변의 평화와 안정, 발전을 촉진시키는 것을 임무로 여기고 있다. 중국이 글로벌 거버넌스 시스템이 더욱 공정하고 더욱 합리적인 방향으로 발전하도록 노력하고 국제관계의 민주화를 추진하고 협력하여 윈-윈하는 것을 핵심으로 하는 새로운 국제관계의 건립을 추진하며, 인류운명공동체 건설을 촉진하는 모든 행보는 주변을 시작점으로 해야 한다.

- 2015년 11월 7일, 싱가포르 국립대학에서 발표한 「협력 파트너 관계를 심화시켜 함께 아름다운 아시아를 건설하자」 제목의 연설

5) 공동 협상과 공동 건설, 공유의 글로벌 거버넌스 이념

글로벌 거버넌스 시스템 변혁은 이념을 우선시함을 벗어날 수 없다. 글로벌 거버넌스 규칙이 더욱 공정하고 더욱 합리적인 요구를 반영하려면 인류의 여러 가지 우수한 문명 성과를 받아들여야 한다. 글로벌 거버넌스 이념의 혁신 발전을 추진하고, 중화문화의 적극적인 처세방법과 거버넌스 이념과 현 시대 간의 공감대를 적극 발굴하고, 계속 인류운명공동체 형성 주장을 풍부히 하며 공동 협상과 공동 건설, 공유의 글로벌 거버넌스 이념을 선양토록 해야 한다.

- 중국공산당중앙정치국 제27차 집체학습 시에 강조한 "더욱 공정하고 더욱 합리적인 글로벌 거버넌스 체제를 추진하며, 우리나라의 발전과 세계평화를 위해 유리한 조

건을 창조하자."

　지속적으로 국제사회에 글로벌 거버넌스 시스템 변혁을 추진해야
하는 우리의 이념을 설명하고, 협력을 견지하고 대항을 반대하며 양
자·다자간의 이익을 실현하는 윈-윈을 실천해야지, 어느 한 측의 이
익만을 추구하지 말아야 하며, 부단히 최대공약수를 찾아 협력을 확
대하고, 각 측의 인식을 통일하여 합력 강조를 강화하며 공동으로 글
로벌 거버넌스 시스템 변혁을 추진해야 한다.

- 2016년 9월 27일, 중앙정치국 제35차 집체학습 시에 강조한 「협력을 강화하여 글로
벌 거버넌스 시스템 변혁을 추진하며, 공동으로 인류평화와 발전의 숭고한 사업을 촉
진하자」는 제목의 연설

6) 인재양성

　우리나라와 글로벌 거버넌스의 능력을 제고시키기 위해서는 특히
규칙 제정 능력, 의정 제정능력, 언론 홍보능력, 총괄 조율능력 등을
강화해야 한다. 글로벌 거버넌스에 참여하려면 당과 국가의 방침정
책을 숙지하고, 우리나라의 국정을 이해하고, 글로벌적 시야를 가져
야 하며, 외국어를 능숙하게 사용하며, 국제규칙에 통달하고, 국제담
판에 능숙한 대량의 전문 인재가 필요하다. 글로벌 거버넌스 인재 대
오의 건설을 강화하고, 인재의 단점을 보완하고, 인재의 비축을 잘하
여 우리나라가 글로벌 거버넌스에 참여할 수 있도록 재능 있는 인재
를 배출해야 한다.

- 2016년 9월 27일, 중앙정치국 제35차 집체학습 시에 강조한 「협력을 강화하여 글로벌 거버넌스 시스템 변혁을 추진하며 공동으로 인류 평화와 발전의 숭고한 사업을 촉진하자」는 지목의 연설

총결: 중국은 응당 글로벌 거버넌스 시스템 발전에 참여하고 이를 추진하고 인도해야 한다.

우리가 글로벌 거버넌스에 참여하는 근본적인 목적은 "두 개의 백년"을 위한 분투목표를 실현하기 위한 것이며, 중화민족의 위대한 부흥을 말하는 '중국의 꿈'을 실현하기 위해서이다. 시기와 형세를 잘 살펴 기회를 포착하여 타당성 있게 도전에 응하며, 국내와 국제 두 개의 대국을 총괄하여 글로벌 거버넌스 시스템이 더욱 공정하고 더욱 합리적인 방향으로 발전하도록 추진하여, 우리나라의 발전과 세계의 평화를 위해 더욱 유리한 조건을 창조토록 해야 한다.

국제사회에서는 보편적으로 글로벌 거버넌스 시스템 변혁은 역사적인 전환점에 있다고 여긴다. 국제세력 대비가 심각한 변화를 가져왔고, 신흥경제국가와 수많은 개발도상국이 빠른 발전을 보여주면서 국제 영향력도 부단히 증가하고 있기에 국제 역량의 대비는 혁명적인 변화를 가져왔다고 보고 있다.

글로벌적인 도전이 날로 많아지면서 글로벌 거버넌스를 강화하고 글로벌 거버넌스시스템 개혁을 추진하는 것은 시대의 요구가 되었다. 이는 각종 글로벌적인 도전에 관련된 것이 아니라 국제질서와 국제시스템이 규칙을 정하고 방향을 정하는 일에 관련된 것이며, 발전의 최고봉 쟁탈에 관한 것

만이 아니라 국제질서와 국제시스템의 장원한 제도적 안배에서의 지위와 작용에 관련된 일이다.

글로벌 거버넌스 이념의 혁신 발전을 추진하고 중화문화의 적극적인 처세방법과 거버넌스 이념과 현 시대 간의 공감대를 적극 발굴하고 계속적으로 인류운명공동체 형성을 주장하는 희망을 풍부히 하며, 공동 협상과 공동 건설, 공유의 글로벌 거버넌스 이념을 선양해야 한다.

- 중국공산당중앙정치국 제27차 집체학습에서 강조한 "더욱 공정하고 더욱 합리적인 글로벌 거버넌스 체제를 추진하며, 우리나라의 발전과 세계 평화를 위해 유리한 조건을 창조하자."

우리는 계속 글로벌 거버넌스 변혁 과정의 참여자·추진자·인솔자가 되어 국제질서가 더욱 공정하고 더욱 합리적인 방향으로 발전하도록 추진해야 하며, 신흥시장국가와 개발도상국의 대표성과 발언권을 계속해서 제고토록 해야 한다. 우리는 계속 국제평화사업의 수호자가 되어 유엔헌장의 취지·원칙과 국제관계 규범에 따라 사실의 시비곡직(是非曲直)에 따라 문제를 처리하고, 긍정적 에너지를 발산하여 협력하여 윈-윈하는 새로운 국제관계의 건립을 추진해야 한다.

- 2016년 10월 17일 인도 고아에서 진행된 브릭스 국가 제8차 정상회담에 참가하여『확고한 신념으로 함께 4발전을 도모하자』는 제목으로 한 중요한 연설

후 기

　최근에 글로벌 거버넌스의 국제발언권은 소리 없이 서방으로부터 중국으로 전이되고 있다. 글로벌 거버넌스에 대한 중국의 기여는 실물로부터 제도와 정신적인 측면으로 변화하고 있다. 자신 있게 중국의 글로벌 거버넌스 사상을 서술하고 자각적으로 글로벌 거버넌스가 더욱 공정하고 더욱 합리적인 방향으로 발전하도록 추진하는 것은 고등학교 교학과 싱크탱크 연구의 시대적 사명이다.

　새 중국 철학사회과학의 본보기인 중국인민대학은 응당 글로벌 거버넌스 교학·연구방면에서 비교적 큰 기여를 했다. 2016년 5월 17일 중국인민대학 10명의 학자(이 책의 저자 3명 포함)는 시진핑 총서기가 주최하는 전국 철학사회과학 사업 좌담회에 참가하였는데, 이는 전체 참가자의 1/8을 차지했다. 여기서 중국인민대학에 대한 당중앙의 관심과 기대를 알 수 있다.

　중앙의 호소에 호응하고 시진핑 총서기의 글로벌 거버넌스 관련 일련의 중요한 연설 정신의 인도 하에 중국인민대학 당위원회 서기 진눠(靳诺) 교수는 관련 학과 전문가들을 조직하여 이 책을 편찬했다. 구체적으로 아래와 같은 내용을 분담했다.

　제1부분은 "이론편"으로 이 부분에서는 집중적으로 글로벌 거버넌스의

중국논리를 서술했다. 제1장 "글로벌 거버넌스 이론 기원: 서구화부터 글로벌화까지"는 팡중잉이 저술 했고, 제2장 "글로벌 거버넌스에 대한 중국의 기대: 중국의 참여가 없어서는 안 된다"는 교육부 창장학자 진찬룽이 저술했으며, 제3장 "글로벌 거버넌스에 대한 중국의 기초: 중국제도의 비교 우세"는 교육부 창장학자 양광빈이 저술했고, 제4장 "글로벌 거버넌스에서 중국의 역할: 참여자, 개설자, 인솔자"는 천웨가 저술했다. 그들은 모두 국제관계학원의 교수이다.

제2부문은 "실천편"으로 이 부분에서는 집중적으로 "글로벌 거버넌스의 중국 탐구"를 분석했다. 제5장 "인류 공동의 가치관 – 인류 공동의 정신적 이상사회를 건설하기 위한 최대공약수"는 마르크스주의학원의 친솬이 저술했으며, 제6장 "신형의 국제관계와 신형의 안보개념 제창"은 국제관계학원의 팡창핑이 저술했고, 제7장 "사이버 공간에서의 운명공동체 형성"은 인민대학교 교우인 리타오가 저술했고, 제8장 "'일대일로'의 중국 지혜"는 국제관계학원의 왕이웨이가 저술했고, 제9장 "아시아인프라투자은행과 글로벌 금융시스템의 변혁"은 경제학원의 자오융(赵勇)이 저술했으며, 제10장 "무엇 때문에 중국이 G20을 구했다고 하는가?"는 총양금융연구원(重阳金融研究院)의 왕원(王文)과 구진징(贾晋京)이 저술했으며, 제11장 "국제관계의 법치화 촉진"은 법학원의 펑위쥔(冯玉军)이 저술했다. 이 외에도 류신신(刘鑫鑫) 박사, 리난(李楠) 박사는 이 책을 저술하는데 큰 도움을 주었다.

우리는 이 책이 훌륭한 의견을 이끌어 낼 수 있는 계기가 되어 국내의 중국특색 글로벌 거버넌스 이론 연구를 추진하고, 국제사회가 글로벌 거버넌스의 중국 소임에 적극적으로 응답하도록 추진하며, 중국이 글로벌 거버넌스 분야에서의 국제 발언권이 높아가기를 바란다. 우리는 이 책은 시작에 불과하며 내용을 보완한 차기작들이 계속 나올 것이라고 믿는다. 여러 전문가들이 부당한 점을 지적해주기 바란다.